U0088886

臺灣歷史與文化研究輯刊

二　編

第2冊

道咸同時期臺灣本土文人詩作研究
（1821～1874）（上）

許惠玟 著

花木蘭文化出版社

國家圖書館出版品預行編目資料

道咸同時期臺灣本土文人詩作研究（1821～1874）（上）／許惠玟 著－初版－新北市：花木蘭文化出版社，2013〔民102〕

目 4+222 面；19×26 公分

（臺灣歷史與文化研究輯刊 初編；第 2 冊）

ISBN：978-986-322-226-2（精裝）

1. 臺灣詩　2. 詩評

733.08　　102002842

臺灣歷史與文化研究輯刊

二編 第二冊　　ISBN：978-986-322-226-2

道咸同時期臺灣本土文人詩作研究（1821～1874）（上）

作　　者 許惠玟
總 編 輯 杜潔祥
出　　版 花木蘭文化出版社
發 行 所 花木蘭文化出版社
發 行 人 高小娟
聯絡地址 235 新北市中和區中安街七二號十三樓
電話：02-2923-1455／傳真：02-2923-1452
網　　址 http://www.huamulan.tw 信箱 sut81518@gmail.com
印　　刷 普羅文化出版廣告事業
初　　版 2013 年 3 月
定　　價 二編 28 冊（精裝）新臺幣 56,000 元

道咸同時期臺灣本土文人詩作研究

（1821～1874）（上）

許惠玟　著

作者簡介

許惠玟，雲林虎尾人。現為國立臺灣文學館研究員。中山大學中國文學系博士，專長為臺灣古典文學、臺灣文學。著有博士論文《道咸同時期（1821 ～ 1874）臺灣本土文人詩作研究》、碩士論文《巫永福生平及其新詩研究》，主撰《臺灣瀛社詩學會會志》，主編《歷屆詩題便覽》，主持「《詩報》中臺灣古典詩社源流發展、成員分析與詩作整理研究」計畫，選注《陳輝．章甫集》，合著《一線斯文——臺灣日治時期古典文學》，以及單篇論文〈跨越詩文的「隨筆家」——吳新榮漢詩淺探〉、〈貴族的「旅行」——玉木懿夫及阪本釤之助詩作中的臺地書寫〉等。

提　　要

本論文主要以道咸同時期（1821 ～ 1874）臺灣本土文人的詩作作為研究對象，嘗試藉由本土文人與本土文人、本土文人與遊宦文人間的比較，去歸納凸顯屬於本土文人的寫作特色，並進而論證其作品中潛在的「在地」性格與關懷。從本土文人書寫的內容來看，約略可以分成幾大類型：植物書寫、居住空間書寫、行旅書寫、現實民生關懷，以及詠懷之作，因此本論文主要依循這幾類分別討論。

論文第二章主要進行寫作背景陳述。

第三章「本土文人植物書寫的特色」中，我們認為遊宦文人與本土文人對於臺地特有植物的書寫，呈現二個截然不同的面向。本土文人對於遊宦文人亟力書寫的內容，是「漠視」而「不參與」的。但他們在老來嬌（Amaranthus tricolor L.）、一丈紅（Alcea rosea L.; Althaea rosea（L.) Cav.）、佛手柑（Citrus bergamia）這幾類本土植物的書寫上，或許可以窺知其想要擺脫傳統文學束縛，嘗試建立臺地文學傳統的渴望，當本土文人以這幾種缺乏中國文學書寫傳統的臺地常見植物作為對象，反而對於蘭、蓮這些植物興致缺缺時，也表示他們的視野正慢慢從中國拉回臺灣，他們找尋自己認為最能代表臺地風骨的植物進行書寫，賦予它新的文學意義。

第四章「臺地生活空間的書寫與臺灣意象的認知」可以看出本土文人嘗試在臺地空間的書寫上，去奪回原本就應該屬於本土文人書寫及命名的權利，本土文人在書寫標誌他們重要生命歷程的庭園時有許多細緻的描述。庭園的所在位置、樓閣的分佈，在園中進行的種種活動，都是本土文人藉以認知臺灣這塊土地的線索，這是因為他們居住樓閣的所在位置都是「臺灣」，以這些生活空間作為定點，文人可以在空間之內進行交流與潛居，也可以走出空間，到其他地方進行活動式的遊覽旅行，進一步擴大對臺灣土地的認識。而本土文人對於臺地空間的「再現」，是先由自己生活空間開始，寫住宅庭園，寫庭園所在的家鄉，寫家鄉所在的臺灣，最後寫到臺灣所在的清國。這種向外放射性的書寫順序，都先源於對這塊土地的重視。相對於臺地空間書寫，本土文人的「西行」經驗，和遊宦文人的「東渡」有著根本差異，因此我們在第五章「從「東渡」到「西行」——本土文人書寫空間的轉化」主要即在探討二大文人社群在同一旅遊書寫議題上，心態與書寫上的明顯差異。

第六章「本土文人的風俗民生觀察角度」中，我們嘗試由本土文人的采風之作，去檢視他們關注臺灣的面向與角度，他們以長期居住臺地的經驗，從臺地各方面去探討這塊土地的缺憾、並從中挖掘可改正的地方，以圖這塊土地有改善進步的空間。本土文人對於臺地現實民生的關懷，也許不如遊宦文人全面，卻更為深刻。當他們經過思考而挑選出來呈現的臺灣圖象，其實更具有在地性格。

第七章「本土文人的災難書寫與觀察位置」提到，本土文人對於分類械鬥、戴潮春事件甚至是太平天國事件的態度都是站在官方角度去看待批判每一個起事者，這或許緣於他們的「知識份子」身份，而有著不得不然的侷限。但也因為這些文人的身份不同，而得以讓我們看到不同「位置」的文人，所記錄的不同庶民生活。至於災難書寫上，仍要以本土文人最為關心自己土地上的災難。

第八章「臺灣本土文人的陶淵明書寫」，我們主要討論本土文人對於陶淵明的接受，我們認為盛行於整個清代的「陶淵明研究」，在臺灣的遊宦文人作品中雖然被忽略，卻反而在本土文人集團中形成自己的書寫傳統。這一書寫傳統表面上是遙相呼應彼岸那一方的潮流，但事實上，不同於彼岸的呈現方式，清代本土文人用屬於自己的角度與方式詮釋再現陶淵明，而成為具有本土色彩的文學現象。

第九章為本論文結論與研究價值。

感　謝

距離博士論文完成所撰寫的「感謝」，又已過了6年，今年的我已經虛歲40歲了。

已經即將邁入「不惑之年」。

從碩士班開始決定研究臺灣文學，到現在已經超過18年的時間。雖然在同樣臺灣文學領域中浸淫，但時間點從碩士論文日治到戰後的耆老詩人巫永福研究，往前推到博士論文的清代古典詩研究，到成功大學中國文學系擔任博士後研究員時，又再度跨回日治古典文學，期間跨越幅度甚大，一路走來總覺得戰戰兢兢。

但是我卻極爲幸運的遇到許多學術研究上的貴人。

博士論文指導教授龔顯宗老師，是催生這一本論文最重要的推手。如果沒有老師盡全力的幫忙支援，提供我許多寶貴的意見與資訊，論文不會順利完成。也是蒙老師的推薦，才終有出版的一天。龔老師溫和有禮的待人態度，紮實的學問基礎，讓我不僅從老師身上獲得知識，也學到許多做人的道理。

碩士論文指導教授施懿琳老師，同時也是我的博士論文口試委員以及博士後研究員的上司之一，如果不是施老師早早帶領我進入臺灣文學的領域，並給我機會參與《全臺詩》前3年的計畫，同樣不會有這一本論文的誕生。之後擔任成功大學博士後研究員再度跟老師共事，近20年的師生情誼，何等珍貴，是一直爲我所珍視，而且引以爲傲的。

感謝廖美玉老師，老師也是我的博士後研究員的上司之一，在成大的4年，有老師的一路協助指導，提點我眾多事項，使我在行政上可以有所長進，在待人處事上更爲周延，在學術上能有進步空間，有幸在畢業後再遇到良師，該是何等大的福氣！

感謝口試委員林文欽教授、周益忠教授及陳昭瑛教授的寶貴意見，委員們各自提出不同的切入角度與研究方法，糾正許多論文用詞與觀念上的問題，除了使這本論文的錯誤得以減至最低外，也對於後續研究提供極大的助益。

感謝吳福助老師的提攜，以及黃哲永先生的不吝指導，也要謝謝《全臺詩》的江寶釵老師、余美玲老師、黃美娥老師、許俊雅老師、廖振富老師、楊永智老師的幫忙與協助，在《全臺詩》工作的期間，一直是我很快樂的時光，與老師們的良好頻繁互動，也讓我從中學習到許多。也要在感謝在成大的游勝冠老師，在旁聽的這幾個學期中所獲得的理論知識，同樣給予我論文極大的幫助。

再來，要感謝我的家人及朋友。

感謝我的父母與家人在寫論文期間給予我的包容，尤其是我的父母，除了要容忍我的不正常作息，容忍我因爲壓力而難以控制的脾氣外，還得不時擔心我的健康狀況，到出了社會工作仍是如此；感謝我的大妹惠明，除了在口試前二週幫了許多大忙，幫我繕打陳維英抄本外，所有跟口試有關的準備工作，全靠她在外奔波，幫忙張羅，這本論文也是靠她初校，才將多數出處逐一補正；小妹惠如，幫我影印論文找資料；弟弟文政，幫忙洗車加油，因爲有你們的辛苦，我才無後顧之憂。當然，還有在這 6 年中陸續出生的筠涵（多多）、佾歆、雋擎、佾軒跟硯淞（小龍），帶給我生活這麼多的歡樂與喜悅。

謝謝我的好友美慧，在口試期間跟著我四處奔波勞累，謝謝鵬飛在口試時協助會場佈置！還有同師門的清茂在學問上相互切磋，我們共同成立的讀書會及「龔生會」至今已達 4 年不斷，能夠繼續精進學業，也是美事一樁；也要謝謝家煌不間斷的問候，在口試當天撥空到場替我打氣加油，也協助我到文學館後的一些業務，從大學認識以來，到現在還能持續聯絡，這麼深厚的緣份，也是我一直銘感於內的。

謝謝玉森學姐，一起在《全臺詩》共事的時間，是我非常寶貴的回憶，在人生路上可以找到相契相合的共事伙伴，沒有爭執，只有體諒，讓我在這 3 年時間得到許多溫暖與照顧。還有在成大時的好朋友麗美，以及任職博士後研究員時，與我共事的好同事珊妏、欣欣、娟玉及王璟，大家一起體會求職與工作上的甘苦，箇中滋味，也許只有境遇相同的幾人能夠深深體會吧。

再來要感謝我的寶貝月輪鸚鵡湯湯，雖然牠很調皮搗蛋，也咬得我傷痕累累，但是寫論文的時候因爲有牠的陪伴，讓我少了孤軍奮戰的感覺。

博論出版之時，正是我轉換跑道近二年的時刻，從成大博士後研究員轉任國立臺灣文學館研究員，一路走來，還要感謝學妹建蓉，不管是博士後研究員諸多繁瑣的雜務、排版，或是到文學館後的校對及撰寫著作，不管多趕多累，從沒有第二句話，力挺到底，可以談心，可以幫忙，是我很大的幸運；學弟敏耀及知灝亦然，許多工作就在大家群力之下順利完成。謝謝曳耕爸爸提供的眾多協助與幫忙。而文學館同事佩蓉、慕真、素蘭姐、蓮音姐、華斌、定邦哥等好同事也是要記上一筆感謝的，工作雖然繁忙，但那種同甘共苦的感覺，眞的是點滴在心頭。當然，還有文學館大家長李瑞騰館長的提拔，王素惠主秘在工作上的支援，要感謝的人眞的太多太多了。

感謝天上的　神，主耶穌，如果沒有這份最大的精神支柱，就不會有這本論文的出版，也願將這份榮耀歸給天上的　神。

目次

上 冊

第一章　緒　論……1
　第一節　研究動機……1
　第二節　研究範圍……2
　第三節　研究方法……9
　第四節　文獻檢討……14
第二章　清廷治臺政策與社會背景……29
　第一節　清廷治臺政策……29
　　一、消極治臺的政策……30
　　二、吏治良窳……31
　　三、班兵制度與流弊……38
　第二節　清代臺灣本土文人的社經地位……39
　　一、爲官或返鄉的抉擇……39
　　二、朝中有人好做官……45
　第三節　道、咸、同時期清廷政治背景……45
第三章　在地性與外地性的共存——本土文人植物書寫的特色……51
　第一節　臺灣在地與非在地植物的認定……55
　　一、遊宦文人筆下的臺灣植物特產……57
　　二、方志中的臺灣植物……63
　第二節　本土文人植物的共相書寫……67
　　一、在地植物……70
　　二、外來植物……99
　第三節　本土文人植物的殊相書寫……111
　　一、外地與本地植物均寫的鄭用鑑……114
　　二、中國傳統論述底下的植物書寫——施瓊芳……116
　　三、林占梅的植物「功用性」書寫……119
　　四、其他本土文人的臺灣在地植物書寫……120
　小　結　清代臺灣的亞熱帶植物群落眞的失落了嗎？……122

第四章　臺地生活空間的書寫與臺灣意象的認知 · 127
第一節　身在家園——本土文人日常生活空間的即地書寫 ………… 128
一、日常生活空間記錄 ………… 129
二、本土文人的生活地標 ………… 140
第二節　走出故鄉——臺地遊歷空間書寫 ………… 155
一、本土文人的臺地空間書寫 ………… 157
二、本土文人的臺灣旅行詩 ………… 173
第三節　遊歷空間與文學的結合——本土文人的題壁詩 ………… 200
一、焦點不在山水的山水題壁之作 ………… 203
二、題壁的熱門場所——劍潭古寺 ………… 205
三、公告天下／歸隱的矛盾 ………… 208
四、讀書不爲求功名——題書齋壁的省思 ………… 211
五、李逢時對府城的風土記述 ………… 214
六、我是退堂僧寂寞，只應兀坐到斜暉——用錫題壁詩的眞實性格 ………… 215
七、本土文人題壁數量之冠——林占梅 ………… 216
小　結　漠視或重視？本土文人如何「再現」臺地空間？ ………… 221

中　冊

第五章　從東渡到西行——本土文人書寫空間的轉化 ………… 223
第一節　清代制度對於臺灣士子的影響 ………… 224
一、科舉制度與士子的應考 ………… 224
二、文官制度與官員的四徙 ………… 226
第二節　走出臺灣——本土文人的西渡經驗 ………… 227
一、臺灣詩人的旅遊之路 ………… 229
二、臺灣詩人的科舉之路 ………… 241
三、臺灣詩人的爲官之路——李望洋 ………… 246
小　結 ………… 267
第六章　本土文人的風俗民生觀察 ………… 269

第一節　本土文人竹枝及采風之作反映出的臺灣社會 …… 273
一、竹枝詞所反映的臺灣社會 …… 273
二、采風之作所反映的臺灣社會 …… 280
第二節　臺灣本土文人的中元普渡書寫 …… 290
一、本土文人對中元普渡的批判 …… 290
二、本土文人對中元普渡的認同與接受 …… 293
第三節　可憐毒鴆沿中土，竟爲漏巵鐵鑄錢——是全國也是全臺的鴉片問題 …… 296
第四節　現實民風的批判 …… 300
第五節　一紙揮毫同畫劵，千金論價只輸財——臺地文風衰落與不振 …… 303
第六節　本土文人隱微的吏治批判 …… 309
小　結 …… 315
第七章　民變與災變——本土文人的災難書寫與觀察位置 …… 319
第一節　本土詩人眼中的臺灣民變、外患與中國內亂 …… 320
一、仙拼仙，拼死猴齊天——本土文人眼中的分類械鬥 …… 320
二、官逼民反？——本土文人看待林恭案及戴潮春事件的觀察視野 …… 337
三、外患——本土文人面對入侵者的反應 …… 352
四、本土文人眼中的太平天國之亂 …… 354
小　結 …… 367
第二節　本土詩人眼中的臺地災難 …… 367
一、頃刻金甑相傾碎，霎時身體若籠篩——文人的地震書寫 …… 368
二、苦雨或不雨——文人的水旱災書寫 …… 374
三、本土文人不怕「黑水溝」——風災書寫 …… 379
四、本土／遊宦——臺地自然災難的關注者 …… 383
五、澎湖地區的饑荒書寫 …… 388

六、自然災害書寫的統一思維……394
七、區域性氣候特徵的標舉……397
小　結……400

下　冊

第八章　理想空間的型塑與崩毀——臺灣本土文人的陶淵明書寫……403

第一節　清代臺灣「陶淵明接受史」的重新建構……404
第二節　本土文人如何呈現陶淵明現象……408
第三節　本土文人的陶淵明情結……416
一、北郭園裡的隱逸之士——鄭用錫、鄭用鑑與鄭如蘭……417
二、積極用世與逃避隱遁的糾結——林占梅……425
三、隱於花叢間的淡北文人——陳維英、曹敬與黃敬對陶淵明的接受……430
四、尋找避世的桃花源——陳肇興、李逢時……435
五、故鄉即是小桃源——李望洋……438
六、繼續尋找避世的桃花源——許南英……439
七、因慕蘇而愛陶——施士洁的詠陶詩……443
第四節　理想空間的型塑與崩毀……448
小　結……455

第九章　結　論……459

參考書目……499

附　表

附表一：清代臺灣本土文人一覽表……523
附表二：道咸同時期臺灣大事年表……589
附表三：清代臺灣古典文學中的陶淵明書寫……617

第一章　緒　論

第一節　研究動機

自八〇年代「臺灣文學」一詞獲得「正名」以來，這一門學科的研究一直呈現蓬勃而穩定成長的趨勢，筆者選擇以臺灣作爲研究對象，最主要的原因來自於對這塊土地的感情，黃石輝在〈怎樣不提倡鄉土文學呢？〉提到：

> 你是臺灣人，你頭戴臺灣天，腳踏臺灣地，眼睛所看的是臺灣的狀況，耳孔所聽見的是臺灣的消息，時間所歷的亦是臺灣的經驗，嘴裡所說的亦是臺灣的語言，所以你那枝如椽的健筆，生花的彩筆，亦應該去寫臺灣文學了。……你是要寫會感動激發廣大群眾的文藝嗎？你是要廣大群眾心裡發生和你同樣的感覺嗎？不要呢？那就沒有話說了。如果要的，那麼，不管你是支配階級的代辯者，還是勞苦群眾的領導者，你總需以勞苦群眾爲對象去做文藝，便應該起來提倡鄉土文學，應該起來建設鄉土文學。〔註1〕

正是這段話讓我深深認同，於是在碩士論文決定研究方向時，就已經決定未來將繼續研究臺灣文學，我一直覺得自己生在臺灣、長在臺灣，是臺灣的一份子，如果連自己都不關心這塊土地上的人事史物，要由誰來關心呢？秉持著這樣的想法，促使我在博士論文時，仍然持續在這塊領域中浸淫努力。而碩士論文指導教授施懿琳老師的一段話，則是促使我在博士論文將時間由日治往前推到清代的誘發：

〔註 1〕《伍人報》第九～十一號，1930 年 8 月。

> 之所以選擇這個研究主題，並非如吳浩先生所謂的中文研究生「貴古賤今」的心態，而是發覺在強調臺灣文學之可貴時，吾人不能只做無根的吶喊，文學史研究追本溯源的工作，無論如何是必須完成的。而傳統詩作在臺灣文學的研究中，一直沒有受到應有的重視。它的豐富飽滿，令人心動；而它的荒僻未墾，則令人心憂。〔註 2〕

不過這樣令人心憂的情形已經有所改善，目前臺灣文學的研究上，清代雖然還是值得開發的一塊領域，但最近幾年隨著臺灣古典文學的益受重視，研究成果已日漸豐碩，這一研究區塊也逐漸被研究者關注。

在參與「《全臺詩》蒐集、整理、編輯、出版計畫」時，三年的時間正好將明鄭至清代的臺灣古典詩作了編排整理，正因爲對這時期的資料較爲熟悉，因此在選擇博士論文範圍時自然界定在這一階段。而在臺灣文學的研究上，筆者一直思索關於臺灣自身的「在地性」問題，尤其在清代的臺灣本土文人，在清朝「大一統」的統治思維下，難道無法彰顯屬於臺灣本身的獨特特色嗎？因此筆者希望能藉由道咸同這一時期的文學探索，去發掘出屬於這階段本土文人的文學特色，並從而彰顯其創作的特殊性。

第二節　研究範圍

一、範圍界定

本論文選擇以「道咸同」時期作爲切入的時間，主要原因在於道光之後，不管是本土文人的出現，或是文學作品的集結，在質與量上，均達到高峰。就整個政治環境來說，當時清廷內憂外患接踵而來，無暇他顧，而道光之後影響整個政局的幾個事件，不管是內憂的太平天國之亂、義和團，或外患的鴉片戰爭、英法聯軍，都一再動搖清國統治的根本，相對於內地的內憂外患頻傳，臺灣在道光時期同樣也不安定，民變和盜案頻繁，顯示清政府在臺灣統治力量的開始鬆動，但在同一個時間，卻也是本土文人陸續綻放異彩的時候，開臺進士鄭用錫在道光三年（1823）中式，開澎進士蔡廷蘭是道光二十四年（1824），臺南施瓊芳是道光二十五年進士（1825），自此之後，本土文人取得舉人、進士的人數開始超越前代。本土文人的素質大幅提升，流傳作

〔註 2〕參考施懿琳，《清代臺灣詩所反映的漢人社會》緒論，國立臺灣師範大學國文研究所博士論文，1991 年，頁 6。

品也較諸之前多了許多，因此爲我們提供充足的探討文本：其中鄭用錫有《北郭園詩鈔》、林占梅有《潛園琴餘草》，鄭用鑑有《靜遠堂詩文鈔》、陳維英有《偷閒集》及《太古巢聯集》；施瓊芳的《石蘭山館遺稿》、黃敬的《觀潮齋詩集》、曹敬目前留有《曹敬詩集手稿》及《曹敬詩文略集》；李逢時有《泰階詩稿》，李望洋的《西行吟草》、陳肇興有《陶村詩稿》、鄭如蘭有《偏遠堂吟草》等。

汪毅夫在《臺灣文學史》裡也指出臺灣的「本土文人」的產生，雖以「乾嘉」作爲起點，但道光開始卻是本土文人大量產生的時期：

> 清政府統一臺灣後，臺灣儒學漸興，臺南、鳳山、諸羅、彰化等地相繼成立了書院；到了乾隆年代，已培養起第一批臺灣本島文化人，「此爲康、雍時期見所未見者也。」例如陳輝、黃佺、卓肇昌、章甫、曾曰唯、黃清泰、陳斗南、陳思敬、鄭用錫、蔡廷蘭等，便是當時較有影響的一批本島詩人。〔註3〕

施懿琳則點出，道咸時期可以當成臺灣清領時期的分界點，因爲：

> 在此之前，臺灣古典詩文以歌詠山川草木、鳥獸蟲魚爲主；而道咸以後，反映現實、批判時局的作品才逐漸產生。這一方面和清朝統治勢力的興衰有關，另一方面則和創作者的出身背景關係密切。清初，爲了鞏固帝國的統治力量，統治者對知識階層的思想禁制甚爲嚴厲，致使當時寓臺人士多偏向詠物、寫景之作、中葉以後，由於朝綱不振，內憂外患不斷，使得當局者疲於奔命，許多有志之士於是開始透過詩文作品，表達對時局的關懷與批判。另一方面，清領初期臺灣本土大多爲從大陸到臺灣來開墾的移民，尚未能栽培出讀書識字的種子，因此，文學作品大多由寓臺文士所撰述。……清中葉以後，本土文士逐漸崛起，對這塊自本自根生長的土地及人民有著深厚的情感。因此，在政治禁制漸弛的情況下，開始有貼近百姓脈息，關心民瘼的文學作品產生。〔註4〕

〔註 3〕劉登翰，《臺灣文學史》上卷第一編，第三章〈清治前期的臺灣文學〉第二節〈臺灣本島詩人的崛起〉，海峽文藝出版社，頁 171。在這裡必須釐清的是，黃清泰、鄭用錫及蔡廷蘭均爲道咸時期文人，距離康雍時期時間尚遠，因此將之混爲一談，顯然並不合適。

〔註 4〕參考施懿琳，《從沈光文到賴和——臺灣古典文學的發展與特色》，第一篇《緒論》，春暉出版社，2000 年 6 月，頁 3～4。

在這之前，活躍於臺灣文壇的，主要還是以「遊宦文人」爲主。之後因爲本土文人的加入，加上外在政治社會環境的影響，詩人的寫作題材與清初遊宦文人有著顯著不同，尤其是「表達對時局的關懷與批判」及「貼近百姓脈息，關心民瘼的文學作品產生」，最值得我們注意。

此外，咸豐元年（1851），在臺灣古典文學上有幾點値得重視的現象：

> 1851 年咸豐皇帝即位一事，同臺灣文學的發展似乎沒有關係。然而從臺灣文學實際的情況看，《瀛洲校士錄》（徐樹人編）、《嘯雲叢談》（林樹梅）等書刊行於 1851 年；《觀海集》（劉家謀）、《陶村詩稿》（陳肇興）、《北郭園詩鈔》（鄭用錫）、《潛園琴餘草》（林占梅）等書所收主要是 1851 年以後的作品；鄭用錫和林占梅在北郭園、潛園組織的新竹縣作家的集體活動始於 1851 年；《海音詩》（劉家謀）書成於 1851 年次年；查小白來臺時在 1851 年等，表明了咸豐元年（1851）乃是臺灣近代文學一個發展階段的起點。從作品的流行題材、作家的活動重點、創作的主要風氣等方面看，采寫臺灣民俗乃是 1851～1885 年間臺灣文學的主潮。……新竹作家群的形成和發展也是 1851～1885 年間臺灣文學的要事之一。〔註 5〕

這也是不容忽視的文學現象。至於筆者選擇以同治作爲論文的迄點，而不選擇光緒時期，主要原因在於臺灣在光緒二十一年被割讓給日本，從此成爲日本殖民地的一部分，許多本土文人在這一時期面臨到被「切割」的情形，這不只是時間上的「切割」（從清光緒二十一年換成日明治二十八年），同時也是國族認同的切割（從清「祖」國換成日殖民「母國」），許多本土文人面臨「去臺」與「留臺」的掙扎，以及「反抗」、「屈從」、「傾斜」到「欣附」的抉擇，心態與思想上都遠較光緒之前的文人更爲複雜，爲了能夠將焦點更聚集在臺灣本土文人如何在單一的「清廷」（不包含日本）統治底下凸顯自己的書寫特色，筆者遂將時間迄點選定在同治十三年（1874），這一年對於臺灣而言同樣是一個轉捩點，發生於此時的牡丹社事件，使清廷對臺政策由消極治臺改爲積極，並取消「渡臺三禁」，讓大陸人民可以合法渡臺，這些政策的改變多少影響了之後的文學內容，使得描寫重心與道咸同時期有所不同，這是必須先作說明的。

〔註 5〕劉登翰，《臺灣文學史》上卷第二編，第二章〈咸豐至光緒初年的文學創作〉，海峽文藝出版社，頁 214～215。

緣此，本文據以認定的「道咸同」時期文人，主要是指活動於道光、咸豐、同治的本土文人為主。包含出生於嘉慶年間，但活動時間到道光的文人，至於活動時間超過光緒二十一年的本土文人，如施士洁、許南英、洪棄生等本土文人，因為其活動時間跨越清國與日本，詩作風格也因改朝易代而呈現前後期不同的轉變，為了使論文敘述範圍趨於單一，故這些文人均只能在本論文中予以割愛。

在判定道咸同時期的本土文人有哪些時，有二本重要的合集，可據以判斷當時文人的交遊圈，以及部份文人的活動年代，一本是陳廷瑜所編纂的《選贈和齋詩集》，另一本則為慶祝曹謹生辰的《百壽詩錄》。

陳廷瑜在《全臺詩》第參冊頁 244 的「提要」裡，只記載他至嘉慶二十年的活動。但事實上，嘉慶二十一年，陳廷瑜曾參與臺南魁星閣重修，捐銀「一十大員」〔註6〕，嘉慶十四及二十五年，與黃拔萃、韋啓億捐修呂祖廟及準提寺。道光元年，與韋啓億鳩眾修寧南坊的重慶寺〔註7〕。因此可以確定，陳廷瑜的活動時間，當至道光以後。《選贈和齋詩集》中，確定屬於本土文人的為：陳震曜、吳景中、林奎章、洪坤、陳玉珂、陳廷珪、陳廷璧、陳廷瑚、陳登科、林師聖、林啓泰、黃汝濟、郭紹芳、魏爾青。

《百壽詩錄》，刊載於《臺北文獻》直字 36 期。主要是為曹謹（1789～1849）祝壽所集結的作品集，曹謹在臺時間為道光十七年至二十四年，則《百壽詩錄》的時間點大概也在這段期間。更正確的說，應該是在道光二十一年之後，王國良在〈曹仁憲謹榮壽七言律一首〉〔註8〕說「弧星彩耀紫陵鄉，需次輝臨壽淡疆。百里鳴弦興學校，五年撫字勸農桑」、王宗河在〈曹仁憲謹榮壽七言律二首〉〔註9〕之一也說「五年政教敷淡疆，黎庶謳歌慶永康」、李呈輝〈曹仁憲謹榮壽五言古一首〉〔註10〕云「五載牛刀試，口碑載不忘」這些文人都提到曹謹在鳳山縣的五年政績，以及後來轉為淡水同知的事情。曹謹轉為淡水同治是在道光二十一年，由此可以推知《百壽詩錄》中所收詩作，時間點應當不會早於道光二十一年。其中確定屬於本土文人的為：陳玉珂、

〔註6〕見《臺灣南部碑文集成》甲，「記中」，〈重修魁星閣碑記〉，頁 204。

〔註7〕見薛志亮，《續修臺灣縣志》，卷五〈外編．寺觀〉，臺灣銀行經濟研究室，「臺灣文獻叢刊」第 140 種，嘉慶十二年，頁 342～343。

〔註8〕見施懿琳等編，《全臺詩》第肆冊，遠流出版公司，2004 年，頁 144。

〔註9〕同前註，頁 162。

〔註10〕同前註，頁 167。

黃敬、林宗衡、林炳旂、方玉斌、王宗河、李春波、戴祥雲、蘇袞榮。

其中陳玉珂是並見於兩書的本土文人，可以由此推知，二本書所收文人的時間大抵相差不遠，他們彼此之間不一定有所交流，但可確定的是，《選贈和齋詩集》收錄的文人，跟陳廷瑜的關係自然密切，而《百壽詩錄》所收的文人，也多少跟曹謹有關聯。

此外，徐宗幹所編《瀛洲校士錄》，是其任臺灣巡道時，將海東書院諸生的說經、論史及古近雜體詩文等院課肄業之作，共三十三人的作品裒輯二卷刊行，上卷論文二十七篇，下卷詩賦九十一首，主要目的是作爲鼓舞獎勵之用。《瀛洲校士錄》在咸豐辛亥夏（1851）鐫刻，所收詩作時間據其在〈瀛洲校士錄序〉所說「丁未秋里居……今東渡視事未久，歲試届期，自夏五望至六月朔……試竣，集諸生徒於海東書院，旬鍛而月鍊之……玉尺編始於雍正戊申歲試，越今戊申適百二十年，並誌之。」〔註11〕戊申年即道光二十八年，可知《瀛洲校士錄》所收詩作是徐宗幹抵臺不久後即著手收錄而成。由於這一批收錄士子均爲海東書院諸生，因此應當同屬於本土文人的範疇：有吳敦仁、吳敦常、石嗣莊、陳朝新、蔡傳心、陳奎、黃聯璧、許式金、吳敦禮、蘇寶書、許青麟、白廷璜、許廷崙、李喬、韋國琛、許建勳、鄭奉天、鄭日章、潘乾策、毛士釗、施士升、許廷壁、張朝清、韋國模、呂陽泰、吳邦淵、陳大觀、黃希先。

連橫《臺灣詩乘》中收有一系列「吳希周〈百蝶圖〉題詞」，也可從中一窺當時文人的交遊情形及活動時間。《臺灣詩乘》說「我臺三百年間以書畫名者，若王之敬、張鈺、馬琬，林朝英，其畫或傳或否，唯吳希周之『百蝶圖』現藏艋津洪雍平處。希周名鴻業，淡水艋舺人，工丹青，精篆刻，余既採其自序載於《通史》列傳，而題詞者多一時名士，或吾鄉耆宿，今錄其詩以傳藝苑。」連橫《臺灣通史》卷三十四，列傳六〈流寓列傳〉有〈吳鴻業傳〉傳云：

> 吳鴻業，字希周，淡水艋舺人。博覽群書，工琴，精秦漢篆刻。顏其居曰「拜石山房」。敦行寡言，言皆雅趣。頗善畫，嘗繪百蝶圖，設色傳神，栩栩欲活。**一時名士如臺灣黃本淵、淡水鄭用錫、陳維英輩，皆爲題詠，凡二十餘人。淡水同知雲南李嗣業爲之弁首。**

參與「百蝶圖」題詞的本土文人，確定可知爲黃本淵、鄭用錫、鄭用鑑、林

〔註11〕見徐宗幹，《斯未信齋文編》，臺灣銀行經濟研究室，1960年，頁120。

占梅、黃驤雲等人，也可以約略得知這一群文人的交遊圈。其中劉功傑（？～？），字肖莽，湖南長沙人，道光四年署鳳山縣知縣，旋以許尚之變撤職〔註 12〕。其在臺時間僅有道光四年一年，因此我們可以從劉功傑在臺時間，約略推知這一系列題詞的時間在道光四年。遺憾的是，上述作品所收的文人裡，因爲有許多生平事蹟不詳，因此無法據以判斷是否爲本土文人。

本論文所論述的主要對象爲鄭用錫、鄭用鑑、蔡廷蘭、陳維英、施瓊芳、曹敬、林占梅、李望洋、李逢時、陳肇興、黃敬、鄭如蘭爲主，這些文人因爲各有別集傳世，故有較爲足夠的文本進行討論，另外如黃文儀、陳廷瑜等本土文人，雖然沒有單獨別集，但因詩作數量也不少，故同樣納入討論。至於其他本土文人作品由於數量不多，且多散見於方志藝文志中，因此恐怕難以呈顯個人寫作特色，儘管如此，在風格的共相呈現上仍然是值得重視的一群。

界定了「道咸同」這一時間與活動文人，再來就是「臺灣」這一空間，筆者的認定範圍是活動於臺、澎二地的知識社群與文學創作者，主要以本土文人爲主要探討對象。

二、版本取捨

目前《全臺詩》壹至貳拾陸冊所收詩人，與本論文主要相關者（黃敬、蔡廷蘭、陳維英、施瓊芳、鄭用錫、林占梅、曹敬、鄭用鑑、李逢時、李望洋、陳肇興、鄭如蘭）及次要相關者（黃文儀、陳廷瑜；施士洁、許南英、林豪）全數重疊，約集中在第拾貳冊之前。故在版本使用上，一律以《全臺詩》作爲底本，惟一例外者是陳維英，《全臺詩》所使用《偷閒集》版本係以《臺北文物》上刊行的版本爲主，而另藏於中央圖書館臺灣分館，由曉綠先生手抄的版本共三冊、國家圖書館民國抄本一冊，並未收錄其中，尤其是陳維英非在臺之作均未收入，故在版本引用上，陳維英部分將以臺灣分館的曉綠抄本作爲本論文重要輔助內容。

三、章節安排

本論文主要以道咸同時期臺灣本土文人的詩作作爲研究對象，嘗試藉由本土文人與本土文人、本土文人與遊宦文人間的比較，去歸納凸顯屬於本土

〔註 12〕見施懿琳等編，《全臺詩》第伍冊，遠流出版公司，2004 年，頁 147。

文人的寫作特色，並進而論證其作品中潛在的「在地」性格與關懷。從本土文人書寫的內容來看，約略可以分成幾大類型：植物書寫、居住空間書寫、行旅書寫、現實民生關懷，以及詠懷之作，因此本論文主要依循這幾類分別討論。當然，文學作品不可能單獨存在，外在環境的變化與政治環境的改變，或多或少會影響到文人作品，因此本論文第二章分別從「清廷治臺政策」、「清代臺灣本土文人的社經地位」以及「道、咸、同時期清廷政治背景」進行背景陳述，為文人詩作中所反應的社會民生現實及內在思維，找到一個可資對應的外在因素。

第三章的「在地性與外地性的共存——本土文人植物書寫的特色」中，筆者認為遊宦文人與本土文人對於臺地特有植物的書寫，呈現二個截然不同的面向。本土文人對於遊宦文人亟力書寫的內容，是「漠視」而「不參與」的，幾乎讓人有他們不關心本地物產的錯覺。但實際探討之後發現，本土文人在老來嬌、一丈紅、佛手柑這幾類本土植物的書寫上，或許可以窺知其隱約想要擺脫傳統文學束縛，嘗試建立臺地文學傳統的渴望，這幾種植物屬臺地常見物產，缺乏中國的文學書寫傳統，當本土文人大量以這些花卉作為書寫對象，反而對於蘭、蓮這些植物興致缺缺時，其實也表示他們的視野正慢慢從中國拉回臺灣，他們找尋自己認為能夠代表臺地的植物進行書寫，賦予它新的文學意義。而對於遊宦文人未予以關注的物產，在這些遺漏的縫隙裡找到可以安插自己的位置，這又是一種「重視」且努力尋得另外發聲管道的積極作為。

第四章「臺地生活空間的書寫與臺灣意象的認知」可以看出本土文人嘗試在臺地空間的書寫上，去爭取原本就應該屬於本土文人書寫及命名的權利，本土文人的「身在家園」，在書寫標誌他們重要生命歷程的庭園時有許多細緻的描述。而對於臺地空間的「再現」，是先由自己生活空間開始，寫住宅庭園，寫庭園所在的家鄉，寫家鄉所在的臺灣，最後寫到臺灣所在的清國。這種向外放射性的書寫順序，都先源於對這塊土地的重視。詩人藉由感官的視覺、聽覺與觸覺，帶領讀者進入他們營造出來的臺地空間，相對於臺地空間書寫，本土文人的「西行」經驗，和遊宦文人的「東渡」有著根本差異，因此我們在第五章「從「東渡」到「西行」——本土文人書寫空間的轉化」主要即在探討二大文人社群在同一旅遊書寫議題上，心態與書寫上的明顯差異。

第六章「本土文人的風俗民生觀察角度」中，我們嘗試由本土文人的采風之作，去檢視他們關注臺灣的面向與角度，他們以長期居住臺地的經驗，從臺地各方面去探討這塊土地的缺憾、並從中挖掘可改正的地方，以圖這塊土地有改善進步的空間。本土文人對於臺地現實民生的關懷，也許不如遊宦文人全面，卻更為深刻。

第七章中提到本土文人對於分類械鬥、戴潮春事件的態度，甚至是對於艇匪黃位、太平天國事件都是一致的，都是站在官方角度去看待批判每一個起事者，這或許緣於他們的「知識份子」身份，而有著不得不然的侷限，但隨著詩人的親身經歷，讓我們對於部分歷史事件，可以得到實證，如陳肇興及林占梅對於戴潮春事件的記錄，就因為他們身份的不同，而得以讓我們看到不同「位置」的文人，所記錄的不同庶民生活。在災變書寫上，仍要以本土文人最為關心自己土地上的災難。

第八章中我們主要討論本土文人對於陶淵明的接受，我們認為盛行於整個清代的「陶淵明研究」，在臺灣的遊宦文人作品中被忽略了，相形之下，反而在本土文人集團中形成自己的書寫傳統。這一書寫傳統表面上是遙相呼應彼岸那一方的潮流，但事實上，不同於彼岸的呈現方式，清代本土文人用屬於自己的角度與方式詮釋再現陶淵明，而成為具有「在地」與「本土」色彩的文學現象。

第九章為本論文結論。

第三節　研究方法

畢恆達在《空間就是權力》一書的〈導讀〉中如此陳述「空間」:「空間絕不是一個價值中立的存在或是人們活動的背景，它一方面滿足人類遮蔽、安全與舒適的需求，一方面更展現了人們在某時某地的社會文化價值與心理認同。」〔註 13〕因此本論文以「空間」理論出發，嘗試詮解本土文人在面臨臺地這一「生活空間」時，是抱持什麼樣的心態？他們又是如何去「意識」到「空間」的存在？藉由感官的接觸、描寫，文人經由視覺、聽覺、觸覺感受哪些東西？他們揀選出的這些東西代表了什麼？在這樣的思考下，筆者發現在本土文人詩作中佔有相當比例的植物書寫與行旅書寫，可以作為切入的

〔註 13〕參考畢恆達，《空間就是權力》，心靈工坊，2001 年 6 月，頁 2。

角度，當「清人如何在旅行與敘述中，逐漸認知、適應臺灣此一陌生疆域，並在帝國之眼的凝視、想像下，寫出篇篇具有異國情調的文學作品。而在文學形式上，八景詩、臺灣賦以及竹枝詞寫作的出現，說明了清領初期以流寓文人爲主導的臺灣文學書寫，於寫作文類的開拓，已較明鄭時期更爲深入而多元」〔註 14〕時，本土文人書寫有著自己的書寫特色嗎？如果有，又呈現什麼樣的特色？

陳佳妏在《清代臺灣記遊文學中的海洋》的「研究方法」中，曾提到〈結構歷程和地方——地方感和感覺結構的形成過程〉一文，並以其中的「地方感」與「空間」二個理論，作爲詮解「海洋空間」、「海難空間」的重要依據。界定「在地」一詞的演變，其實正是區分出「空間」與「地方」二個名詞的分野，清代臺灣對本土的認知中，已由「空間」認知，朝向「地方」認同來發展。清代文人對於「臺灣」這塊土地的認知，主要先構築在對於「空間」的體認上，空間裡的自然景物、氣候地貌、人文景觀等等，在在都主宰著詩人對於這塊土地的印象，「新人文主義地理學」的人文地理學者，對於「地方感」相當重視，「地方不僅僅是一個客體。它是某個主體的客體。它被每一個個體視爲一個意義、意向或感覺價值的中心；一個動人的，有感情附著的焦點；一個令人感覺到充滿意義的地方。」〔註 15〕其中，段義孚（Tuan, Yi-Fu）和瑞夫（Relph）等人文地理學者對於「地方感」的定義提到：

> 經由人的住居，以及某地經常性活動的涉入；經由親密性及記憶的積累過程；經由意象、觀念及符號等等意義的給予；經由充滿意義的「眞實的」經驗或動人事件，以及個體或社區的認同感、安全感及關懷（concern）的建立；空間及其實質特徵於是被動員並轉形爲「地方」。〔註 16〕

至於瑞夫（Relph）則強調「地方」的眞實與不眞實感間的差異：

> 一個具有眞實感的地方，最重要的是，在個體以及做爲某社群的一員來說，它是內在於而且是歸屬於你的場所，知道這種狀況，而不會損及它的存在；然而，一個對地點不眞實的態度，基本上是缺乏

〔註 14〕黃美娥，〈臺灣古典文學史概說（1651～1945）〉，《古典臺灣－文學史・詩社・作家論》，臺北：國立編譯館，2007 年 7 月，頁 31～32。

〔註 15〕參考夏鑄九、王志弘編譯，《空間的文化形成與社會理論讀本》，明文書局，2002 年 12 月再版四刷，頁 86。

〔註 16〕同前註。

> 地方感的：因爲，它無法令人覺知到地點更深沉的、象徵的重要意義。更不會對其自明性（identity）有所讚賞。因此，一個眞實的地方感，多半是不自覺的，一序列被深深感動的意義，建立在對象、背景環境、事件，以及日常實踐與被視爲理所當然的生活的基本特殊性的性質之上，它不再被視爲是什麼，而是應該是什麼。〔註 17〕

而爲了能夠使論述脈絡更清楚呈現，在部分章節中，筆者選擇以「遊宦文人」這一社群作爲對照組，試圖凸出「本土文人」在書寫上的「在地性格」。爲能明確區分二大族群，筆者將清代臺灣本土文人列出，以示區隔，這部分可參見「附表一　清代臺灣本土文人一覽表」。這二大族群的比較，隨著清朝治理的時間日久，而產生彼此消長的情形。如果遊宦文人因爲對這塊土地的「陌生」，所以對於這塊土地的書寫重在「空間認知」的話，則本土文人又是如何呈現他們的「地方認同」？在實際分析作品之後發現，第三章的植物書寫裡，原本是以遊宦文人爲主要書寫者，但中後期之後隨著本土文人產生，覽異之風開始消退，並逐漸被本土社群取代，二大書寫社群偏重的植物書寫類型也各異，幾乎是各執一類，互不相混；第四五章的「地理空間」與第六七章的「人文空間」也呈現相同的趨勢，到了第八章的陶淵明接受現象，則幾乎由本土文人掌握，形成了屬於清代臺灣的「在地」特色與認同。

施懿琳在解釋〈清代遊宦與在地詩人作品中的臺灣意象〉，曾簡略地從八景詩的角度，區分遊宦文人與本土文人的書寫角度：「爲特殊風物標註八景的作法，起始於遊宦人士，延用此命名進一步深化並具體描述的，則大部分是熟諳這個環境的本地文人。此外，本地文人還進一步就自己所居住的環境，因襲此方式加以更細緻的落實。」〔註 18〕所以遊宦文人普遍「以此狹隘的範圍來進行其所認知的臺灣書寫。不僅心中的臺灣地圖是殘缺不完整的，清吏們對這些景致的書寫，或抽象地描摹，或帶有濃厚的宣教意味，大多非純粹賞玩風景之作。」〔註 19〕相形之下，本土文人鄭用錫的「北郭園八景」雖然「不一定是要顛覆官方，但是，卻不妨看成本地文人，其實也有意要從被詮

〔註 17〕參考夏鑄九、王志弘編譯，《空間的文化形成與社會理論讀本》，明文書局，2002 年 12 月再版四刷，頁 87。

〔註 18〕參考施懿琳，《從沈光文到賴和——臺灣古典文學的發展與特色》，第三篇《清領時期臺灣文學的發展與特色》，春暉出版社，2000 年 6 月，頁 89。

〔註 19〕同前註，頁 87。

釋者的角度翻轉，介入權力中心，爲自己的土地及文化發言。」〔註 20〕以遊宦文人和本土文人作爲對照，這樣的比較手法同樣見於本論文各章之中，筆者以爲，只有經過實際對照所呈顯出來的「特色」，才算是眞正能代表清代臺灣古典文學的特質。

李友煌在〈失落的亞熱帶植物群落初探——清代鳳山縣二志一冊植物書寫爲例〉一文提到：「不論是宦遊文士或在地文人，在進行詩詞歌賦的植物書寫時，都普遍有一種誤寫的現象，亦即，他們都或多或少的在臺灣文學的園地裡栽種中國植物，這些植物是普遍存在於中國文學中的、頗具傳統及象徵意義的植物，例如梅、蘭、竹、菊、松、柏、楓、桃、李、杏等。」〔註 21〕則引發筆者的疑問，對於遊宦及本土文人是否眞如作者所言，是「在臺灣文學的園地裡栽種中國植物」？筆者在經過整理之後發現，這樣的論點是可以再討論的，遊宦文人對於臺灣本土植物的敏感性雖較本土文人爲高，但不表示二大社群對於臺地特有植物書寫是「缺席」的，對此我們將於第三章進行分析。

畢恆達在〈看見塗鴉〉一文中，對「塗鴉」所下的定義與其中隱藏的社會意涵，正好與「題壁詩」的作用不謀而合，畢恆達所說「塗鴉不是一個人的喃喃自語，它是藉由挪用人潮聚集或高通過性的公共空間的方式，來發洩內心的情緒衝突或對於公共事務的看法。塗鴉者與讀者通常沒有機會見面，但是透過閱讀與想像，彷彿在進行眞正的對話。因此塗鴉經常引來塗鴉，創造出彷彿眾聲喧嘩的景象」〔註 22〕，與嚴紀華在《唐人題壁詩之研究》所引用的文學傳播理論是一致的，「題壁的形式不僅提供了詩的傳播環境，同時也提供了詩的創作環境。其原因即是在題刻石壁的發表途徑開啓了雙向傳播的管道，而不是一種單向，上對下的傳播方式，也就是題壁詩在『與接觸的眼睛對話』，受播者（讀者）的反應是可以回收的，這樣有回饋的傳播迅速活潑了傳播情境，於是新的創作刺激隨之出現，有反應的受播者隨即複製了題壁的方式進行創作，導致題壁詩的創作與傳播行爲不斷地循環出現，而讀者與作者的角色可以變動互換，這使得詩人在觀摹中創作，在創作中觀摹。」〔註 23〕爲本論文的題壁詩討論提

〔註 20〕參考施懿琳，《從沈光文到賴和——臺灣古典文學的發展與特色》，第三篇《清領時期臺灣文學的發展與特色》，春暉出版社，2000 年 6 月，頁 90。

〔註 21〕李友煌，〈失落的亞熱帶植物群落初探——清代鳳山縣二志一冊植物書寫爲例〉，《高市文獻》16 卷 3 期，2003 年 9 月，頁 9～10。

〔註 22〕參考畢恆達，《空間就是權力》，心靈工坊，2001 年 6 月，頁 89。

〔註 23〕參考嚴紀華，《唐人題壁詩之研究》，中國文化大學中文研究所博士論文，1994

供清晰的理論來源。

至於「在地化」（localization）一詞原本是對應「全球化」而來，指對全球化理論與文化宰制的挑戰，包含了社區、區域，甚或是國家，著重在情感投入。沙克斯（Saches, 1992, p112）將想像的「在地」形構爲具體的「世界性的在地主義」（cosmopolitan localism）——也就是質疑全球化的一致性假設與互相矛盾的現象，並避免社區被邊緣化或被無可預期的全球化市場所瓦解。在此情境下，許多受到全球化影響的在地工作者就會對所處情境進行省思，會從全球化「抽象的」、「無助的」與「理論的」思考，轉化爲重視「實體的」、「自主的」與「具象的」在地奮鬥，如此就會產生「在地化」的強調。米歐西（Miyoshi, 1998a）以「中心——邊陲對立」的理論來檢視在地，認爲「在地」就是所謂的「南方」世界，也等同於「未開發」、「開發中」、「附庸國」，或「邊陲」地帶〔註 24〕。

菲勒思通（Featherstone, 1995）則以社會學的觀點來切入，他認爲所謂的「在地」代表的是植基於親密血統以及長期居住關係中；布寨（Buzan, 1998）與卡托（Cataui, 1998）則以「時空」特性來說明「在地」；哈爾柏瓦柯（Halbwachs, 1992）則將地理區域與文化結合，認爲「在地」是屬於較小的空間，人們都可以互相認識，鄉土人情味濃，其核心價值是儀式、宗教、以及分享原初經驗的集體記憶與認同等；斯卡雷爾（Sklair, 1998, p291）則以「副全球社區」（subglobal community）的概念爲出發點，認爲「在地」是一種從集動行動中所獲致的有意義性的呈現〔註 25〕。

筆者比較傾向菲勒思通等人的看法而有所轉易，本論文所定義的「在地性」，非爲對應「全球化」這一主體，而是對應於清朝統治中，「中原」、「主流」這一主體底下，屬於「邊陲」地帶的區域。除了菲勒思通所認爲的「植基於親密血統以及長期居住關係中」外，也涵括哈爾柏瓦柯所謂「屬於較小的空間，人們都可以互相認識，鄉土人情味濃，其核心價值是儀式、宗教、以及分享原初經驗的集體記憶與認同等」的區域特色，就一外來者而言，其融入「在地」的要件，即爲融入本地文化。此外，它必須具有「認同」的想法，在地域上有獨特的特色，如文化、歷史、風土民情、自然環境、習俗信仰……等等，並在其土地上具有民族性的認同感。

年 6 月，頁 288～289。

〔註 24〕引自武文瑛，〈全球化與在地化概念辯證、分析與省思〉，《教育學苑》7 期，2004 年 7 月，頁 43～57。

〔註 25〕同前註。

第四節　文獻檢討

目前關於清代臺灣古典文學的研究，大致可以分成幾種：

一、以文學體裁區分

關於清代臺灣古典文學研究，目前已經有陸續增加的趨勢，就文學體裁來看，古典詩部分有施懿琳《清代臺灣詩所反映的漢人社會》、吳毓琪《康熙時期臺灣宦遊詩之研究》；戲曲部分有張啓豐《清代臺灣戲曲活動與發展研究》、散文部分有林淑慧《臺灣清治時期散文發展與文化變遷》及王嘉弘《清代臺灣賦的發展》、竹枝詞部分有翁聖峰《清代臺灣竹枝詞之研究》，民間文學部分則有丁鳳珍的《「歌仔冊」中的臺灣歷史詮釋：以張丙、戴潮春起義事件敘事歌爲研究對象》、小說部分則有吳盈靜《清代臺灣紅學初探》，幾乎各個文學題材都有學位論文進行研究；其中以施懿琳《清代臺灣詩所反映的漢人社會》對於本論文啓發最多，至於吳毓琪《康熙時期臺灣宦遊詩之研究》側重焦點在「康熙時期」的「宦遊詩」上，雖與本論文交集不多，但對於提供「遊宦文人」這一族群的書寫特色，使本論文有可資對照的對照組，實有不小的幫助。

二、臺灣區域文學史與臺灣古典文學史

至於臺灣區域文學史的研究上，學位論文部分：黃美娥《清代臺灣竹塹地區傳統文學研究》主要以道咸同時期的臺灣竹塹文人爲主，分成本土文人與遊宦文人二大社群討論，其中本土文人包括鄭用錫、鄭用鑑、鄭如蘭、林占梅；遊宦文人則有楊浚、林豪、查元鼎及林維丞等；王俊勝《清代臺灣鳳山縣詩歌研究》中，以黃文儀詩作的探討與本論文關係最爲密切，但篇幅並不多，以黃文儀九十六首詩作，佔《鳳山縣采訪冊》新收錄詩作的六成比例來看，作者卻用不到整體論文七頁的篇幅論述，實在不容易看出黃文儀詩作的特色，這是很可惜的地方；葉連鵬《澎湖文學發展之研究》中，和本論文直接相關者爲蔡廷蘭，同時期遊宦文人部分則提到周凱及林豪，其中提到蔡廷蘭的作品，詩作有八首，古文有七篇，數量並不多，而重點則放在詩作的討論上，尤以〈請急賑歌〉及與周凱往返的〈巡道周公有社倉之議言事者慮格於舊例公慨然力任其成立賦撫卹歌六章發明天道人心之應淋漓悽惻情見乎詞因述其意更爲推衍言之續成長歌一篇〉及〈再呈周觀察二首〉爲主。

施懿琳、楊翠著《彰化縣文學發展史》第二篇〈清代彰化地區文學史〉中屬於彰邑文人的有曾維禎、鄭捧日、楊啓元、林遜賢、曾作霖、林廷璋、曾拔萃、廖春波、曾玉音、羅桂芳、陳玉衡、曾作雲、陳肇興、廖景瀛、曾惟精、蔡德芳等。其中咸同時期有陳肇興、蔡德芳、陳培松、丁醴澄，而以陳肇興爲主，光緒時期本土文人有吳德功、施家珍、莊士哲、洪月樵、許夢青等人。施懿琳在區分清代彰化文學分期時，係以道光版《彰化縣誌》出版作爲分界點，「此代表著彰化設縣至編修縣誌百餘年間文化發展的總成果。此後約六十年的清領後期，則因晚清彰化縣採訪冊的亡於戰火，僅能參考私人留存的詩文稿作爲探討彰化文學的基本材料。」〔註 26〕而後期詩人別集流傳也有限，「眞正具體可見的文學作品唯有咸同時期陳肇興的《陶村詩稿》、光緒年間吳德功的《瑞桃齋詩稿》、洪月樵的《謔蹻集》以及許夢青的《鳴劍齋詩草》等。」〔註 27〕

施懿琳、許俊雅、楊翠著《臺中縣文學發展史》第三章〈清代臺中縣的文人及其作品〉中分成「以吳子光爲師的中縣文人」——包含傅于天、呂汝玉、呂汝修與呂汝成三兄弟、吳茂郎、謝道隆，另外就是東寧才子丘逢甲。時間點大約都到光緒之後了，和本論文重疊的文人幾乎是沒有的。

江寶釵《嘉義地區古典文學發展史》第四章〈清領中、晚期嘉義古典文學的發展〉中清領中期文人有王克捷、陳震曜、徐德欽、林啓東、賴國華、賴世陳、江耀章、徐德垣、黃鴻藻；清領晚期則有何振猷、賴世觀、林維朝、徐杰夫等「隨事應變者」、而「隱遁不預世事者」有許光烈、賴世英、徐埴夫、徐念修，至於「開館設塾者」有白玉簪、陳家駒、蔡鴻書、林培張、張建都等人。創作主題則以「民變」和「漢蕃關係及其變遷」爲主。

龔顯宗《安平區志》的〈藝文志〉及〈安平文學史〉〔註 28〕在第三節「從嘉慶到光緒（1796～1895）」的「嘉慶至同治」條提到二位本土文人，一爲章甫，一爲陳肇興，前者提到他〈臺邑八景〉的〈赤嵌夕照〉一詩，並言及〈臺郡八景〉；後者則提到他的〈赤嵌竹枝詞〉十首。至於「光緒元年至二十一年（1875～1895）」則有施士洁、林幼春、陳鳳昌及郭彝等重要本土文人。

〔註 26〕見施懿琳、楊翠著，《彰化縣文學發展史》，彰化縣立文化中心，1997 年，頁 91。

〔註 27〕同前註。

〔註 28〕收於龔顯宗，《臺灣文學研究》，五南圖書出版公司，1999 年 9 月，頁 167～229。

龔顯宗的《臺南縣文學史》第三章〈清代（1683～1895）〉第三節「本土作家」中，屬於臺灣縣的本土文人，清初有王璋、施世榜、盧芳型、陳文達、郭必捷、鄭大樞、黃繼業、蔡開春、黃佺、陳輝、潘振甲、陳廷藩、楊世清、葉泮英、盧九圍、戴遜、薛邦揚；嘉慶之後則有陳廷璧、林師聖、章甫、黃汝濟、黃纘、黃化鯉等；道光之後則以陳尙恂、黃通理爲主。

莫渝、王幼華《苗栗縣文學史》第二編《清領時期》大分爲「遊宦詩文」、「碑記」及「縣籍作家」，但在分類上實有商榷之處，因爲放於「遊宦詩文」的「鄭如松」雖非「縣籍作家」，但畢竟是臺灣竹塹地區的「本土文人」，將之置於「遊宦詩文」中，或許是因爲對應於「縣籍作家」，不管是本土或大陸內地，都可屬「遊宦」文人的緣故，但這樣的分法在我們習慣區分的「遊宦」與「本土」二大文人社群中，難免顯得不倫，將鄭如松視爲「遊宦」文人，卻將同爲竹塹文人的林占梅列入「縣籍作家」，原因只是林占梅爲「貓裡佳婿」，是黃驤雲女婿的緣故，這就讓人不解其分類標準了。這種情形也見於「縣籍作家」的吳子光，吳子光爲廣東嘉應人，一般均將之歸於大陸遊臺文人，但本書卻將之視爲「縣籍作家」，這是有問題的。在《苗栗縣文學史》中，屬於「縣籍作家」的有黃清泰、黎瑩、黃驤雲、林占梅、張維垣、梁成枏、蔡相、林百川、羅新蘭、蔡啓運、黃文哲、張玉甫、丘逢甲、吳湯興、林雲閣及苗栗八景詩作者（謝維岳、謝錫光、劉少拔、曾肇楨、曾東生、劉憬南）等人。

廖振富〈臺灣中部地區的古典詩人及其作品（上）〉提到陳肇興，並總結其作品內容「包括臺灣各地風土景觀的描寫（以中部地區爲主）、清代臺灣農村生活的刻劃，以及他一生所遭遇的最大動亂——戴潮春事件（1861～1863）之始末等。」〔註 29〕黃憲作〈花蓮地區的傳統文學（上）（下）〉主要以日治到戰後的傳統文學介紹爲主，對於清代時期本土文人的詩作與介紹則未言及；施懿琳，〈臺南府城古典文學概述（上）〉以清領時期的府城文人介紹爲主，其中與本論文直接相關者爲施瓊芳，但介紹極少，僅提及他是「道光乙巳年（二十五年，1845）進士，曾任海東書院山長，以引掖後進爲己任，顏其宅曰：『石蘭山館』，著有《石蘭山館遺稿》二十二卷，次子施士洁……」〔註 30〕至於文中提及施瓊芳之前的黃佺及章甫，之後的施士洁、許南英，則

〔註29〕廖振富，〈臺灣中部地區的古典詩人及其作品〉（上），《國文天地》16 卷 8 期＝188 期，2001 年 1 月，頁 64。

〔註30〕施懿琳，〈臺南府城古典文學概述（上）〉，《國文天地》16 卷 7 期＝187 期，

因時間斷限與本論文不同之故，而予以略過不談。黃美娥〈北臺灣傳統文學發展概述——清代至日治時代（上）〉提到竹塹地區「到了道光、咸豐年間，林長青、鄭用錫、鄭用鑑、鄭用鈷、鄭士超、彭培桂、鄭祥和、鄭如松、鄭如恭、劉星槎、林占梅、許超英、彭廷選、吳士敬、郭襄錦、童蒙吉、鄭超英、黃玉柱等俊逸迭見，光耀文壇。」〔註 31〕而到了同光時期有「林汝梅、蕭國香、鄭秉經、鄭如蘭、鄭景南、林鵬霄、張鏡濤、葉清華、杜淑雅、張錦城、蔡啓運、林次湘、鄭以典、陳濬芝、鄭兆璜、曾逢辰、陳浚荃、張麟書、彭裕謙、陳朝龍、李希曾、鄭樹南、鄭鵬雲、魏紹吳、劉廷璧、黃如許、吳逢清、黃彥鴻、張貞、張鵬、王松、鄭家珍、陳信齋、查仁壽、鄭以庠、鄭燦南、戴珠光、姜紹祖等。」〔註 32〕至於活躍臺北文壇的本土文人有「道光時期……陳維藻、陳維藜、陳維英、林耀鋒、曹敬……進入咸豐朝後，更增添了陳霞林、劉廷玉、黃敬、黃覺民、吳經蘭、張書紳、李文元……同、光時期以後，臺北文壇新人蜂起，陳儒林、蘇袞榮、陳宅仁、陳雲林、黃中理、陳樹藍、楊克彰、潘永清、鄭作揚、楊永祿、顏宅三、趙一山、林維讓、張忠侯、陳祚年……」〔註 33〕，而活動於基隆地區的清代本土文人僅江呈輝一人有舉人身份，至於張尚廉與其弟張松友則在私人書房授徒。桃園地區的士子就比較多，「取中科名的士子遲至道光年間始見，如生員姚風儀、貢生黃新興；進入咸豐朝後，人數增多，有生員吳永基、林芳、謝夢春、王啓愛、黃登旺，舉人余春錦、貢生林炳華、黃雲中……等；同、光朝後，士子倍增，尤以光緒年間爲最，生員吳榮棣、簡楫、廩生呂鷹揚，歲貢謝鵬摶、鄧逢熙、李涵芬、舉人余紹賡，進士陳登元等皆爲一時俊秀。」〔註 34〕至於另一篇〈北臺文學之冠——清代竹塹地區的文人及其文學活動〉的竹塹部分則與本文相距不大，故不再贅述〔註 35〕，值得一提的是，本文文末有二份附表，分別爲「清代竹塹地區本土文人生平資料表」及「清代竹塹地區流寓文人生平資料表」，爲本論文中「本土文人」的界定，提供了相當便利的

2000 年 12 月，頁 60。

〔註 31〕黃美娥，〈北臺灣傳統文學發展概述——清代至日治時代〉（上），《國文天地》16 卷 9 期＝189 期，2001 年 2 月，頁 62。

〔註 32〕同前註，頁 63。

〔註 33〕同前註，頁 65。

〔註 34〕同前註，頁 68。

〔註 35〕黃美娥，〈北臺文學之冠——清代竹塹地區的文人及其文學活動〉，《臺灣史研究》5 卷 1 期，1999 年 11 月，頁 95～96。

資訊。

彭瑞金在〈鳳山文學發展簡史〉所提到的鳳山文人有鄭應球、卓肇昌、卓夢采、黃文儀，其中對卓肇昌的討論最多，但評價卻不高，「本邑詩人的作品，大都不離『登龜山』、『望琉球』、『訪岡山』、『渡彌陀港』、『蓮潭夜泛』、『淡水溪渡』、『鳳岡春雨』、『淡溪夜色』及詠物等題材，將他們的詩作混雜在遊宦文人的作品裡，實在看不出什麼本邑特色。此類詩人中，又以舉人卓肇昌最富盛名。他乾隆十五年拔貢，曾應聘參加《鳳山縣誌》之重修工作，長期擔任書院講席。他曾以『鳳山八景』、『鼓山八景』、『龜山八景』、『東港竹枝詞』等題，寫過不少以鳳山一地爲中心的組詩，刻畫山水風景，流露詩人對自己家園的熱愛之情，這恐怕就不是宦游文人能有的情感了。」〔註 36〕看似對其詩文作品的肯定，但卻又在下文接著其父卓夢采的敘述說「卓肇昌承庭訓，詩思文想也受到了侷限。雖然他是清治時代鳳邑最重要的詩人，作品量亦最可觀，卻受制於人生視野，作品皆非佳構。」這恐怕是有問題的，彭瑞金從卓夢采在朱一貴事件發生時散盡家財供族人戚里口糧，並告訴卓肇昌「寧餓死，毋從賊」一事，認爲卓肇昌因此「詩思文想也受到了侷限」，是相當奇怪的連結，而他以其〈晚蟬〉詩作爲證據，認爲卓肇昌「作品皆非佳構」，或許是受到連橫《臺灣詩乘》的評價影響。但是，卓肇昌的詩作眞的像連橫或彭瑞金所說「皆非佳構」嗎？彭瑞金接著提到：「清治時期，鳳邑出身的本地文人還有不少……從人數來看是可觀的成就，不過詩題內容幾乎離不開登山、過嶺、海望、溪渡、夜泛、觀潮、鳳岡春雨、球嶼曉霞之中打轉，顯現文人雅士的休閒、山水文學，雕琢虛飾如出一轍。即使感時、傷逝、詠史、詠物之作也不多，即使宦遊之士普遍用來描寫民情風俗的『竹枝詞』，到了這些士大夫手裡，也只用來寫自己的事。且看卓肇昌的〈三畏軒竹枝詞〉（即書院東軒）……這樣的詩，如果和首先把竹枝詞帶來臺灣的郁永河的〈臺灣竹枝詞〉及〈土番竹枝詞〉作比較，便知道卓肇昌代表的本土詩人，事實上離土地和人民的生活更遠。」〔註 37〕這恐怕不盡然，關於卓肇昌在竹枝詞寫作的地位，我們將於第六章予以論述。其次討論最多的則是黃文儀〈紀許逆滋事五古十二首〉，並與歲貢鄭蘭〈勦平許逆紀事〉一文互爲

〔註 36〕彭瑞金，〈鳳山文學發展簡史〉，《淡水牛津臺灣文學研究集刊》3 期，2000 年 8 月，頁 32～34。

〔註 37〕同前註，頁 34。

參照，關於這一部分的詳細討論，可見本論文第七章第一節。彭瑞金所列出的清代本土文人：「清治時期，鳳邑出身的本地文人還有不少，《鳳山縣志》錄有詩文的茂才、生員、明經還有：傅汝霖、陳璿、陳正春、錢時洙、陳元榮、錢元煌、錢元揚、陳文炳、何日藩、林青蓮、方文雄、侯時見、錢登選、莊天錫、林振芳、沈時敏、盧德嘉、陳文達、林大鵬、施士膺、陳洪澤、莊允義、柯汝賢、卓雲鴻、史廷賁、施士爆、黃夢蘭、柳學輝、柳學鵬、蘇潮、蔡江琳、黃文儀、柯廷第、林夢麟、柯錫珍、謝其仁、周揚理、林靜觀、吳士俊等人。」〔註38〕。關於黃文儀與卓肇昌的文學地位，另可參考拙作〈變調的物候—黃文儀的季節書寫〉及〈寫實與想像的交錯—鳳山文人卓肇昌的區域書寫〉二文。

至於臺灣文學史的敘述上，汪毅夫、劉登翰等著《臺灣文學史》則以第二編「近代文學」中的一、二章與本論文關係最爲密切。此外，黃美娥〈臺灣古典文學史概說（1651～1945）〉全面探討明鄭至日治時期，臺灣古典文學的發展情形與詩社概況，並分成「萌芽紮根」、「成長茁壯」、「應變維新」三部進行敘述，認爲清初康雍時期的文學仍屬「萌芽紮根」期，而「成長茁壯」時期是指「乾嘉至同光間臺灣本土文人的紛起」，認爲這一時期的文學發展形成不同的區域特色：其中北臺的楹聯文學相當發達；新竹地區以園林詩而聞名；中部地區詩人的作品較能貼近民間，反應社會現實；南部文人由於學問根柢濃厚，書卷氣濃厚，工於用典。而盛於清代的「尊唐」、「宗宋」之爭，因「文人對於詩歌本質的認識，也間接消弭了詩人區分詩學流派的作法」〔註39〕，因此毋須強作區分。

三、詩人專論

（一）合論

關於道咸同時期的本土文人研究，林占梅、施瓊芳及陳肇興均有學位論文及專書研究，而除卻黃敬及李逢時外，其餘本土文人也有不少單篇論文探討，就個別性的「殊相」研究而言，這時期的研究成果有日漸受到重視的趨勢，但

〔註38〕彭瑞金，〈鳳山文學發展簡史〉，《淡水牛津臺灣文學研究集刊》3期，2000年8月，頁33～34。

〔註39〕黃美娥，〈臺灣古典文學史概說（1651～1945）〉，《古典臺灣－文學史・詩社・作家論》，臺北：國立編譯館，2007年7月，頁1～60。

對於本土文人創作書寫的「共相」研究上，卻仍有許多可待開發的空間。其中謝志賜《道咸同時期淡水廳文人及其詩文研究——以鄭用錫、陳維英、林占梅爲對象》是以鄭用錫、陳維英、林占梅探討爲主，薛建蓉《清代臺灣士紳角色扮演及在地意識研究——以竹塹文人鄭用錫與林占梅爲探討對象》則偏重在鄭用錫與林占梅的比較，單篇論文中，余育婷〈從鄭用錫、陳維英、施瓊芳看清代道咸時期臺灣詩人的傳承與發展〉的界定大抵因循謝志賜而來，張炎憲的〈臺灣新竹鄭氏家族的發展型態〉是以整個新竹鄭家爲探討重心；田靜逸〈清代竹塹開啓民智的教育家——鄭氏一門三傑〉單純只是生平介紹，對於文學的部分著力不多；林淑慧〈竹塹文人鄭用錫、鄭用鑑散文的文化意涵及其題材特色〉，與陳正榮〈鄭用鑑〈地震行〉與林占梅〈地震歌有序〉辨析〉都是從比較的角度去區分鄭用鑑與鄭用錫或林占梅創作方法或角度的不同。其中陳正榮〈鄭用鑑〈地震行〉與林占梅〈地震歌有序〉辨析〉提出鄭用鑑這一首〈地震行〉的佈局、靈感是來自於黃景仁的〈後觀潮行〉，也考證出林占梅〈地震歌有序〉可能的寫作時間，值得參考。

（二）分論

鄭用錫　儘管研究竹塹地區文人的論文不少，對於鄭用錫的關注也不能說低，但眞正屬於鄭用錫個人的專書或學位論文卻尚未出現，張炎憲〈開臺第一位進士鄭用錫〉主要在介紹鄭用錫生平；而跟本論文最爲相關的是黃美娥的〈一種新史料的發現——談鄭用錫「北郭園詩文鈔」稿本的意義與價值〉及龔顯宗〈不爲功名亦讀書——論鄭用錫詩的題材多樣與風格統一〉〔註 40〕二文都是從鄭用錫的詩作進行討論，在文獻資料分析上提供很寶貴的資訊。

鄭用鑑　田啓文〈文章與人品並臻——鄭用鑑散文的道德理念與實踐〉偏重在鄭用鑑的散文與人品養成間的關係進行探討，正好與黃美娥〈明志書院的教育家——鄭用鑑〉在生平介紹與詩作分析上互補，分別呈現鄭用鑑詩與文的寫作面向。

蔡廷蘭　目前對於蔡廷蘭的研究，單篇論文可見盧嘉興〈澎湖唯一的進士蔡廷蘭〉及陳益源〈澎湖蔡進士的史料與傳說〉〔註 41〕，其中盧嘉興偏重

〔註 40〕收於龔顯宗，《臺灣文學研究》，五南圖書出版公司，1999 年 9 月，頁 85～104。

〔註 41〕見陳益源，《蔡廷蘭及其《海南雜著》》，臺北：里仁書局，2006 年 8 月，頁 1～34。

在蔡廷蘭生平介紹，而陳益源則從民間文學的角度，希望由史料與傳說記載，可以進一步補充蔡廷蘭著述與呈現澎湖民間文學特色，陳益源的論文中將研究蔡廷蘭事蹟的相關論文作了整理，並提供越南地區有關蔡廷蘭資料存佚的可能性，提供後來研究者極大便利，本文並收於其《蔡廷蘭及其《海南雜著》》一書，是目前對於蔡廷蘭研究最爲全面的一本著作。

施瓊芳　謝碧連〈府城臺南父子雙進士——施瓊芳、施士洁〉及盧嘉興〈開臺唯一父子進士施瓊芳與施士洁〉二篇文章重點在介紹施瓊芳父子生平上；向麗頻〈清代臺南詩人施瓊芳近體詩用韻考察〉則是以「用韻情形」爲主，對於詩作內涵部分著墨不多；吳毓琪〈臺南詩人施瓊芳作品中的臺灣社會面相〉則是以施瓊芳的社會寫實與風土記錄詩作爲探討對象；余育婷《施瓊芳詩歌研究》是全面探討施瓊芳詩作的學位論文，主要將詩作區分爲「風土詩」、「題畫詩」、「詠史詩」、「詠懷詩」、「酬贈詩」、「試帖詩」及「其他」，而「其他」類中又區分「社會寫實」、「詠物詩」與「閨情詩」，作者的單篇論文〈施瓊芳題畫詩探析〉、〈臺南詩人施瓊芳詩歌中所反映的臺灣風土面貌〉即是原碩士論文中的一節。

陳維英　陳培漢〈先曾叔祖維英公事蹟〉，由於是陳維英後代所作，因此對於陳維英生平記錄的可信度也較其他文章來得高，而陳浩然、陳培璥的《登瀛文瀾渡臺始祖族譜》則是提供陳維英家族事蹟排行的重要史料；廖漢臣，〈巢名太古尋遺跡——記迂谷陳維英〉可以說是第一篇研究陳維英的單篇論文，並影響謝志賜《道咸同時期淡水廳文人及其詩文研究——以鄭用錫、陳維英、林占梅爲對象》陳維英部分的討論；徐麗霞〈陳維英之別業：太古巢與棲野巢〉一～四，雖然以極大篇幅敘述陳維英生平與地理環境，但資料援引上卻不免有誤；其中以〈癸丑秋長兄四弟爲拒匪俱死於難張程九以書及詩來慰聊裁以答〉一詩論述「咸豐三年頂下郊拼，陳維英長兄、四弟俱死於械鬥」是錯誤的，這是因爲該詩並非陳維英所作，而是其門人周鏘鳴的作品〔註 42〕，儘管如此，這篇論文對於陳維英太古巢與棲野巢所在地理環境與鄰近景致作了考察與整理，卻是極爲可貴的貢獻。謝碧菁，〈陳維英詩歌反映之臺灣自然與人文〉分別敘述自然環境、民風習俗、歲時節令及社會要聞四個部分，論點平易。值得注意的是 2006 年 1 月及 2 月分別有謝碧菁《陳維英生平及其詩歌研究》與楊添發《陳維英及其文學研究》二本學位論文產生，二本論文都

〔註 42〕關於這部分可見於本論文第七章第一節論證。

援引中央圖書館臺灣分館的「曉綠先生手抄本」，並與《臺北文物》刊行版本及《全臺詩》作對照，對陳維英的研究而言，「曉綠先生手抄本」的出土是一項極爲重要的文本，其中楊添發對於此一抄本的敘述詳盡〔註43〕，並與《臺北文物》版本作出比較「曉綠抄本《偷閒錄》所輯詩四百一十四首，比《臺北文物》、《偷閒錄》二百八十九首，多出一百二十五首。曉綠抄本有五十一首陳維英大陸行旅系列，是《臺北文物》所未收錄，此外還有少數的題人物像詩、題畫詩，也是《臺北文物》所未見。因此，就內容上來說，曉綠抄本《偷閒錄》較爲豐富，對於探討陳維英的創作有較多幫助。唯曉綠抄本《偷閒錄》夾雜他人詩作多達三十八人，在抄寫過程中是否將他人詩作誤以爲陳維英所作，則是需要注意考慮。」〔註44〕而謝碧菁論文對於陳維英著作的「辨疑誤」與「搜遺」上著力尤多，其中由謝志賜確定非陳維英之作有「〈癸丑之變，兄弟俱死於難〉七律一首、〈癸丑秋，長兄四弟爲拒匪俱死於難，張程九以書及詩來慰，聊裁以答〉七絕三首、〈哭三歲兒〉七絕八首，〈聞鄰家哭子有感〉七絕二首、〈清明祭兄弟墓〉三首」〔註45〕；經確定爲趙翼之作的有〈山行〉詩：「另《偷閒錄：太古巢詩抄》、《全臺詩》、《偷閒錄》中均有〈山行詩〉：路尋樵徑躡槎枒，山色蒼深夕照斜。一樹紅楓全是葉，翻疑無葉滿身花。趙翼《甌北詩集》中亦有此詩，詩題與內容均相同，而趙翼之詩集於乾隆間已刻印出版，同時期之文人袁枚、蔣士銓、錢大昕等均曾爲之作序，故此詩當爲趙翼之作，誤入維英集中。」〔註46〕值得一提的是謝文認爲陳維英〈目力〉詩「兩目雖存力減前，臨文敢怨視茫然。自從六歲攻書起，我已勞他七十年」與鄭用錫的同名詩〈目力〉「目力無多不似前，看花如霧更茫然。笑他秋水雙瞳翦，我已勞他七十年。」應「無疑爲唱和之作」〔註47〕，從二人的交遊時間點與所使用韻腳來看，是相當有可能的。至於維英所言「我已勞他七十年」一句，若依曉綠抄本註所言「七一作五」，也較符合陳維英生平。至於「搜遺」部分，謝志賜根據《登瀛文瀾渡臺始祖族譜》中所附「維英公遺作」增補十

〔註43〕見楊添發，《陳維英及其文學研究》，私立銘傳大學應用語文研究所中國文學組碩士論文，2006年2月，頁71。

〔註44〕同前註。

〔註45〕見謝碧菁，《陳維英生平及其詩歌研究》，私立東吳大學中國文學系碩士論文，2006年1月，頁31。

〔註46〕同前註。

〔註47〕同前註。

首詩作，及另存於他處的〈賦得良玉比君子〉、〈遊于廣東朱山寺，偶至湘子橋下舟中，與詩盟分韻得尤，即心口占，未定稿〉二首均可見於曉綠抄本，唯文字略異。「此外，《張純甫全集》中有『陳迂谷先生維英』、『陳迂谷詩』之目，共錄維英詩二十首，其中三首爲《偷閑錄：太古巢詩抄》與《全臺詩》所無，分別如下：……〈元月初二日遊劍潭寺〉……〈揚子江有感癸丑夏在嘉魚縣作〉……書中僅存錄其詩，未言及出處，而癸丑爲咸豐三年（1853），是年北臺爆發嚴重械鬥，維英是否前往嘉魚，實可疑。……故此三詩，姑且存之，有俟查考。」〔註 48〕依謝碧菁所統計，「《偷閑錄：太古巢詩抄》中共四百五十二首」〔註 49〕，但楊添發說陳維英詩作「四百一十四首」，二者在詩作數量差異甚大；此外尚有一個版本也是應該處理，但二本論文都未處理到的，即國家圖書館所藏「民國間抄本」，這一版本僅只一冊，以毛筆書寫，未註明是何人手抄，若能予以版本對照，對於陳維英詩作研究將提供極大助益，關於這一部分，筆者已有〈陳維英《偷閒錄》版本研究〉專文探討。

陳肇興　林翠鳳《陳肇興及其《陶村詩稿》之研究》是第一本有系統的介紹陳肇興生平及其詩集的專書，而顧敏耀的《陳肇興及其《陶村詩稿》研究》一書在題目雖然和林翠鳳類似，但內容卻不相同，顧敏耀的論文可以視爲林翠鳳一書的「補充」，將其未完全交待整理的部分另闢主題處理。施懿琳〈清領中葉在地詩人的本土關懷與現實書寫——以陳肇興《陶村詩稿》爲分析對象〉是最早探討陳肇興詩作的單篇論文，而林翠鳳〈從《陶村詩稿・咄咄吟》看陳肇興之儒士性格表現〉及〈清代臺灣民變期間的詩人——以《陶村詩稿》作者彰化陳肇興爲例〉二文，則是從其專書《陳肇興及其《陶村詩稿》之研究》節錄而來。

林占梅　徐慧鈺的《林占梅先生年譜》是研究林占梅生平的重要參考資料，而其《林占梅園林生活之研究》、〈吟四座互飛觴——話潛園詩酒盛會〉、〈「構得潛園堪寄跡，十年樂趣在林泉」——談林占梅的園林生活〉諸文則均以其「園林生活」爲討論重心，至於賴明珠〈林占梅的書畫藝術世界——以「潛園琴餘草」爲主要分析依據〉及李美燕〈林占梅琴詩中的遊藝生活及美感意境〉、程玉凰〈林占梅與「萬壑松」唐琴之謎〉三文，第一篇是寫其書畫，

〔註 48〕見謝碧菁，《陳維英生平及其詩歌研究》，私立東吳大學中國文學系碩士論文，2006 年 1 月，頁 34。

〔註 49〕同前註。

二三篇是寫其琴詩，都和林占梅的園林生活脫不了干係，可以說是徐慧鈺論文的進一步補充。至於蔡玉滿的《林占梅詩形賞析》及〈林占梅傳統詩的結構賞析〉二文，由於對詩本身的意涵著墨較少，與本論文關聯亦不大，因此不再贅述。

李望洋　陳漢光〈李望洋先生文獻選輯〉、高志彬〈李望洋研究的課題與文獻〉二文提供相當豐富的文本資料，前者以傳記、年表、詩文輯錄整理爲主，後者較爲重要的是李望洋的晚年事蹟；王見川〈李望洋與新民堂——兼論宜蘭早期的鸞堂〉一文重在其與鸞堂間的關係；鄭喜夫〈李靜齋先生年譜初稿〉，龔師顯宗〈李望洋宦遊西北〉二文從詩文角度結合作者生平資料展開論述，提供本論文第五章李望洋研究相當充足的佐證資料。

曹敬與鄭如蘭　曹敬與鄭如蘭的單篇研究較少，林淑慧〈臺灣清治中期淡北文人曹敬及其手稿的詮釋〉及黃美娥〈「心遠由來地亦偏，柴桑風格想當年」——竹塹詩人鄭如蘭及其《偏遠堂吟草》〉，是目前研究曹敬及鄭如蘭的唯一單篇論文。

劉家謀　宦遊文人中以劉家謀與本文關係最爲密切，賴麗娟〈「海音詩」觀風問俗析論〉，翁聖峰〈劉家謀的《觀海集》〉、謝崇耀〈劉家謀在臺之詩作初探〉，黃淑華《劉家謀宦臺詩歌研究》、汪毅夫〈從劉家謀詩看道咸年間臺灣社會之狀況——記劉家謀及其《觀海集》和《海音詩》〉等研究成果，有助於本論文整理其寫作面向，截至本論文出版，賴麗娟又於2006年以《劉家謀及其寫實詩研究》作爲博士論文，可算是劉家謀研究的階段性總結；徐麗霞〈劉家謀詩作的澎湖庶民圖象〉重點放在澎湖一地。

關於道咸同時期的本土詩人研究，在個別詩人的「殊相」呈現上，研究成果不可謂不豐，但就整體「共相」而言，則顯然有進一步探討的空間。

四、八景詩研究

劉麗卿的《清代臺灣八景與八景詩》，雖然嘗試全面蒐羅清代臺灣的八景詩，但是在論述之中，並沒有明顯區分出遊宦文人與在地文人的書寫差異。所以我們不容易從文章中看出二者在寫作的深度與廣度上有何區別。

蕭瓊瑞的〈從「臺灣八景」到「澎湖八景」〉一文只是單純介紹從高拱乾開始的「臺灣府八景」（大八景）到地方性「小八景」，最後到「澎湖八景」的演變，並稍微提到方志中「八景圖」的表現手法，至於八景詩作本身的內容則幾乎未談，蕭氏後來出版《認同與鄉愁——臺灣方志八景圖研究》〔註 50〕，從中國八景的形成與流變到臺灣八景的初現與淵源，作了歷史脈絡的聯結，而跟文學性較爲相關者，當屬第五章的「八景內涵」，該章係以圖像內容爲考察對象，並搭配詩文，深入探討八景詩的可能內涵與意識型態，其中第一節提出「臺灣八景的意象建構與內涵」，認爲臺灣八景的建置，依時間先後呈現「恢宏開闊的〔臺郡八景圖〕」、「從寬宏走向深邃的〔臺邑八景圖〕」、「走向個人化與定點化的〔彰化八景圖〕與〔蘭陽八景圖〕」、「文氣盎然的〔淡水八景圖〕」四個階段，並兼有「懷鄉」與「認同」的雙重情緒，蕭瓊瑞認爲「『懷鄉』與『認同』在這批建構臺灣八景詩圖的文人仕官身上，也並非是一種先後轉變的過程，而是同時並存的兩種矛盾情緒。」〔註 51〕而「道光年間的〔彰化八景圖〕與〔蘭陽八景圖〕，在內涵上走向個人化與定點化的品評趣味，在『懷鄉』與『認同』的情緒、思維上，有趨於混融、複雜的傾向。」〔註 52〕何晉勳的〈「旗尾秋蒐」與「珠潭浮嶼」——清代臺灣八景圖的異族紀念〉一文同樣運用了「八景圖」的材料，跟以往以「八景詩」作爲論述重點的論文並不相類，作者提出「旗尾秋蒐」的意義「不只是乾隆年間臺灣縣士人官僚吟詠品題之景，它也是下淡水溪上游流域的原居民生活風貌之最後一瞥。在當地的住民文化快速流失變遷下，『旗尾秋蒐』圖是在地民族文化失落前的留影」〔註 53〕而道光十六年《彰化縣志》的「珠潭浮嶼圖」則「繪寫日月潭原居民自給自足的生活面貌，卻也是對其生活產生深刻變遷的諷刺」〔註 54〕，當士大夫標舉這二景點爲方志八景時，也代表這二個異族文化的消逝。

陳佳妏的〈滾滾波濤聲不息，斐然有緒煥文章——論清代臺灣八景詩中的自然景觀書寫〉一文提到「在臺灣八景的擇選與命名之中，有許多臺灣特有的、更值得被標舉出來的自然風貌及人文活動，卻非常一致性地被排除了。這顯然與文人對於何者爲『美景』的『美感』認定，有著相當大的關係。」

〔註 50〕蕭瓊瑞，《認同與鄉愁——臺灣方志八景圖研究》，典藏藝術家庭，2006 年 5 月，頁 255～294。

〔註 51〕同前註，頁 288。

〔註 52〕同前註，頁 298。

〔註 53〕何晉勳，〈「旗尾秋蒐」與「珠潭浮嶼」——清代臺灣八景圖的異族紀念〉，《臺灣人文生態研究》7 卷 1 期，2005 年 1 月，頁 10。

〔註 54〕同前註，頁 16。

而這些「臺灣八景詩的寫作背後，呈現了一種或隱或顯的政治意圖。這些權力慾望的展現，往往與作者所採取的觀景『位置』有關，而『俯視』、『縱覽』式的觀景角度，則預設了一種統治者的高度。」這樣的結論也促使筆者在論述過程中進行思索，究竟本土文人的八景詩寫作和遊宦文人的不同之處，有無其他切入角度？關於這部分，我們將在第四章進行論述。而許玉青《清代臺灣古典詩之地理書寫研究》以及吳毓琪《康熙時期臺灣宦遊詩之研究》也都有專章討論「八景詩」，顯示這一主題可探討空間仍然相當豐富。

五、清代制度與史料、方志

清代制度中以楊書濠〈清代臺灣文官養廉銀與行政規費研究〉、艾永明的《清朝文官制度》、魏秀梅《清代之迴避制度》及王惠琛《清代臺灣科舉制度的研究》與本論文關係最爲密切，這幾篇論文有助於我們了解清代當時文官政策與吏治敗壞的背景；施志汶的〈臺灣史研究的史料運用問題：以清代渡臺禁令爲例〉，則釐清歷來對於「渡臺禁令」的不同內容記載與來源；而莊吉發的〈清代臺灣自然災害及賑災措施〉及盛清沂〈清代本省之災荒救濟事業〉二文，爲我們討論第七章「災變與民變」上提供了足以參考的統計資料。

在民變與分類械鬥的史料上，劉妮玲的《清代臺灣民變研究》與謝國興《官逼民反：清代臺灣三大民變》二書，爲我們提供相當充足的民變研究資料；而林偉盛的《羅漢腳——清代臺灣社會與分類械鬥》、吳密察〈清代臺灣的「羅漢腳」〉、周榮杰〈從臺灣諺語來談分類械鬥〉，則提到「羅漢腳」與臺灣社會動亂間的關係，尤其是分類械鬥的頻繁，和羅漢腳的充斥民間不無關係；王幼華，〈清代臺灣文學中的民變與動亂〉主要是從文學作品去看待文人對民變或動亂的描寫角度，只是範圍太廣，以致論述流於寬泛，相形之下顧敏耀的〈仙拚仙，拚死猴齊天——以分類械鬥爲主題的臺灣古典詩文作品比較〉及丁鳳珍〈用誰的語言？解釋啥人的歷史？——「臺灣歌仔」與臺灣知識份子對「戴潮春抗清事件」論述的比較〉二文就顯得較具系統性，顧敏耀以「分類械鬥」爲主，丁鳳珍則是從「歌仔冊」看知識分子對戴潮春事件的態度。

在臺灣方志研究上，陳捷先，《清代臺灣方志研究》、洪健榮，〈清修臺灣方志「風俗」門類的理論基礎及論述取向〉、高志彬，〈臺灣方志之纂修及其體例流變述略〉、鄭吉雄，〈中國方志學的跨世紀展望〉諸文，爲本論文三四章提供極爲寶貴的研究參考資料。

六、陶淵明研究與接受史

在陶淵明研究與接受史上，本論文主要參考資料爲李劍峰的《元前陶淵明接受史》，這是一本以陶淵明接受史爲主要研究主題的論文，將元代之前各時期文人對於陶淵明的「接受」，作了系統而細緻的分析討論，爲本文提供極大的幫助。盧佑誠的〈錢鍾書的陶淵明接受史研究〉爲本文提供了幾項判斷文人對於陶淵明「接受」的標準；而高建新的〈陶淵明在元明清及近代的地位及影響〉一文則爲本文提出了同時代的對照，指出當時全清的陶淵明研究情況，使筆者得以與臺灣做爲對照。

趙山林的〈古代文人的桃源情結〉將中國古代文人心中的桃源分成二大類型，分別指陶淵明〈桃花源記〉中的「桃花源型」與劉義慶《幽明錄》中劉晨阮肇條中的桃源，稱「天臺山型」。進一步區分出「桃源」故事的二大內涵，但若就清代臺灣本土文人的陶淵明情結來看，詩人受「桃花源型」的影響遠較「天臺山型」來得深廣。因此歐麗娟在《唐詩中的樂園意識》所提出的「樂園」觀念，反而更能解釋本土文人面對自己型塑的「理想空間」遭到瓦解時的精神痛苦與心理狀態。方瑜，〈抉擇、自由、創造──試論蘇東坡筆下的陶淵明〉一文所提出的「內在流亡」與「外部流亡」觀念，則補足了前述「樂園」觀念中心理方面的理論。

七、其他

劉昭明主編，《旅行與文藝國際會議論文集》中以趙宗福〈論清代西部旅行詩歌及其影響──兼論西部民俗對創作的影響〉一文與本論文最爲相關，文中提到對「西部旅行詩歌」的定義雖無法全然相應於清代臺灣，但卻提供筆者一個思考角度與檢證的依據，用以比較清代內地與臺灣間在這一題材的寫作上有何不同？如何彰顯屬於臺地的書寫特色？

東海大學中國文學系編輯《旅遊文學研討會論文集》中，李建崑〈論元和時期流貶文人之行旅詩〉一文，所探討的背景雖是唐代，卻能讓我們從中看出所謂「覽異」與「帝國之眼」的角度，顯然並非清代來臺遊宦文人的「專利」。

東海大學中國文學系編輯《明清時期的臺灣傳統文學論文集》中，與本論文相關的有薛順雄〈渡臺悲歌——臺灣傳統漢語詩文中所表露的「渡臺困境」初探〉、黃美娥〈清代臺北地區文壇初探〉、向麗頻〈清代臺南地區詩文社研究〉以及林翠鳳〈清代臺灣民變期間的詩人——以《陶村詩稿》作者彰化陳肇興爲例〉。其中黃美娥與林翠鳳的論文已於前面提及，故不再贅述。薛順雄一文主要跟本論文第七章第二節相關；向麗頻一文則對臺南地區古典詩文社作了整理與分析，可以算是區域文學的補遺。

東海大學中國文學系編輯《臺灣古典文學與文獻》中，以陳進傳〈宜蘭漢人家族文學初探〉一文對本論文最爲重要，其中談到作者今見清代文人作品的有李逢時《李逢時先生遺稿》（手抄本）及李望洋《西行吟草》二冊（明治三十四年），但未說明此二書收藏於何處？至於作者生平部分，作者指出黃纘緒生平可見於《黃姓家譜》、楊士芳生平可見於手抄本《弘農楊氏族譜》的〈楊士芳略歷〉；李望洋在光緒十五年編纂《隴西李氏族譜》，以〈李河州自敘家言〉一文最具價值。李逢時〈題黃拔元匯東學海小像〉長詩，則是描寫貢生黃學海最詳細的文獻。這些訊息的整理，爲本論文的後續研究與增補提供了更爲完整的資料。

嚴紀華《唐人題壁詩之研究》一書以文學傳播的角度詮解題壁詩的社會與文學意涵，雖然唐代與清代臺灣的社會背景並不全然相應，但嚴紀華所據以切入的角度，卻使得本文在處理題壁詩的過程中獲得良好的對照空間。

戴雅芬的《臺灣天然災害類古典詩歌研究——清代至日據時代》一文最主要的幫助在於其整理出徐泓，《清代臺灣天然災害史料彙編》中的史料，並以表格方式簡單呈現，爲本文處理第八章「民變與災變」上提供相當便利的史料，至於丘逸民的《清代臺灣詩歌的氣候識覺》一文雖然在資料引證上有些錯誤，但他從人本主義文學地理學角度看待清代臺灣詩歌的氣候識覺，在方法上與本論文有相近之處，其中以「區域性氣候特徵」的觸發對本論文的助益最多。

第二章　清廷治臺政策與社會背景

為了更能深入解釋本土文人的創作意涵與思想抉擇，筆者主要分成三節陳述清代臺灣文人的創作背景，第一節為「清廷治臺政策」，從政治、社會形勢等方面，探討清廷治理臺灣的態度、這些政策對臺灣造成那些影響？以及文人如何在作品中反映這些影響？

第二節就臺灣本土文人的社經地位進行分析討論，去嘗試釐清本土文人選擇返鄉，而不熱衷於為官的背後動機，並以此作為詮解第八章的主要依據。

第三節就整個清朝政治環境來說，道咸同時期，當時清廷內憂外患接踵而來，無暇他顧，而道光之後影響整個政局的幾個事件，不管是內憂的太平天國之亂、義和團，或外患的鴉片戰爭、英法聯軍，都一再動搖清國統治的根本，這些影響清廷國勢甚鉅的重大事件對於臺灣發生什麼影響？而在整個清朝國勢日益衰落的情形下，孤懸於海外的臺灣又發生那些大事？這些大事如何影響本土及遊宦文人的書寫內容？

第一節　清廷治臺政策

清廷攻打臺灣之後，在其內部曾發生「臺灣棄留」的爭論，後經由「靖海侯」施琅的上疏〈陳臺灣棄留利害疏〉，終於在 1684 年 5 月，正式納入清國版圖。清廷治臺政策一直是消極的，防範的心態遠遠重於經營：

一、消極治臺的政策

（一）臺灣編查流寓六部處分則例

清廷領臺之後，除將鄭氏官員及各省移民內遷，康熙二十二年並頒布〈臺灣編查流寓六部處分則例〉，內容爲：

> 臺灣流寓之民凡無妻室產業者，應逐令過水，交原籍管束。其有妻室產業情願在臺居住者，該府縣即移知原籍，申報臺灣道稽查，仍報明督、撫存案。如居住後，遇有過犯罪止杖笞以下者，照常發落，免其驅逐。若犯該徒罪以上，不論有無妻室產業，概行押回原籍治罪，不許再行越渡，倘州縣官不即遞送，失留一二人者，罰俸九個月，三名以上，罰俸一年，五名以上，降一級，留任十名以上，降一級調用（俱公罪），若任令姦宄流寓叢集滋事者，題參革職（私罪）。〔註1〕

目的爲清查臺灣現有住民，如遇「犯該徒罪以上，不論有無妻室產業，概行押回原籍治罪」，藉以驅逐作奸犯科、素行不良者，官吏若「任令姦宄流寓叢集滋事者，題參革職」，主要在維護臺地治安。而「不許再行越渡」，則對再度渡航來臺者加以限制。伊能嘉矩在《臺灣文化志》所載的這一段文字所附帶的渡臺三禁，影響臺灣極爲深遠。

（二）渡臺三禁

清政府影響臺灣的政策，最重要的爲「渡海禁令」，又稱「移民三禁」：

> 一、欲渡航赴臺灣者，先給原籍地方之照單，經分巡臺廈兵備道之稽查，依臺灣海防通知之審驗許之，潛渡者處以嚴罰。
>
> 二、渡航臺灣者，不准攜伴家眷，既渡航者不得招致之。
>
> 三、粵地（廣東）屢爲海盜淵藪，以其積習未脫，禁其民之渡臺。〔註2〕

因爲不准攜眷，不能在臺婚配，導致臺地「羅漢腳」的盛行。而「羅漢腳」有很長一段時間，是構成臺灣民變的主導力量。也因爲禁不勝禁，清廷有幾次渡海禁令的鬆綁：1732～1740及1746～1748二次，都允許良民遷眷入臺；

〔註1〕伊能嘉矩，《臺灣文化志》，中卷，東京：刀江書院，1928年。引自江慶林等譯，《臺灣文化志》，臺中：臺灣省文獻委員會，1991年，頁409。

〔註2〕同前註。

1788 年福建巡撫乾脆建議「隻身遠渡與挈眷同來之內地民人，應由地方查明給照，移咨臺灣入籍，按戶編甲」，等於承認既定事實。1790～1875 年，准許福建民眾可以乘「官渡」來臺。一直到 1875 年「牡丹社事件」後，才解除移民限制。

渡臺三禁對於臺灣造成的影響除了導致臺地「羅漢腳」的盛行，以致於民變一再發生之外，也跟臺灣「尚鬼」的社會現象有關，「羅漢腳」不能婚配而無嗣，所以死後無人祭拜，民間信仰認爲這麼多的無主孤魂若流離於人世間，容易招致災禍，因此極爲重視中元普渡。這部分在本論文第六章有詳細討論，而關於渡臺禁令相關問題的探討，施志汶有〈臺灣史研究的史料運用問題：以清代渡臺禁令爲例〉加以釐清，故於此不再另述。

二、吏治良窳

臺灣吏治不良，一直是清代治臺的不安定因素之一，徐宗幹在〈答王素園同年書〉：「各省吏治之壞，至閩而極，閩中吏治之壞，至臺灣而極。」〔註 3〕即使到光緒初期（1870 左右）擔任福建巡撫的丁日昌也認爲：「臺灣吏治黯無天日，牧令能以撫字教養爲心者，不過百分之一、二，其餘非性耽安逸，即剝削膏脂，百姓怨毒已深，無可控訴。」〔註 4〕造成臺灣吏治不佳的原因很多，主要約有：

（一）任期短、不准攜眷

清初任官制度中，最主要的二個特色，第一是任期短。清初規定駐臺文武官員任期同於內地，都是三年一任，並提出「三年俸滿即陞」的優待辦法，《清世宗實錄選輯》「雍正五年」記載：「臺灣知縣以上等官，舊例三年俸滿，加陞銜再留三年題陞。其佐貳、教職等官，請照知縣以上之例，俸滿加陞銜再留三年。至沿海兼有棚民州縣，准其三年俸滿即陞；若止係沿海而無棚民、或有棚民而非沿海之缺，亦請照臺灣例，三年稱職，加銜再留三年陞轉。」〔註 5〕所謂「俸滿」，是「明清官員任職滿一定年限可酌情升調，謂之俸滿。清制，京官以歷俸二年爲俸滿，外官分腹俸或邊俸，腹（腹地）俸五

〔註 3〕見丁曰健，《治臺必告錄》，卷五《斯未信齋文集》，臺灣銀行經濟研究室，1959 年，頁 348。

〔註 4〕見《清季申報臺灣紀事輯錄》十月十六日丁日昌〈奏革知縣並自請懲處片〉，臺灣銀行經濟研究室，1968 年，頁 647。

〔註 5〕《清世宗實錄選輯》，臺灣銀行經濟研究室，1963 年，頁 17。

年俸滿；邊（邊區）俸三年俸滿。臺灣屬邊俸三年俸滿，乾隆後期改爲腹俸。」〔註 6〕但是因三年即調升，日後又有半年重疊交待協辦時間，故任期只有二年半。因爲任期短，官吏常有五日京兆之心，藍鼎元即提到「邇者臺地各官，多以五日京兆，不肯盡心竭力，任地方安危之寄，高守不敢思歸。」〔註 7〕而郁永河也說「今臺郡百執事，朝廷以其海外勞吏，每三歲遷擢，政令初施，人心未洽，而轉盼易之，安必蕭規曹隨，後至者一守前人繩尺，不事更張爲？況席不暇暖，視一官如傳舍，孰肯爲遠效難稽之治乎？」〔註 8〕這種視赴臺如傳舍的心態，讓來臺官員根本無心於政事，所謂「三年官，二年滿」，這種情形要到後期才有所更改。

第二是不准攜眷赴任。康熙末年朱一貴事件後，禁止官員攜眷，目的是爲了防止官員在臺形成尾大不掉之勢。但這實是變相家屬爲人質，對官員心理造成很大影響，官員不願專心政事，有的還沉迷於賭博、嫖妓，藍鼎元就曾說「太平日久，文恬武嬉，兵有名而無人，民逸居而無教，官吏孳孳以爲利藪，沈湎樗蒲，連宵達曙。」〔註 9〕

（二）薄俸、規費與養廉銀

相較於返鄉的高利益，清代文人爲官時的「薄俸」，適足以與之形成對比，前者將本土文人「拉」回鄉，後者則將文人「推」回臺灣，一推一拉之間，形成這樣的特殊情況。這一點也相當程度影響本土文人是否爲官的動機。清代主要沿襲明制，以「薄俸」爲主，其中「文官京員的正俸有俸銀和俸米，文官外員有俸銀而無俸米。」〔註 10〕一年的正俸，正從一品是 180 兩，正從二品是 155 兩，當時臺灣知府是屬於正從四品，俸祿是 105 兩，而臺灣道高知府一級，故爲正從三品，是 130 兩，「如果僅從正俸和清朝的糟米價格價格分析看，清朝文官的俸祿標準不能算高。」〔註 11〕京官除多了俸米之外，還有「恩俸」，就是「以正俸數再加賞給，亦即領受雙俸。」〔註 12〕外

〔註 6〕許雪姬，《臺灣歷史辭典》許雪姬撰「俸滿」條，臺北市：行政院文化建設委員會，2004 年。

〔註 7〕藍鼎元，〈論臺中時事書〉，《東征集》卷五，臺灣銀行經濟研究室，1958 年，頁 72。

〔註 8〕郁永河《裨海紀遊》卷下，臺灣銀行經濟研究室，1959 年，頁 29。

〔註 9〕藍鼎元，〈平臺紀略〉，《平臺紀略》，臺灣銀行經濟研究室，1958 年，頁 1。

〔註 10〕見艾永明，《清朝文官制度》，北京：商務印書館，2005 年 4 月，頁 133。

〔註 11〕同前註，頁 134。

〔註 12〕同前註。

官雖無俸米，但是有「養廉銀」的設置，主要是「自各省耗羨存公……定爲各官養廉銀」〔註 13〕，目的是爲了希望外官可以藉此避免貪瀆，潔身自好。州縣每年徵收的各種火耗，其剩餘部分就是「耗羨」，依例交納布政司，以作全省養廉銀之用。大體來說，養廉銀的數目都較正俸高出許多。以總督來說，其養廉銀就高出其正俸 8～12 倍，甚至比同級京官高到 20 倍。以臺灣爲例，雍正九年之後正從四品官員，巡視兩察院監察御史歲支銀 2400 兩，分巡臺灣道、臺灣知府每年 1600 兩；正從五六品官員裡，臺灣海防同知、淡水廳同知、澎湖通判等均年支養廉銀 500 兩；正從七品官員中，除臺灣縣知縣養廉銀 1000 兩，另三縣知縣則年支銀 800 兩，府學教授無支給養廉銀；其餘正八九品官員中，除府縣學教諭、訓導不支給養廉銀外，府經歷、縣丞、典史、巡檢司等官員在乾隆年後均考支銀 40 兩〔註 14〕。這樣一來，原本設立養廉銀是爲了拉近京官與外官的差距的，卻反而益爲懸殊。京官對此不滿，有的仿造外官，同樣發放養廉銀，有的則對外官進行敲詐；如此一來，受害者都是最底下的百姓〔註 15〕。照理說，外官有養廉銀的設置，且總數高出正俸數倍，應該不算「薄俸」了，但卻無法吸引本土文人渡海爲官，主要原因有二：

第一是養廉銀的正常用途爲「官之室家賴之，親戚故舊賴之，僕從賴之。而且以延幕友，以賜胥役，以供奉上司，以送迎賓客僚友，而又有歲時不可知之費。」〔註 16〕也就是官員除了生活費、辦公費之外，還得自行負擔幕友的束脩及家丁的工資。以臺灣知縣爲例「刑幕束脩金每年每人或二百四十元，至少亦一百二十元。內眷及賬房人等以三十名爲率（每人每天飯菜錢一百文），家丁以三十名爲率（每日每人飯菜七十文），計廚房用費及款客酒席另外一切什費，月亦須銀數百元。又辦差役供應各上司，費亦不少。」〔註 17〕所以並不是全由外官一人獨得。事實上，臺灣因地處海外，形勢特殊，監督不易，因此屢爲內地官吏的「調劑之區」，其中尤以閩省官員爲最，而「調劑」

〔註 13〕見清高宗敕撰，《清朝文獻通考》卷九十，〈職官考〉十四，臺北市：臺灣商務，1987 年，頁 5648。

〔註 14〕見楊書濠，〈清代臺灣文官養廉銀與行政規費研究〉，《中興史學》9 期，2003 年 4 月，頁 43。

〔註 15〕見艾永明，《清朝文官制度》，北京：商務印書館，2005 年 4 月，頁 135～139。

〔註 16〕見鄭光策，〈臺灣設官莊議〉，《清經世文編選錄》，臺灣銀行經濟研究室，1966 年，頁 34。

〔註 17〕同註 14，頁 52。

其實就是「貪污」的別名。徐宗幹曾以自身經歷爲例，說明養廉銀不敷使用，「即以幹一身言之，臺地每年養廉止一千六百兩，而職兼臬司、學政，讞員薪水、幕友脩脯，在在需資；加以船工例價不敷，兼捐養精兵各款，全恃各屬舊例致送公費應用。其實即陋規也，因不敢踵而加增，有無亦悉聽其便，僅僅敷衍辦公。」〔註 18〕在臺灣的徐宗幹尚且如此，更不用說內地官員虧累情形更爲嚴重。

第二，最令官員無法負擔的是公家的「扣罰」與「攤捐」。左宗棠及徐宗幹即曾爲此上書道光皇帝，左宗棠〈閩省官吏軍需攤捐銀兩懇恩免捐摺（同治五年十月初五日會福建巡撫徐宗幹銜）〉〔註 19〕提到：「閩省各官養廉，自奉文核扣減成、減平，額領銀數已形短絀；加以捐攤之案層見疊出，所餘更屬無幾，甚有不敷捐扣者。見將地方一切陋規禁革淨盡，若仍按款捐攤，終至虧短正款。」也提到「原以攤捐一事，實官吏虧累之由；缺分既素有積逋，貪廉均無能免累。任事一日，即累一日；任事一年，即累一年。於是有以後數十任代前人賠償虧累者，有以虧累太重而營求調劑者，有以挪掩而被參處者，有以勒受交代而長屬參商屈抑好官者；賢者歎廉吏之不可爲，其不肖者且或以虧累太多，預料上司憚於舉發，翻得遂其挾持之計。吏治衰廢，職此之由。」顯然對於不貪污「調劑」的良吏而言，「攤捐」實爲極大負擔。他並提出實際數據，「勦辦臺匪張丙軍需一款」是「應捐銀六十五萬九百九兩六錢零；自道光二十五年五月初一日起、截至同治五年七月底止，各官廉內已扣銀八萬三千六百七十五兩零，未扣銀五十六萬七千二百三十四兩六錢零。」而「辦理夷務軍需一款」則「應捐銀七十五萬三千六百五十八兩三錢零；自道光二十八年正月初一日起、截至同治五年七月底止，已扣銀三萬六千八百八十五萬六錢零，未扣銀七十一萬六千七百七十二兩七錢零」二項總共「未補銀一百二十八萬四千七兩零」，所以奏請皇帝可以免除攤捐。這裡有一個實際數據，可以看出「軍需費用」在攤捐向目中所佔比重，「福建省攤捐軍需養廉銀，起於乾隆五十二年辦理的臺灣林爽文事件，此次事件中應由福建省司、道、府、廳、州、縣等官員養廉銀攤捐的金額，高達一百七十餘萬兩，初定

〔註 18〕見徐宗幹，〈請加增養廉議〉，《斯未信齋文編》，臺灣銀行經濟研究室，1960 年，頁 105。

〔註 19〕見左宗棠，〈閩省官吏軍需攤捐銀兩懇恩免捐摺（同治五年十月初五日會福建巡撫徐宗幹銜）〉，《左文襄公奏牘》，臺灣銀行經濟研究室，1960 年，頁 15～16。

由官員的養廉銀中攤扣十分之三的額數陸續補歸，嘉慶四年經撫臣汪志伊奏請後，改扣養廉銀的十分之一；但乾隆六十年陳周全事件、嘉慶十年海盜蔡牽的騷擾中國東南沿海，使應捐的額數又增至二百四十餘萬兩，故在嘉慶十二年時又將應攤捐養廉銀提高至十分之二；計自乾隆五十八年至道光二年間，已捐扣的軍需養廉銀有四十一萬兩，尚未扣銀一百七十九萬兩，如每年從司道以下、州縣以上通省應支養廉銀十一萬餘兩中，捐扣二萬餘兩，計仍須八十餘年方能攤捐完畢。」〔註20〕這樣的數據還只到道光二年，道光之後臺灣的亂事不斷，平亂所需的龐大費用，常使攤捐養廉銀的項目有增無減，舊款未完而新款又至，而這些都還不包括鴉片戰後，清廷對外的戰爭費用。

捐攤的項目不僅於此，攤捐的項目除「公捐養廉銀」是作爲「貧窮官員盤費，以助其回籍有資」外，還有「年例應捐及隨時派捐的各款項」，「如提塘報資、刊刻條例謄黄工料、運銅及運解顏料盤費、增設塘站夫工食、加給驛遞各夫工食津貼、囚糧藥資、添設禁卒工食、解運坵折船價」等「公捐款項」，此外，除減平、減廉及各項公捐等常年應攤款項外，最吃重的還是在於「軍需費用」的攤捐〔註21〕。《福建省例》有〈停止各屬濫請就廉攤捐〉一文，即提到「計自道光十六年間，經賀前升司議詳分別酌量核減、停捐之後，旋又陸續增派臬署經費、發審修金、忙奏飯食、睽尔硝斤運費、藩臬署火兵工食、鰲峰經費等款，均應照額全捐，已屬不少。此外尚有不時攤捐各項工程，及時有時無各款，指不勝屈。迨至咸豐八年起，又復先後添派修理省會萬壽宫、學院官廳、東街文昌宮、臬司及福州府監獄、南北較場、洪山橋、倉前橋、省會城垣等多款。」〔註22〕所以文官的負擔之重，遠超乎想像。爲官時的薄俸與龐大的攤捐幾乎不成比例，如果文人本身又不設法「調劑」的話，想要藉由爲官致富，幾乎是不可能的事，再加上本土文人冒險西渡赴試，爲官時又要再冒險渡海，如果任官的利益不高，的確更難以吸引文人西渡，此外，本土文人西渡又有路程上的風險。

正因爲文官的負擔極重，因此當廉俸不敷使用時，就必須靠收取「規費」來補充，美其名曰「調劑」，而臺灣因爲處於海外，在天高皇帝遠的情形下，就

〔註20〕楊書濠，〈清代臺灣文官養廉銀與行政規費研究〉，《中興史學》9期，2003年4月，頁46～47。

〔註21〕同前註，頁46。

〔註22〕見〈停止各屬濫請就廉攤捐〉，《福建省例》，臺灣銀行經濟研究室，1964年，頁375。

成爲各省官員亟欲「調劑」的最佳地點。以規費收取來看，佔文官收入最多的「到任禮」，「嘉義縣可得到任洋銀萬圓，彰化縣可得到任銀七千圓，臺灣、鳳山二縣分別可得到任銀三、四千圓不等，借到任之名，爲行賄之計，相習成風，恬不爲怪。」〔註23〕是一筆頗豐的收入。然而規費的收取是層層剝削的，爲官者帶頭貪污，整個臺地的吏治焉能好轉？吏治之壞也就可想而知。

（三）迴避制度

清代文職官員四處流徙，無法久居一地的原因，和其文官制度有關，其中又以「密其回避」的政策中「籍貫回避」最有影響：

> 清朝回避制度中之「籍」，既指祖籍，也包括寄籍。祖籍回避有兩層含義：外省上自督、撫下至府、州、縣雜職等官，不得在其籍貫地任職；如果雖不在本省，但籍貫地500里以内，亦不得爲任。《銓選則例》規定：
>
> > 各省員缺，在五百里之内者俱行回避。安慶、蘇州、湖北、湖南、甘肅、西安、原系兩省，毋庸回避。其在五百里以内者，仍行回避。
>
> 在籍貫回避中，由於總督管轄的省有兩省三省，其回避亦相應而定。如兩江總督、凡江蘇、安徽、江西三省之籍者均須回避。
>
> 教職的籍貫回避與其他官員有所不同。清朝法律規定，教授、學正、教諭、訓導等教官，皆任本省之人，但不得就職於籍貫府之内。
>
> 幕賓也有籍貫回避。乾隆三十五年議准，凡流寓幕客及其有家屬居住該省者，若距所轄地方在五百里以内，亦照官員回避之例，俱不得延請。〔註24〕

除了教職是「教職的籍貫回避與其他官員有所不同。清朝法律規定，教授、學正、教諭、訓導等教官，皆任本省之人，但不得就職於籍貫府之内」〔註25〕而不在此限外，「回避制度」的設立，主要還是「爲了防止因某些特殊的社會關係而影響公正地執行公務」〔註26〕，在這樣的制度下，文人任官，勢必要

〔註23〕見楊書濠，〈清代臺灣文官養廉銀與行政規費研究〉，《中興史學》9期，2003年4月，頁51。

〔註24〕見艾永明，《清朝文官制度》，北京：商務印書館，2005年4月，頁99～100。

〔註25〕同前註，頁99～100。

〔註26〕同前註，頁97。

「離鄉背景」，到一個語言風俗都不熟悉的地域去，也因爲這樣的制度，使得新到任的官員，除了語言隔閡外，還必須面對文化、風俗上的歧異，不得已之下，政令的推行就必須極度仰賴當地的「胥吏」，官員和胥吏雖有主從之分，但是也有可能是官員必須遷就胥吏行事，或是官爲吏所挾，以致於主從易位。正是因爲「回避制度」的流弊，造成胥吏的猖獗，在這種情形中，外來官員如果遇到良吏，則政令尚有推行的空間，但若遇到劣質胥吏，則可能上行下不效，政令推行處處掣肘，這種情形也多少限制了本土文人西渡的可能。由於胥吏爲無給職，但必須養家活口，因此得向人民收取規費，恐嚇、包庇等事層出不窮，往上欺瞞官員，往下壓榨百姓，人民視吏役如虎狼，徐宗幹〈致兆松厓廉訪書〉曾說：「各處爲害者，不外盜賊、訟師、蠹役三項。而臺屬尤甚者，則三者合而爲一。胥役勾通匪徒爲盜窩，及事主報官，又與訟師代爲捏告。愚民無知，訟累經年，贓物絲毫未能到手，又添出許多費用。卒之盜匪、訟棍逍遙事外，在官羈押受累者，皆被牽好人居多。於是，胥役既分盜贓、又得訟費，是失事者固冤無可伸，而未失事者亦不知禍從何來。」〔註27〕吏役合「盜賊、訟師、蠹役」三者爲一，可以想見其行跡惡劣的程度。但官員們不是不知道這種情形，因爲礙於回避制度，即使有心導正，也無能爲力，「諸僚屬並非不肯辦事者，一則言語不通，難得其情。一則動輒會帶兵勇，好官不肯令民間受累，則須自捐，而缺分不比曩日，費用無出，即招解一切，種種爲難，得忍且忍，姑求無事爲福，苟安目前。地方奸徒亦明知官之無可如何，於是律例煌煌，皆成虛設。各屬又恃有重洋，事事得以推託。爲之幕者，不但本事平常，不能幫東家做好官，且不爲東家顧處分，亦以受過有海若在也。吏治、民風之壞，皆由於此，積重難返。」〔註28〕

吏治的不良，是造成臺灣民變迭生的要因，丁紹儀曾經分析過臺灣民變發生的緣由，「顧曰臺民好亂性成，信臺民之生而好亂歟？臺灣爲海外巖疆，定制文武官胥由內地調往，非夙著循良卓卓有聲者不得預其選；洵如是，數百年可期無事。何以數年、數十年變亂頻仍歟？故老傳言，朱一貴之起，由知府王珍任意苛斂，淫刑以逞；林爽文之變，由知府孫景燧始則因循彌縫，繼則輕率妄動；張丙之反，由知縣邵用之貪贕偏執、知府呂志恆不卹民隱。」

〔註27〕見徐宗幹，《斯未信齋文編》二《官牘》，臺灣銀行經濟研究室，1960年，頁60～61。

〔註28〕同前註，頁61。

〔註29〕可以看出吏治與民變間的關係是何等密切。

而回避制度影響的，除了第五章文人必須「被動」四處行動外，也多少牽涉到第七章中民變迭生的主要原因。

三、班兵制度與流弊

所謂「班兵」是「清統一臺灣後，不欲臺人當兵，又欲內地之兵熟悉臺海航道，遂由福建、廣東（唯南澳營）、江西（唯楓嶺營）各營，抽調兵丁來臺入營，分起調換，三年一換。所謂三年一換有兩層意思，一是兵丁分起調換，二年換完，第三年休息，每三年一輪回，叫換班；一是班兵在臺戍守三年，三年俸滿必須調回。遇有缺額，不准在臺募補，必須回內地營調兵，由外委、額外外委一同配渡，爲防風汛無常，影響接防，前起更換回營，後起方可出營，出營後即住支，另給半餉，直到回營再起支。」〔註30〕

然而「這許多駐臺班兵，在臺灣的保安政策上，所產生的負作用往往大於正面功能，當時人之議班兵，有『班兵之驕悍，不服地方官約束，臺灣較各省尤甚』之語，徐宗幹於咸豐初年也說『臺地治兵，難於治民，兵安則民安』，在清代治臺史上，班兵不但無法達到原來爲肅清鎮壓反清事件而設立的目的，反而常常成爲民變的相生因素。」〔註31〕

姚瑩的〈臺灣班兵議〉〔註32〕提出「罷止班兵，改爲召募」的「三不可」：認爲此舉是「以臺人守臺，是以臺與臺人也」，是一不可；而出操訓練是「班兵出營，約束煩雜，且以數十處不相習之人，萃爲一營，彼此生眞，操練勢難畫一，將備懼罰，即欲不時勤操演，有所不能，是於更換之中，即寓習勞之意」一旦「改爲召募，則日久安閒，有兵與無兵等」，是二不可；而且「平日海洋既熟，即遇變故，亦來往易通……今若改爲召募，免其涉險，則恇怯性成，遇難望風先走。膽氣既無，鮮不潰敗。愛之適足以死之，甚非國家所以養兵之意」爲三不可。姚瑩提出「節糜費」、「處游民」、「免煩擾」以及「抑臺營今日有宜講者五事：一曰無事收藏器械，以肅營規；二曰演驗軍裝鎗炮，以求可用；三曰選取教師，學習技藝，以備臨敵；四曰增設噶瑪蘭營兵額，

〔註29〕見丁紹儀，《東瀛識略》，卷七〈奇異兵燹〉「兵燹」，臺灣銀行經濟研究室，1957年，頁92。

〔註30〕許雪姬，《臺灣歷史辭典》，許雪姬撰「班兵」條，臺北市：行政院文化建設委員會，2004年。

〔註31〕見劉妮玲，《清代臺灣民變研究》，國立臺灣師範大學歷史研究所專刊，頁59。

〔註32〕見姚瑩，《東槎紀略》卷四，臺灣銀行經濟研究室，1957年，頁93～102。

以資防守；五曰移駐北路副將，以重形勢。」其實等於暴露出臺地班兵的種種問題，這批班兵和官員一樣不准攜眷，因爲心理上缺乏寄託，無心防守，於是沉迷於賭博、狎妓者很多；此外，駐地過於分散，以及自管器械導致械鬥，在在都使班兵成爲臺灣另一個動亂的根源，更遑論冒名頂替、索取規費等陋習，更是引發民怨。而營務的廢弛，武備不良，使得這一制度形成虛設，已經喪失了當初設立的本意了。

此外，爲防止兵丁連成一氣，清廷故意採取將漳州兵派駐泉州村落，泉州兵派駐漳州村落的策略，反而衍生更多衝突，姚瑩在〈改設臺北營制〉就提到「方傳穟至臺，覯鎮軍以告。爲艋舺事有成議，不及爭。未幾，傳穟署道，乃會詳蘭營之制曰：『蘭地民人三籍，漳最多，泉、粵人少，漳泉兵不可用也，請悉用上府兵以免分類械鬥之隙。』」〔註33〕方傳穟之所以有此建議，正是因爲他看到這項措施所衍生的械鬥問題。

第二節　清代臺灣本土文人的社經地位

一、爲官或返鄉的抉擇

姚斯（H. R. Jauss）在探討「期待視野」時曾提到「接受者所處的歷史社會環境以及由此而決定的價值觀、審美觀和思想、道德、行爲規範」〔註34〕以及「接受者自身的政治經濟地位，受教育水平、生活經歷、藝術欣賞水平和素質」〔註35〕都會影響他們對於文學作品的評價與接受。其中本土文人的仕宦心態，是一個很值得探討的議題，主要原因在於「臺地的學子，中科舉後在外任官者不多，是以臺地官紳的勢力不強，主要是回籍，以爲社會的領袖，而有所作爲，則爲興學，參與地方公共事業或社會福利事業，以祈貢獻桑梓，安定地方。」〔註36〕

我們以三位本土進士的仕宦之路爲例，鄭用錫（1788.5.7～1858.2.7），道光十四年（1834）入京任官，簽分兵部武選司行走，次年補授禮部鑄印局員外郎兼儀制司事務，但乏再上層樓的官勛；道光十七年（1837）春乞養歸里。

〔註33〕見姚瑩，《東槎紀略》卷一，臺灣銀行經濟研究室，1957年，頁7。
〔註34〕蔡振念，《杜詩唐宋接受史》，五南圖書出版公司，2002年2月，頁22。
〔註35〕同前註。
〔註36〕見王惠琛，《清代臺灣科舉制度的研究》，國立成功大學歷史語言研究所碩士論文，1990年，頁172～173。

在鄉期間，建學宮、修橋渡、賑飢寒、恤孤寡，樂善好施的行誼，加上科舉功名的榮耀，使其成爲地方重要仕紳。

施瓊芳（1815～1868），道光十七年（1837）拔貢。道光乙巳（1845）中恩科進士，銓選六部主事，久滯京城後，始補爲江蘇知縣。未就職，乞養回鄉。返臺後擔任海東書院山長，潛心性理之學，以培養後進爲己任。

施士洁（1855.農 12.19～1922.5），字澐舫，號芸況，又號喆園，晚號耐公。清臺灣縣治（今臺南市）人，爲進士施瓊芳之次子。未冠，補博士弟子員，縣、府、院三試均名列第一，有「小三元」之稱。光緒二年（1876）中舉，次年（1877）捷成進士，授內閣中書。生性放誕不喜仕進。返臺後曾先後任教彰化白沙書院、臺南崇文、道學、海東書院。與丘逢甲、許南英三位並稱爲清季三大詩人。當時臺灣兵備道唐景崧因仰慕其才，曾再三敦請士洁參與政事，始應允與之訂文字交。及唐景崧任臺灣巡撫，又招其入幕，以諮詢政務或切磋文藝。乙未割臺，施氏攜眷內渡，寓居於晉江西岑，時往來於廈門、福州間。和林爾嘉、黃幼垣、鄭毓臣等臺灣內渡文士，流連詩酒。在當地詩社「菽莊吟社」裡，被推爲祭酒。1911 年出任同安馬巷廳長，1917 年入閩修志局，既而寄居廈門。1922 年 5 月病逝於鼓浪嶼〔註 37〕。

其中鄭用錫曾爲官，但時間不長，僅從道光十四至十七年，三年的時間即乞養歸里，施瓊芳久候多時，補江蘇知縣時，也未就職即乞養歸鄉，施士洁是「不喜仕進」，直接返臺任教。然而，是爲了什麼因素，臺灣文人在考上科舉之後，寧可放棄爲官，選擇返鄉呢？這就涉及到文人本身的利益考量，郭伶芬在《清代臺灣知識份子社會參與之研究》一書中，對於本土文人所能掌控，或已經掌控的社會資源，作了多方面的考察，作者提到：

> 臺灣的知識份子所處的環境，與安身立命的態度，與大陸知識份子並不相同，由於歷史的短暫、文化的闕如，清代臺灣正是知識份子的增長階段，在這片移墾的新天堂，流寓來臺的知識份子皆非學術界的赫赫名人，其目標皆爲逐利而至，他們迅速與官府打交道成爲墾首，再召來家鄉的族人開墾。否則亦有爲科考的便利而至……而移墾的順利，新生一代的知識份子在無後顧之憂下，逐漸培育產生，他們所關切的亦非學術討論或政治意識問題，而是在追求功名，以提升家族社會地位。他們雖然也有詩、文社活動，多偏重在

〔註 37〕收於施懿琳等編，《全臺詩》第拾貳冊，臺南：國立臺灣文學館，2008 年，頁 1。

社交娛樂，或切磋學業方面，即使有功名，到大陸任官，經過幾年的宦遊生涯，告老或告病辭官返臺，衣錦榮歸，在清代臺灣社會他們可是重要的領導人物，不僅活躍於教育界，各種經濟活動、公益活動均是要角。〔註38〕

郭伶芬的研究中，對於本土士子的評價，並非全然正面，這一點和我們從詩文中所獲得的結論不盡相同，但也同時提供我們從其他面向去得知清代臺灣的知識份子，除了讀書、應考之外，還從事那些活動？應該給予他們什麼樣客觀的評價？

清代本土文人從科舉制度中可以獲得什麼樣的助益呢？

首先、是可以取得教職：

生童在通過縣考、州考或學政主持的院考之後，方得進入府、縣、廳學就讀，通稱為「生員」，民間稱為「秀才」。他們是科舉制度下最低的功名，人數也最多，這一層級的知識份子，與官職是無緣的，他們的優待在於「免其丁糧，厚以廩膳」，並且可以業儒為生，開設私塾或書房、學堂，教師的生活自學生的束脩、贄儀、節儀以及米炭油等實物，由家長酌量繳納，無固定費用，清末鹿港兒童入學拜師，入學金三十錢，最初入門學三字經時，一年謝儀約三圓，四書結束時，每年逐漸到七、八圓。各佳節時弟子另有餽贈，生活雖不是特別富裕，卻能供給日常所需〔註39〕。然而，生員（秀才）的教學，受限於學識，所以有許多缺點。本土文人中，較為突出的人物有章甫、曹敬與黃敬。章甫（1760～1816），字文明，號半崧，臺灣縣人。林爽文事變時，曾募義勇堵禦。嘉慶四年（1799）歲貢，三次渡海赴試，皆不中，遂設教里中〔註40〕。曹敬（1818～1859），為陳維英之門人。道光二十六年入泮，道光二十七年（1847）臺灣道徐宗幹取錄一等一名補增生。平日在大龍峒港仔墘設帳講學，以敦行為本，游門者皆達才，裨益北淡文學之盛，陳霞林即其高弟。黃敬（？～1888），咸豐四年（1854）取中歲貢生，後獲授福建福清縣學教諭，因母年邁未就，於是設帳關渡，以敦行為本，及門多秀士。得使淡北成為北臺易學中心之一。他們都是以生員層級的身份設帳教學而名

〔註38〕見郭伶芬，《清代臺灣知識份子社會參與之研究》，必中出版社，1993年10月，頁4。

〔註39〕同前註，頁31。

〔註40〕見施懿琳等編，《全臺詩》第參冊，遠流出版公司，2004年，頁304，江寶釵撰「提要」部分。曹敬與黃敬生平詳見第三章第二節。

聞鄉里的。

清代文官制度中，並不是所有文人都必須經過科舉，考上進士才能為官，主要分成正途和異途，依《清史稿·選舉五》所載：

定制，由科甲及恩、拔、副、歲、優貢生、蔭生出身者為正途，餘為異途。

其中「恩、拔、副、歲、優貢生」〔註41〕合稱「五貢」，另外還有由生員或俊秀監生援例報捐貢生之例貢。取得貢生資格不代表必能為官，事實上，貢生入仕還需經過一定的考選：如參加鄉試、入監讀書，期滿後考選除職、或直接經考選而除職。其中又以歲貢、拔貢、優貢有直接入仕的途徑，恩貢、副貢及例貢則沒有。蔭生，指憑藉長輩庇蔭而得官者，不管是難蔭、恩蔭或特蔭，都能援例得官職。

明白清代文人的任官途徑，我們才能了解，掌管清代臺灣書院的文人，何以其身份不是進士、舉人，就是歲貢、拔貢的原因了。

書院	任教文人
崇文書院	蔡廷蘭（進士）、施士洁（進士）、金繼美（歲貢生）、林啓東（進士）、丘逢甲（進士）
明志書院	鄭用錫（進士）、鄭用鑑（拔貢）、陳朝龍（貢生）、陳濬芝（進士）
海東書院	施士洁（進士）、施瓊芳（進士）、謝穎蘇（進士）
玉峰書院	徐德欽（進士）
白沙書院	施士洁（進士）、陳肇興（舉人）、丁醴澄（進士）、施魯濱（進士）
仰山書院	陳維英（舉人）、楊典山（舉人）、李春波（舉人）、楊士芳（進士）、李望洋（舉人）
引心書院	蔡廷蘭（進士）
學海書院	陳維英（舉人）、楊克彰（貢生）
文開書院	蔡德芳（進士）
蓬壺書院	蔡國琳（進士）

不管是任教於書院或書房，文人在教學的過程中，或多或少都會培養出自己門下的學生，形成一股緜密而難以攻陷的人情網絡，以陳維英為例，他的

〔註41〕關於五貢的定義，可參考王惠琛，《清代臺灣科舉制度的研究》，國立成功大學歷史語言研究所碩士論文，1990年，頁10、艾永明，《清朝文官制度》，北京：商務印書館，2005年4月，頁13註解。

門人中，曹敬、陳樹藍、潘成清都頗有名聲，陳樹藍又是張希袞的老師，師生關係的緊密，「使文人在教學相長中，更多了一份薪火相傳的意義。」〔註42〕

其次，可以提升墾殖與商業性利益，成為地方上的領導人物：

臺灣務農之易，收入之豐，加上墾照容易取得，因此有許多知識份子舉家從大陸遷徙至臺灣，而來臺的第一代有的縱然不是知識份子，但在墾業順利的情形下讓子弟受教育，往往可以在第二代之後就培育出知識份子。如果能再考取功名，對於家族的墾業大有幫助。以乾隆年間陳思敬家族爲例，其祖陳登昌墾拓有成，鼓勵兒子向學，因此四子陳鵬南於康熙五十八年爲歲貢生，鵬南之子陳思敬又於乾隆十八年，鄉試中列爲副榜貢生〔註43〕。這些知識份子憑著知識與社會地位，輕易取得許多墾殖的社會資源，但不表示這些人全然是正面公義的。「清代臺灣亦有知識份子仗恃他們地方的勢力，或與官府勾結，侵佔既墾之地；亦有趁市井小民不知申請執照從事開墾，而藉機登記強佔墾地。」〔註44〕並舉道光二十六年中舉的許超英爲例。儘管如此，地方一旦出現土地糾紛，民眾仍然習慣請知識份子作爲調解人或告發人。而一旦發生水利上的糾紛，只要家中有功名的知識份子出面，就容易解決：

> 乾隆二十八年二月，劉承纘完成的「萬安陂」，妨礙了張大方在新莊平原的墾業。後由張家中舉的張源仁出面。很明顯的，次年淡水同知夏瑚在堂訊時就偏袒張家，而要劉家付張家六百石水租。由此可知知識份子爲何集畢生精力，熱心追求功名的原因了。〔註45〕

這是一個很貼切的例子，讓我們看出清代臺灣文人求取功名的動機，絕對不是只有「萬般皆下品，惟有讀書高」那麼純粹，其背後連接的龐大利益糾葛，恐怕也是促使臺灣文人趨之若鶩的因素之一。

除此之外，清代臺灣本土文人，也多爲社會上的領導階層，是政府跟平民之間重要的溝通聯繫管道，這些「文教型領導分子」，除了可以結合農、商的利益，使其產業獲得基本保障外，他們所參與的社會公益活動，也或多或

〔註42〕參考黃美娥，〈清代臺北地區文壇初探〉，《明清時期的臺灣傳統文學論文集》，文津出版社，2002年10月，頁129。

〔註43〕見郭伶芬，《清代臺灣知識份子社會參與之研究》，必中出版社，1993年10月，頁131。

〔註44〕同前註，頁143。

〔註45〕見郭伶芬，《清代臺灣知識份子社會參與之研究》，必中出版社，1993年10月，頁145。

少對其地位的提升有所幫助。以《大清會典》中「勸輸」爲例，「紳衿商民於歉歲出資捐賑者，赴司具呈捐項，聽其自行經理，不許州縣抑派，事竣督撫覈實具題，捐多者議敘頂戴，少者給區旌獎。」〔註 46〕知識分子參與捐賑，可以獲得官方旌表，突出家族或個人地位；再以宗教活動參與爲例，由於知識份子參與廟宇的倡建與修護，因此廟中的董事、理事、爐主也常由他們擔任，「因此他們在民間信仰的影響力亦相對地重要起來。他們在祭祀活動中扮演重要角色，除了籌款負擔演戲、酬神費用外，有時也帶頭祭神、祈福。」〔註 47〕

由上敘述可知，士子可以從科舉中得到許多利益，而臺灣本土文人因特殊地理環境之故，所獲利益更大，這些都是在外任官所不能比擬的，因此，本土文人在考中科舉之後，選擇返鄉不任官，就有了合理的解釋。

然而本土文人並非全然以利益爲優先考量，置生民百姓於不顧的，他們大量參與當時的文化教育與救濟事業，充分展現出一個領導者的良好風範，也是値得肯定，不見得是爲了這些利益而被驅使：鄭用錫於道光十七年回鄉之後，開始建學宮、修橋渡、賑飢寒、恤孤寡，並擔任明志書院山長，栽培後進，不遺餘力；道光二十二年，英艦來犯，招募鄉勇禦亂；咸豐三年，漳泉械鬥紛起，撰〈勸和論〉開導村民，又挺身勸解，所獲保全者不少；鄭用鑑則是嘗勸修文廟、明倫堂、文昌宮，又捐資義渡、義倉、義塚，頗好公益。鄭如蘭光緒十五年因爲辦團練有功，由增生授候選主事，賞戴花翎，後加道銜〔註 48〕。林占梅是因捐防雞籠英軍之犯，獲貢生加道銜；道光二十三年因捐防八里坌，獲知府即選；道光二十四年，募勇扼守大甲溪，絕嘉、彰各邑漳泉，械鬥漫延，賞戴花翎；咸豐三年林恭事變，協辦全臺團練，捐津米三千石，准簡用浙江道；咸豐四年，克艇匪黃位之亂，加鹽運使銜；同治元年，毀家紓難，平戴潮春之亂，克復大甲、彰化，加布政使銜。李望洋在故鄉協助辦理善後勸捐、清賦與團練事宜；陳肇興於同治元年戴潮春起事時，除拒絕戴氏之拉攏，遁入武西堡（今集集）之牛牯嶺山中外。又於是年七月謀刺

〔註 46〕見陳淑均編，《噶瑪蘭廳志》，卷三下〈風教〉「政術・荒政」，臺銀文叢第 160 種，1963 年 3 月，頁 135。

〔註 47〕見郭伶芬，〈清代臺灣知識份子在社會公益活動中的角色〉，《靜宜人文學報》5 期，1993 年 6 月，頁 8。

〔註 48〕收於施懿琳等編，《全臺詩》第陸冊，臺南：國立臺灣文學館，2008 年，頁 1～2。

戴氏不成，幾瀕於險境。

這些知識份子雖然享有眾多社會資源，但也同時回饋這些資源，因而我們不能以偏概全，認爲所有臺灣本土文人都必然趨向功利主義，在解決問題的同時，仍必須注意的個別的差異性。文人內心世界的想法，也是我們援以判斷的主要依據。

二、朝中有人好做官

俗話說，「朝中有人好作官」，如果沒有「背景」與「靠山」，恐怕無出頭之日，即使謀得一官半職，倘若沒有黨羽親信，只是孤家寡人，也很難保住位置。官場中要想攀升有時依靠的是師生關係、裙帶關係，或是黨羽之力。明朝有很多江西人當官，當時有一句話叫「朝士半江西」。剛開始有解縉、胡廣，均爲吉水人，是永樂時期掌權的重要文人。接下來的楊士奇、陳循，則是泰和人，他們在仁宗、宣宗、英宗、景泰帝時期一直掌權，再往後是彭時（安福人）、費宏（鉛山人）、夏言（貴溪人）、嚴嵩（分宜人），他們都是內閣官員，而且都擔任首輔的角色。這一批「江西人」主持朝政，前後大概有一個半世紀。而一人做官，可能是全家乃至全族、全鄉沾光。以解縉爲例，他做首輔時，幫助不少江西人考取了進士。永樂二年，解縉既是主考官，又做讀卷官，這一年從第一名至第七名的進士全是江西吉安府人，這在中國歷史上是空前絕後的，這也正應了中國一句老話，叫「朝中有人好做官」。

本土文人考中科舉，得以在朝爲官，是清代中晚期之後了，在此之前，朝中並無臺灣籍重臣可以當作靠山，也缺乏臺灣籍文人所形成的「集團」勢力，因此臺灣籍本土文人，想憑藉自己的能力，在政壇上大放異彩，有一番作爲，是非常不容易的事。因爲臺灣文人任職外官的人數甚少，無法形成一股勢力，自然也就缺乏與其他勢力抗頡的力量；因此如果說「朝中有人好做官」時，則「朝中無人」顯然還是「莫做官」爲佳，這也成爲本土文人寧可選擇返鄉的原因之一。

第三節　道、咸、同時期清廷政治背景

道光時期的國內形勢，可以用「江河日下」來形容。在經過「康雍乾盛世」後，此時國勢已走下坡，史稱「嘉道中衰」，主要表現在吏治腐敗、武備廢弛、國庫空虛、民眾反清鬥爭頻頻等事件上；對外則有西方列強勢力東侵以及鴉片的流弊。

而發生於道光時期戰役中，對外主要以中英「鴉片戰爭」最爲重要，並因這一戰爭而訂下了〈江寧條約〉。鴉片戰爭影響中國甚鉅，「在此以前，中國閉關自守，自稱『天朝』；從此以後，形勢一變，幾遭瓜分。道光的禁撰政策，不能不說是正確的；但是，他對國內外情勢的無知，卻是駭人聽聞的。他對英國打仗，卻不知道英國在什麼地方。他以爲英、俄是壤土相接的；他一直相信英國人是『直腿』的，祇要『誘其登陸』，就可予以殲滅。他動員了全國的兵力，卻從來沒有打過一次勝仗；英國人到處亂竄，如入無人之境。尤其荒唐的，〈江寧條約〉明明是喪權辱國的『城下之盟』，而皇上上諭卻說是『焗人就撫』」〔註49〕。臺灣在這一戰爭中也受到波及，鴉片戰爭中共有三次和戰，第一次和戰主要在廈門，並造成定海失守，後在廣東議和，因英國政府不承認琦善與義律所定草約，議和不成，遂又有第二次和戰，英軍攻擊虎門，後有廣州和議。第三次和戰中，英軍陷舟山、鎮海及寧波，杭州嘉興同時戒嚴，隨著吳淞、上海及鎮江的陷落，於道光二十二年七月二十四日簽訂《南京條約》。清朝跟英國打了一場敗仗，禁煙不成，還要割地、賠款，且暴露了中國自己的軟弱無能，引來日後更多列強的覬覦，影響近代中國的發展。鴉片戰爭對中國近代的關係太深，甚至連甲午戰爭也可說是鴉片戰爭的延續，臺灣淪爲日本殖民地也可說是鴉片戰爭的間接結果。

> 在鴉片戰爭期間，臺灣與英國人有過二次接觸（一在道光二十一年八月間，一在道光二十二年一月間）。據當時的臺灣鎮總兵達洪阿、臺灣道姚瑩奏報，都打了大勝仗，共「獲洋人一百六十餘」。但在《江寧條約》簽訂以後，英國人索還戰俘（大部分已經「正法」），說那些原是「遭風難民」，達洪阿、姚瑩「冒功捏奏」；道光「令閩浙總督怡良渡臺查辦」。怡良「渡臺後沿途訪察，兩次洋船之破，一因遭風擊碎、一因遭風沉擱，並無與之（英國人）接仗及計誘等事」（道光二十三年（1843）三月）；而李廷鈺、蘇廷玉兩人說得更徹底，謂「洋船遭風浮至臺灣，被居民關閉村中，該鎮、道再三向索，始行交出；迨聞洋人『正法』，居民等有『洋船若來，惟有戕官以圖解免』之語」。這是如何可怕的現象。〔註50〕

〔註49〕見周憲文，《清宣宗實錄選輯》弁言，臺灣銀行經濟研究室，1963年，頁1。
〔註50〕同前註，頁1～2。

咸豐皇帝對內碰到的最大難關，是太平天國的興起。

道光三十年（1850）正月，咸豐即位，同年十二月，就發生太平天國起事。這場蔓延十四省，歷經十四年的內亂，讓清朝的元氣大傷，國力動搖。

而咸豐對外碰到的最大難關，則是英法聯軍入侵北京。

從咸豐四年（1854），英、美、法三國向清政府提出修改《南京條約》等要求，卻遭到拒絕開始，清朝就開始陷入這場紛爭之中。首先，咸豐六年（1856），英國藉口「亞羅號」事件，進犯廣州，被擊退。咸豐七年（1857）十一月，英法聯軍再次攻陷廣州。當時的兩廣總督葉名琛兵敗被俘，後解送印度加爾各達，死於囚禁。

結果在咸豐十年（1860）春天，英、法各自派遣軍隊，陸續攻佔舟山、煙臺。六月時又向大沽進攻。清僧格林沁率兵守大沽，而疏防北塘。到了七月，英法聯軍由北塘登陸。咸豐戰和不定，痛失殲敵良機。英法聯軍攻陷塘沽後，又攻佔天津。後因清廷與英法間談判不成，當時負責談判的大臣載垣、穆蔭，拘又囚禁英國使者巴夏禮等人，解到北京，因此英法繼續進攻通州。當英法聯軍進逼北京時，咸豐皇帝除派恭親王奕訢爲欽差大臣，便宜行事，辦理和局外，他自己卻以「秋獮木蘭」爲名，從圓明園啓程奔往熱河。

咸豐年間除對內的太平天國之亂，及對外的英法聯軍外，內亂上尚有「捻亂」及「回亂」。其中僧格林沁、曾國藩及李鴻章都先後參與勦捻之役；而回亂的範圍分佈零星，雲南、貴州及陝甘的回民，都曾發生動亂。

> 清文宗（咸豐）在位十一年又五月（自道光三十年正月至咸豐十一年五月）。道光是清政權的轉捩點，咸豐開始走下坡路。在這短短的十一年又五月中間，對外則有咸豐十年（1860）的英、法聯軍進佔北京，帝、后避熱河；對內則有咸豐三年（1853）的太平天國攻陷金陵，烽火半中國。臺灣原爲「多事之地」，在這清廷內憂外患交相煎迫的時期，應當是有變化的，但卻出於意外的平靜；其間雖有咸豐二年洪紀之亂，咸豐三年林恭、張佑、黃再基、林義、王烏番之亂，都被迅速解決。〔註51〕

不管是太平天國事件或是英法聯軍，在事件發生當時，都剛好有臺灣本土文人在大陸，尤其是李逢時和陳維英；或者是雖不在大陸，但仍給予這事件高

〔註51〕周憲文，《清文宗實錄選輯》弁言，臺灣銀行經濟研究室，1963年，頁1。

度關注，如鄭用錫及林占梅。

號稱「同治中興」的是清穆宗朝（1862～1874），計歷時十三年六個月。因爲長處於內憂外患之中，引發同治皇帝的改革決心，因此這一段時間出現了難得的勵精圖治同治朝在內政上，除了慈禧太后與恭親王奕訢間的權力衝突外，安德海的伏誅、圓明園的修復，都在當時國內造成不小的衝擊，也可見慈禧權力的大增，而外交上，還發生幾次的「教案」，其中「天津教案」與臺灣有關。

> 教案與安平事件（又稱樟腦事件）：按自中英、中法天津及北京條約簽訂以後，允許外國人開埠通商與傳教的結果，不時引起糾紛；臺灣自不例外。同治七年（1868）四月，鳳山教堂被毀、教民被害，臺灣府繼之而起；七月，復有教堂搗毀之事前後數起。同年，教案之外，又有樟腦事件。官吏在梧棲港沒收英商怡記（Elles）洋行樟腦，並在鹿港襲擊洋行代理人必麒麟（Pickering）；駐安平英國領事吉必勳（John Gibson）便向其本國乞援，武官錨噹（Gurdon）竟率兵登陸攻擊守軍。後經當局允予賠償兵費，並締訂所謂「樟腦條約」。此外，另有九年（1870）因天津教案所引起的籌防措施，亦曾及於臺灣。〔註52〕

同治時期有關臺灣的大事，一爲初年的戴潮春事變，一爲末年的日兵侵犯琅嶠事件〔註53〕：

> 戴潮春字萬生，彰化人（原籍福建漳州龍溪）。咸豐十一年（1861），招集黨羽，稱天地會，假名團練。同治元年（1862）三月間，官府嚴治會黨，潮春等輒舉事發難，占領彰化縣城，戕殺鎮、道等官員，稱帥稱王。各地附從份子，亦紛紛興起。後經巡道丁曰健、提督林文察、總兵曾玉明等統兵攻勦，直至四年（1865）才次第平定。就清代臺灣歷次重大的事變而言，這是第三次（第一次爲康熙六十年朱一貴事變，第二次爲乾隆五十二年林爽文事變；如以道光十二年張丙事變合計，應爲第四次），而其延續的時間較以往各次爲久。當戴潮春起事之前，正太平天國勢力擴展至浙江的時候，由於閩浙總督兼轄關係，曾募臺勇援浙。迨戴潮春變亂形成以後，清廷又有「各

〔註52〕周憲文，《清穆宗實錄選輯》弁言，臺灣銀行經濟研究室，1963年，頁2。
〔註53〕同前註，頁1。

營臺勇聞變，不無內顧，誠恐別生事端」的困惑。直至三年（1864）六月間清兵攻陷金陵以後，太平天國的殘餘力量轉由江、閩邊境延伸至海濱漳州地區。當四年（1865）之初，戴潮春雖被誅戮已及一年，其餘份子尚圖掙扎；清廷又有「漳州一帶賊氛（按指太平天國侍王李世賢而言）尚熾，難保不勾結臺灣匪類乘機煽惑」的顧慮。在軍事指揮調度上，每把兩事聯在一起，不能截然劃分；因此，關於這一事件所選的範圍，亦較爲廣泛。至「戴案」是否與太平天國有關聯，乃是一個值得研究的問題，姑持保留態度。〔註54〕

至於日兵侵犯琅嶠事件即「牡丹社事件」：

同治十年（1871），中日訂立通商條約，十二年（1873）四月，兩國批准互換。在訂約之初不久（十月十五日），有琉球人六十六名因風漂至臺灣南端，其中五十四名不幸被琅嶠牡丹社先住民殺害，餘人由官府予以優恤，遣回琉球。日使（正使副島種臣）至天津換約後，副使柳原前光曾向總理各國事務衙門口頭提出此案，探詢意見，儼然以琉球宗主國自居；翌年（1874）三月，日人便藉口此案啓釁，由西鄉從道統兵侵犯琅嶠。清廷即派遣船政大臣沈葆楨至臺相機籌辦，交涉與防禦並行。日兵後以在臺灣傷病甚重以及其他種種顧慮，終亦要求賠款了事。由於這一事件，引發此後臺灣積極籌防的新契機；同時，亦已啓二十年後臺灣淪於日本殖民地之漸。〔註55〕

同治十三年「牡丹社事件」的發生，對於臺灣而言是一個轉捩點，因爲這一事件，使清廷對臺政策由消極治臺改爲積極，並取消「渡臺三禁」，之後的光緒時期，因爲面臨割臺命運，文人本身同時具有「清朝舊遺民」與「被日本殖民者」二種身份，詩文內容與國族認同不如之前單一，因此以同治十三年作爲一個討論的切割點，適足以同時呈現當時政治環境與文學作品內容二個面向，及這二面向間的關係。

〔註54〕周憲文，《清穆宗實錄選輯》弁言，臺灣銀行經濟研究室，1963年，頁1。
〔註55〕同前註，頁3～4。

第三章　在地性與外地性的共存
——本土文人植物書寫的特色

在中國文學書寫傳統的影響底下，臺灣本土文人能夠清楚地意識到臺灣的「在地性」、「本土性」與「特殊性」嗎？他們眞的知道故鄉的風物是值得「重視」的嗎？爲了探討本土文人對於臺地「特色」所抱持的態度，本章嘗試由《物產志》中的「植物類別」作爲切入角度，在這裡必須先作說明的是，本論文的論述主軸是「古典詩」，但據以評斷詩人所描寫植物是否爲臺地物產時，就必須從方志或遊記先作歸納。而筆者之所以選擇物產中的植物類型，主要原因在於其最能代表臺灣與大陸二地的自然差異。若再輔以充足的文本材料，就能看出其中不同的書寫意涵。

在臺灣方志體例中，高拱乾的《臺灣府志》與周元文《重修臺灣府志》都作「風土志」，劉良壁《重修福建臺灣府志》名爲「風俗」，後來的范咸在《重修臺灣府志》提到：「然《劉志》二十卷，〈星野〉、〈建置〉、〈山川〉外，更有〈疆域〉；而〈物產〉，即附〈風俗〉下，似爲不倫。」〔註1〕所以范咸《重修臺灣府志》和余文儀《續修臺灣府志》則區分爲「風俗」和「物產」。本文的重點放在「物產」。

高拱乾在《臺灣府志》卷七的《風土志》的〈土產〉中，曾如是序言：

> ……**若夫風有氣而無質，南風柔弱、北風剛勁，各有所尚**。故狖風不作，則海不揚波；撫安流之襟帶，而知中國有聖人焉！於是方物

〔註1〕見范咸《重修臺灣府志》，臺灣銀行經濟研究室，臺灣文獻叢刊第105種，乾隆十二年，頁13、余文儀《續修臺灣府志》，臺灣銀行經濟研究室，臺灣文獻叢刊第121種，乾隆三十九年，頁9。

畢獻，而山海効靈。凡所以蔚爲物華者，莫不隨地而生。作風土志。〔註2〕

即明白指出之所以收錄「土產」，乃在於「風有氣而無質，南風柔弱、北風剛勁，各有所尚」，是因爲有所差異的緣故，〈總論〉又云：

古者，輶軒所至，遍歷十五國之郊原。非好勞也，蓋陳詩以觀民風，雖繪圖以進，不踰於是。今各直省之洽聲教者，無論矣；臺以千百年未闢之海宇，聖天子一旦擴清而平定之，因天之時、順地之利、淑人之心，改正朔、易服色，禮樂衣冠煥然一新。雖昔爲職方氏之所不載，而漸沐聲教，以登大一統之隆，良足永垂不朽云。〔註3〕

由於「陳詩以觀民風，雖繪圖以進，不踰於是」，加上「臺以千百年未闢之海宇，聖天子一旦擴清而平定之」，所以作《風土志》，以詳加記錄這「未闢之海宇」與天朝相似或相異之處，除此之外，魯鼎梅在《重修臺灣縣志》卷十二《風土志》的「論曰」說：

臺地氣候沖和，物產滋豐，而取之有時，用之有制，留物力之有餘以還太虛，是所望於主持風教者。〔註4〕

可知修志主要目的是爲了「資治」，以期達成觀風陳俗、裨益王化，正如高志彬在〈臺灣方志之纂修及其體例流變述略〉一文所說「清修臺志多於山川、物產特別著重。清修志書所以特詳兵備、風俗、山川、物產，無非是強調方志的『資治』功能。」〔註5〕，確是如此。

而范咸《重修臺灣府志》的「凡例」中有一條提到中土與臺地的差異：

臺之物產，自百穀以至草木、蟲魚，**類多中土所不常有**。在土人既以臆名之，而士大夫考據又苦未得其眞，故「附考」中徵引諸書，有一物數見者。蓋欲後人有所折衷，故採擇不厭其詳。……凡皆內地習見之物，不煩細注；今悉刪去，以免載籍繁夥。〔註6〕

〔註2〕見高拱乾，《臺灣府志》，臺灣銀行經濟研究室，臺灣文獻叢刊第65種，康熙三十五年，頁185。

〔註3〕同前註，頁206。

〔註4〕見魯鼎梅，《重修臺灣縣志》，臺灣銀行經濟研究室，臺灣文獻叢刊第113種，乾隆十七年，頁441。

〔註5〕見高志彬，〈臺灣方志之纂修及其體例流變述略〉，《臺灣文獻》49卷3期，1998年9月，頁191。

〔註6〕見范咸，《重修臺灣府志》，臺灣銀行經濟研究室，臺灣文獻叢刊第105種，乾隆十二年，頁15。

從「類多中土所不常有」、「凡皆內地習見之物，不煩細注；今悉刪去，以免載籍繁夥」可以看出「物產」一類，可以明確代表大陸與臺灣的不同之處，這是因爲清初方志采錄者多爲遊宦文人，他們藉由「比較」的方式，已經先刪除一部分二岸共同物產的緣故。洪健榮在〈清修臺灣方志「風俗」門類的理論基礎及論述取向〉就提到：

> 臺灣初隸大清版圖的背景，也使得內地人士進入臺灣最先察覺的現象，往往是原屬「化外」的臺灣與「王化」已久的內地之間在風俗上的差異。透過漢文化眼光的觀照之下，相對於內地社會習以爲常的文化習尚，臺灣本土的「奇風異俗」，自然而然地成爲清廷官員或地方士紳關注的焦點，具體反映在各官修志書的編纂對於「風俗（土）」門的重視，其整體思路游移於中央／邊陲⇔王化／化外⇔文明／野蠻之間的詮釋定位，構成了清修臺灣方志傳統的重要環節。〔註 7〕

方志記載是如此，一般遊宦文人的遊記作品，也或多或少含有這樣的眼光及目的，而遊宦與本土文人，對於這些物產的不同書寫面向，也能夠在比較之中，彰顯出屬於臺地的「在地」特色。

在本章討論上，植物書寫的探討遠遠超過其他物產的書寫，主要的原因取決於詩的文本數量多寡。經過統計可以看出，「詠物詩」一直佔臺灣詩人作品的大宗，所以當我們從文本的角度著手時，就不能不去正視這一大類作品所呈顯的訊息，而整個「詠物」的文類中，又以「詠花」或「植物歌詠」爲主，從比例來看，方志與遊記中的植物記載類型，是動物記載的二倍，附考部分植物也較動物詳實；詩作部分比例則更懸殊，約十比一，由於可資「對照」的動物類型並不多，也難以歸類，加上遊記與方志的整理，雖能呈顯出二岸物產的「特色」，但是卻不一定會有詩作相對應產生，這種情形也在「動礦物」類最爲明顯。緣此種種理由，故其他物產只能在此割愛。儘管如此，先全面歸類整理方志中的《物產志》（《風俗志》）中的植物書寫，再以《藝文志》的作品以資對照，嘗試看出清代臺灣文學所書寫的種類究竟是「外地」或「在地」性格，將是本節所要解決的目標。

本節所要處理的問題即在於，本土文人的本地植物書寫，是否帶有相當

〔註 7〕洪健榮，〈清修臺灣方志「風俗」門類的理論基礎及論述取向〉，《中國歷史學會史學集刊》32 期，2000 年 7 月，頁 122。

程度的「自覺」？可否呈現臺灣的「在地」特色與獨特思維？而遊宦文人的書寫方式，是否只帶有「覽異」的眼光而已？這二大文學書寫社群中，究竟何者的寫法最能凸顯臺灣的「本土」特色與「在地」思維？假若，本土文人對於臺地產物抱持著「視而不見」，或「習而不察」的態度，而遊宦文人又帶著「帝國之眼」、「上國姿態」來「貶抑」臺地的話，則眞正屬於臺地的「在地」特色將如何呈現？我們又將用何種「客觀」標準去描繪清代臺灣的空間圖像？

遊宦文人對於臺地植物的書寫，側重在幾個部分，分別是「七里香」、「佛桑花」、「刺桐花」、「赬桐花」、「波羅蜜」、「檨」、「檳榔」，李友煌在〈失落的亞熱帶植物群落初探——清代鳳山縣二志一冊植物書寫爲例〉一文提到：

> 宦遊人士在進行植物書寫時，是以「帝國之眼」，殖民者的心態來看待及歌詠臺灣的植物的，臺灣是他們的「海外」，這種以中國大陸爲本位、以大陸經驗來看待及書寫臺灣海島植物的結果，自然會以中國植物來比較臺灣植物，並就臺灣原住民及已住在臺灣的漢人與植物的關係，提出種種貶抑的言論。〔註 8〕

遊宦人士眞的是以「覽異」或「帝國之眼」觀看臺地風物或植物嗎？對於和故鄉風物迥異的地方，他們是否一逕以相同眼光看待？有無不同？而他們的「覽異」？「覽」出什麼樣的「異」？遊宦人士的植物書寫中，方志是比較可以透顯出「覽異」面向的，相較於本土文人對於臺地植物的「無感」或「無新鮮感」，遊宦文人因爲「覽異」所作的記錄，反而更能突顯臺地植物的「特色」，但是這些文人對於臺地植物，是否必然採取「貶抑」的記錄？恐怕還有待商榷。筆者以爲，在認知臺地物產的「特殊性」上，遊宦文人的書寫，比本土文人更能精準點出臺灣的獨特之處。

施懿琳在〈清代遊宦與在地詩人作品中的臺灣意象〉一文，曾以「遊宦與在地文人共同的臺灣想像」，解釋在地文人在執政者的「教化」下，「形成對帝國締造的單一價値觀的迷思」，作者說：

> 統治者透過科舉制度的經籍教化，不斷地深化強調其所建構的那一套政治秩序的模式，並且以「中原：中心／臺灣：邊緣」這樣的對待關係，長期地形塑了在地文人的價値觀，對臺灣住民造成了性格

〔註 8〕李友煌，〈失落的亞熱帶植物群落初探——清代鳳山縣二志一冊植物書寫爲例〉，《高市文獻》16 卷 3 期，2003 年 9 月，頁 1。

> 的扭曲，形成對帝國締造的單一價值觀的迷思。因此，我們若從清代（尤其是早期）臺灣文人的作品中來看，其實大部分的書寫都是官方立場下的產物，與宦遊人士對臺灣的認知，有著相當程度的雷同。這現象除了表現在對歷史人物的評價上，也可以從文人對本土住民性格的批評中看得出來。〔註 9〕

事實上，這樣的思考模式，不僅見於上述二種現象，也表現在文學作品中所呈顯在植物書寫上。筆者以爲，本土文人對具有臺地特色植物的忽略，不管是有意或無意，都在臺灣古典詩的詠物類別上造成了數量的失衡！

第一節　臺灣在地與非在地植物的認定

在處理這一節時，我們會碰到的第一個問題在於，「如何界定本地植物？」亦即，那些植物能夠「代表」臺灣「在地」特色？

黃叔璥在《臺海使槎錄》中提到：「水仙」時說「廣東市上標寫臺灣水仙花頭，其實非臺產也，皆海船自漳州及蘇州轉售者。」〔註 10〕；「曇花」則「是一異種」〔註 11〕；「番茉莉」的「種自東埔寨來」〔註 12〕；「番薯」是「明萬曆中閩人得之外國」〔註 13〕，種植於中國各地。

董天工《臺海見聞錄》記載「貝多羅花」是「種自西洋來」〔註 14〕；「仙丹」是「種出粵東潮州之仙丹山」〔註 15〕；「番檨」是「種自荷蘭」〔註 16〕；「波羅蜜」是「種自荷蘭」〔註 17〕；「菩提果」是「西域來種」〔註 18〕；「釋迦果」是「亦種自荷蘭」〔註 19〕；「番柑」是「種出荷蘭」〔註 20〕；「番芥藍」

〔註 9〕參考施懿琳，《從沈光文到賴和——臺灣古典文學的發展與特色》，第三篇《清領時期臺灣文學的發展與特色》，春暉出版社，2000 年 6 月，頁 76。

〔註 10〕見黃叔璥，《臺海使槎錄》，臺灣銀行經濟研究室，1957 年，頁 54。

〔註 11〕同前註，頁 55。

〔註 12〕同前註，頁 56。

〔註 13〕同前註，頁 57。

〔註 14〕見董天工，《臺海見聞錄》，臺灣銀行經濟研究室，1961 年，頁 125。

〔註 15〕同前註，頁 132。

〔註 16〕同前註，頁 137。

〔註 17〕同前註，頁 138。

〔註 18〕同前註。

〔註 19〕同前註，頁 139。

〔註 20〕同前註，頁 140。

是「種出咬𠺕吧」〔註21〕；「番薯」是「有金姓者，自文來攜回種之」〔註22〕；「綠珊瑚」是「種自呂宋來」〔註23〕；「番薏茹」則「種出荷蘭」〔註24〕，可知這些植物均非臺地「原生植物」。

朱仕玠《小琉球漫誌》的〈瀛涯漁唱〉註釋部分也指出：「綠珊瑚」是「種出呂宋」〔註25〕；「番薑」則「種自荷蘭」〔註26〕；「暹蘭」爲「以種出暹羅，故名」〔註27〕；「九頭柑」是「載自內地」〔註28〕；「子午花」是「其種來自毗戶沙圖」〔註29〕。

朱景英《海東札記》則記載：「黃豆、黑豆、赤豆、綠豆、黃粱、胡麻之屬，北路廣種之；種同中土，而收穫較早」〔註30〕、「蔬蓏與內地無別。黃瓜、茄、莧之屬，春初即入盤餐」〔註31〕、「番藷有紅、白二種，產同中土。」〔註32〕「蘭花、水仙花，來自海舶」〔註33〕；「木蘭花」是「種出暹羅」〔註34〕；「午時梅」是「相傳來自毗尸沙國」〔註35〕；「釋迦果」是「種自荷蘭」〔註36〕；「榕樹產閩粵間」〔註37〕。

道光年間的唐贊袞，在《臺陽見聞錄》的記載中提到，「優鉢曇花」爲「種出西域」〔註38〕；「菩提果」則「種出荷蘭」〔註39〕。

從上述所引例子來看，如果我們以植物的「原生地」作爲依據，則眞正屬於「臺地」特有植物的，恐怕所剩無幾。因此，植物的「原生地」也就無

〔註21〕見董天工，《臺海見聞錄》，臺灣銀行經濟研究室，1961年，頁143。
〔註22〕同前註，頁144。
〔註23〕同前註，頁146。
〔註24〕同前註，頁153。
〔註25〕見朱仕玠，《小琉球漫誌》，臺灣銀行經濟研究室，1957年，頁36。
〔註26〕同前註，頁47。
〔註27〕同前註，頁47。
〔註28〕同前註，頁49。
〔註29〕同前註，頁59。
〔註30〕見朱景英，《海東札記》，臺灣銀行經濟研究室，1958年，頁31。
〔註31〕同前註，頁32。
〔註32〕同前註，頁32。
〔註33〕同前註，頁32。
〔註34〕同前註，頁34。
〔註35〕同前註，頁35。
〔註36〕同前註，頁36。
〔註37〕同前註，頁38。
〔註38〕見唐贊袞，《臺陽見聞錄》，臺灣銀行經濟研究室，1958年，頁124。
〔註39〕同前註，頁138。

法成爲判斷的主要依據。不過仍可以有變通的方式，筆者在此以遊宦文人的遊記作品中，對於臺地物產的記述爲主。因爲他們在經過中土與臺地植物「比較」之後所認定的「臺卉」、「臺果」，相較之下是比較客觀的標準！我們可以從這些遊記散文中，看出與詩作相異的另一面向，遊宦文人在進行植物書寫時，敘述筆墨遠較詩詞詳細，由於這些多半經過文人「實地」考察，「親眼」所見，因此可信度相形之下也較高。當然，我們也不可否認，在比較之後，將會發現有些作物並非「只」出現於臺地，而是兩岸「共通」的作物，其中尤以「主食」最爲明顯，如「稻之屬」、「麥之屬」、「黍稷之屬」及「菽之屬」。因此，這一類的作物筆者將不另行處理，至於「藥之屬」一類，由於全類均具有明顯臺地特色，因此也不再細項敘述。其中，不管本土或遊宦文人，詩文書寫多集中在「竹之屬」、「檨（果）之屬」、「花之屬」三類，而以「花之屬」爲主。因此本章主要以這三類爲敘述對象。

一、遊宦文人筆下的臺灣植物特產

康熙三十六年來臺探勘採硫的郁永河，有《裨海記遊》一書，其中關於植物的記載，是最早有關臺地植物書寫的記錄，其中明白指出內地所無的有：

> 果實有**番檨**……、**黃梨**、**香果**、**波羅蜜**，皆內地所無，過海即敗苦，不得入內地。獨**番石榴**不種自生。〔註40〕
>
> 郡治無樹，惟**綠竹**最多，……枝大於竿，又節節生刺，人入竹下，往往牽髮毀肌，莫不委頓；世有嵇、阮，難共入林。〔註41〕
>
> **以竹種獨異內地**……〔註42〕
>
> **蕭朗**，硬木名也。大者數圍，性極堅重，入土千年不朽。然**在深山中，野番盤踞，人不能取**。〔註43〕
>
> **烏木、紫檀、花梨、鐵栗諸木，皆產海南諸國**。〔註44〕

其中有疑議的地方在於他提到「五穀俱備，尤多植芝」，「烏木、紫檀、花梨、

〔註40〕見郁永河，《裨海記遊》，臺灣銀行經濟研究室，1959年，頁12。
〔註41〕同前註，頁12。
〔註42〕同前註，頁30。
〔註43〕同前註，頁58。
〔註44〕同前註，頁58。

鐵栗諸木，皆產海南諸國」，除「烏木」外，後來的方志及文人遊記作品中皆未提及這幾種植物。

康熙六十一年（1722）以首任巡臺灣御史的身份東渡來臺的黃叔璥，在其《臺海使槎錄》卷三《赤嵌筆談》的「物產」類中，較爲特殊的是對於「藥之屬」一類植物，記載極爲詳細。對於「藥材」的種類及用法非常詳細的記錄，此外，製糖之法、薯芋的食用上著墨亦多。除上述藥品「志載藥品有內地所不經見者」〔註45〕、「亦有志所不載者」〔註46〕之外，屬於臺地特有植物有：

> 「**鳳山縣有薑，名三保薑**：相傳明初三保太監所植，可療百病」（香祖筆記）〔註47〕
>
> **大松**生水沙連，合抱成林；生番所居，莫敢採伐。相傳山後崇爻、黑沙晃諸山有松、有杉、有梅。〔註48〕
>
> 南路打狗山有**香木**，色類沈香，味較檀尤烈；不名何香，土人亦不知貴。傳說：昔年有蘇州客商能辨之，載數十擔去；後有官某，作爲香杖。今所存者，零星碎木，見爲扇器者。〔註49〕
>
> **水沙連茶**，在深山中。眾木蔽虧，霧露濛密，晨曦晚照，總不能及。色綠如松蘿，性極寒，療熱症最效。每年，通事於各番議明入山焙製。〔註50〕
>
> **木有交標**，可爲梁柱。**九荊**小而不高，茆屋用以爲柱，入土不朽。又有**白樹**，色白可以爲器；**此皆內地所無者**。〔註51〕
>
> **志載佛眼竹、金絲竹，俱未見**。〔註52〕

乾隆十一年（1746）六月任彰化縣儒學教諭的董天工，在臺五年秩滿，將所見所聞編爲《臺海見聞錄》，其中記載了關於臺灣物產：

> 臺卉（計三十二條）：七里香（一名瓊花，又名瑒花，又名玉，又名

〔註45〕見黃叔璥，《臺海使槎錄》，臺灣銀行經濟研究室，1957年，頁63。
〔註46〕同前註，頁63。
〔註47〕同前註，頁61。
〔註48〕同前註，頁61。
〔註49〕同前註，頁61。
〔註50〕同前註，頁62。
〔註51〕同前註。
〔註52〕同前註。

山礬，又名春桂。）、刺桐、赬桐（龍船花）、扶桑（一名拒霜、一名照殿）、水仙、美人蕉、蓮蕉、曇花（一名優缽羅）、貝多羅花、金絲蝴蝶、刺毬花（一名消息花，又名番蘇木）、交枝蓮、番茉莉（一名三友花，又名番梔子）、鐵樹花、梅（佳者如千葉梅、玉蝶梅，異者如冰梅、墨梅，色豔而香，臺地罕有）、午時梅、番繡毬、木蘭花（大者圍數尺，名樹蘭）、月下香、仙丹、迎年菊、鳳仙花（一名金鳳花）〔註 53〕

臺果（計十四條）：黃梨（又名鳳梨）、檳榔、椰子、番檨（香檨爲上，肉檨、木檨亞之）、波羅蜜、菩提果、香果、釋迦果、番柑、公孫橘、西瓜、牙蕉（一名甘蕉）、番石榴（俗名莉仔茇）、番木瓜〔註 54〕

臺蔬（計四條）：番芥藍（一名番牡丹）、金瓜茄、番芋（長曰土芝；團曰蹲鴟；又檳榔芋）、番薯（亦名金薯）〔註 55〕

臺木（計六條）：榕樹、綠珊瑚（綠玉樹）、蕭朗木、娑羅樹、土沉香、林投樹〔註 56〕

臺竹（計四條）：刺竹、觀音竹、七絃竹、人面竹（一名佛眼竹）〔註 57〕

臺草（計六條）：七絃草、含羞草、風草（蘆竹草）、茇草（一名浮留籐，即蒟）、番薏茹（一名番苦苓，一名心痛草）、紅毛茶〔註 58〕

他並指出有幾種植物是臺地特產：

西瓜……內地來。**臺產種於深秋**，熟於隆冬，元旦多啖之。皮薄瓤紅，可與常州並驅，但遜泉之傅霖耳。乾隆二年，額定福建督撫每年正月各進瓜十圓，取之於臺。**臺有進上瓜地一區，約數十畝，所產之瓜，其子兩旁有番字**。〔註 59〕

番芋，……又檳榔芋……又淡水芋……。**臺蔬獨芋擅名**，頗不似內

〔註 53〕見董天工，《臺海見聞錄》，臺灣銀行經濟研究室，1961 年，頁 115～134。
〔註 54〕同前註，頁 134～142。
〔註 55〕同前註，頁 143～144。
〔註 56〕同前註，頁 145～148。
〔註 57〕同前註，頁 148～150。
〔註 58〕同前註，頁 150～153。
〔註 59〕同前註，頁 141。

地之芋也。〔註60〕

風草，土番識之。云春生無節，則經年無颱風，生一節即颱一次，多一節則多一次，甚爲奇驗。土人呼爲蘆竹草。幹似蘆高丈許，葉長尺餘，有穗可爲帚。葉上有橫紋如指甲痕者，土人又云，葉上無紋即無颱，有一紋主颱一次，以此驗颱也。〔註61〕

乾隆二十八年（1763）由德化教諭調任鳳山縣教諭。是年六月蒞任，次年夏因丁母憂回籍的朱仕玠，著有《小琉球漫誌》，在其〈瀛涯漁唱〉的著作中，指出臺地所沒有的植物有：

臺鳳二邑未見松樹，或云傀儡山及北路上淡水諸內山有之。聞有貨松根茯苓如斗大者。〔註62〕

內地竹類，則臺地多未有。〔註63〕

臺地不產荔支，皆載自內地。〔註64〕

臺地特有植物，朱仕玠明白指出的爲：

節節高，葉及花微似胭脂而差小；枝莖細弱，每開自本至末。邑誌未載。〔註65〕

七里香，木本，一名山柑。花叢生如柑，五瓣，色白，香氣可越數十步，與芸香草名七里香，名同而族殊。〔註66〕

沱連，形比常豆爲小。子嫩綠，圓如蚌珠，味極甘美。郡邑誌未載。〔註67〕

番木瓜，樹幹亭亭，色青如銅；花白色，生杈椏間。瓜凡五稜，無香味，土人用鹽漬以充蔬。〔註68〕

臺地物產，載有河西柳，然未嘗見也。予在道憲署，止見一株。〔註69〕

〔註60〕見董天工，《臺海見聞錄》，臺灣銀行經濟研究室，1961年，頁144。
〔註61〕見黃叔璥，《臺海使槎錄》，臺灣銀行經濟研究室，1957年，頁151～152。
〔註62〕見朱仕玠，《小琉球漫誌》，臺灣銀行經濟研究室，1957年，頁53。
〔註63〕同前註，頁60。
〔註64〕同前註，頁39。
〔註65〕同前註，頁39。
〔註66〕同前註，頁40。
〔註67〕同前註，頁41。
〔註68〕同前註，頁45。
〔註69〕同前註，頁45。

> 臺地有番茉莉，另爲一種，花徑寸，每開百餘瓣，望之似白菊；既放，可得三日，不似內地茉莉晨開暮落也。一名三友花，一名葉上花。〔註70〕

乾隆三十四年（1769）由寧德知縣一職，被拔擢擔任臺灣海防同知，乾隆三十九年（1774）調任北路理番的朱景英，著有《海東札記》，其自言「有物非此土所產、來自中土他海者，有名繫此土、實非產自此土者，有此土與中土他海同產而早晚稀稠有別、與夫形狀小異者，有實爲此土獨產者，或略或詳，就見聞所及記之。」〔註71〕因此，他在〈記土物〉一節中提到的植物品類，經過整理之後，明白點出臺地所沒有的植物有：「若牡丹、芍藥，乃絕無者」〔註72〕、「斑支花……又一種花色紅者，臺地無之」〔註73〕、「臺灣山無松柏」〔註74〕、「地不產茶」〔註75〕，但最後二點的記載卻又與前面的黃叔璥矛盾，因爲黃叔璥指出「大松生水沙連，合抱成林……」，也說「水沙連茶，在深山中。眾木蔽虧，霧露濛密，晨曦晚照，總不能及。色綠如松蘿，性極寒，療熱症最效。」則水沙連一地似乎產松、產茶，與朱景英所說「臺灣山無松柏」、「地不產茶」的說法有所衝突。

對於臺地植物優於大陸者如：

> 臺地植薑，春種夏熟，味最脆嫩。〔註76〕
>
> 晚香玉……此花，中土極珍之，臺地叢生如草，土人不甚愛惜。〔註77〕
>
> 西瓜種於八月，成於十月。臺灣、鳳山二縣有之，歲以充貢。〔註78〕
>
> 茄冬樹，木實堅重，色紅紫，紋理細緻；製器物與紫檀相近，花梨不及也。余在後壟，見列樹交柯，葉如冬青，淺黃深綠，一望鬱然，類西洋界畫中所渲染者，詢之即此樹也。〔註79〕

〔註70〕見朱仕玠，《小琉球漫誌》，臺灣銀行經濟研究室，1957年，頁46。
〔註71〕見朱景英，《海東札記》，臺灣銀行經濟研究室，1958年，頁31。
〔註72〕同前註，頁32。
〔註73〕同前註，頁34。
〔註74〕同前註，頁38。
〔註75〕同前註，頁40。
〔註76〕同前註，頁32。
〔註77〕同前註，頁34。
〔註78〕同前註，頁35。
〔註79〕同前註，頁38。

而認爲臺地植物和大陸相較之下較差的有：

> 桂花四季皆開，然香少遜矣。〔註80〕
>
> 番石榴，不種自生，味臭而澀。番柑、番橘，皮苦肉酸，皆不足啗。〔註81〕
>
> 佛手柑，北路產者甚大，香殊不足。龍眼亦顆小味薄，均非佳品。〔註82〕

大陸比較少，或是缺乏的植物，顯然爲臺地所有，足以代表臺地植物特色的有：

> 甘蕉一名牙蕉，綠葉攢抽，中心出花一枝，五六層，層層吐瓣，紅紫可愛。結實每層數十枚，排比如櫛，色黃白，味香甘。臺地村舍後每廣植之，四時皆生，藉以獲利。〔註83〕
>
> 檳榔樹直無枝，高一、二丈，皮如青桐，葉類筠竹。葉上豎如翼張，葉脫一片，內現一苞。苞綻即開花，淡黃白色，連綴而芬。實附花下，形圓而光，宛然纍棗。自孟秋至來年孟夏，發生不絕。土人摘其鮮者，用扶留藤和蠣灰食之，咀嚼不能少輟。迨六、七月未熟時，輒以熏乾者繼之。〔註84〕
>
> 椰子樹幹葉如檳榔，結實，外裹粗皮似椶片，質大如瓜，殼堅厚，剖之白肪盈寸，極甘脆，清液可椀許，氣味與酒相近，曰椰酒。六、七月熟可採，番人躍其上，攀援矯捷，名曰猱採。〔註85〕

清道光二十七年秋渡臺的丁紹儀，嘗佐臺灣道仝卜年幕，在臺勾留八月，著有《東瀛識略》。其中丁紹儀明白記載爲「臺地特有」的爲：

> 竹木之屬，爲臺地特產者：莿竹，……人面竹，……七絃竹，……筀竹……產淡水之岸裏社，他邑無之；有九芎樹，一名九荊，……有婆羅樹……有加冬木，……有烏榕樹……有林投木，一名林茶……有蕭椰木，……有咬人狗……〔註86〕

〔註80〕見朱景英，《海東札記》，臺灣銀行經濟研究室，1958年，頁32。
〔註81〕同前註，頁37。
〔註82〕同前註，頁37。
〔註83〕同前註，頁36。
〔註84〕同前註，頁36。
〔註85〕同前註，頁36。
〔註86〕見丁紹儀，《東瀛識略》，臺灣銀行經濟研究室，1957年，頁58。

花草之屬，有內地所無者。午時梅，一名子午花……雪鴛鴦，即內地月下香，北地名晚香玉……獨臺地者開時蒂必雙出，故以鴛鴦名。節節高……虎子花，一名月桃，……消息花，一名刺毬……番繡毬……風草……蒲草……綠珊瑚，一名鐵樹……仙人掌……蔞草，一名茬，又名扶留……〔註87〕

藥石之屬，亦有內地所無者。風藤，……樟腦，……樟寄生，……馬尾絲……〔註88〕

西螺柑……臺地菓品，推柑為最，產他處者即不逮。……麻豆柚，獨嘉義縣屬麻豆堡有之……〔註89〕

二、方志中的臺灣植物

除了遊宦文人所認定的臺地植物外，臺灣方志也是我們重要的檢視標準〔註90〕，陳捷先在《清代臺灣方志研究》中曾經提到編纂方志的宗旨：

周應合在《建康志》中表明了他修書的目的在探求南京「千七百年

〔註87〕見丁紹儀，《東瀛識略》，臺灣銀行經濟研究室，1957年，頁58～59。

〔註88〕同前註，頁59～60。

〔註89〕同前註，頁57。

〔註90〕筆者所檢閱的方志及采訪冊，共有四十六種，分別為《清一統志臺灣府》、《福建通志臺灣府》、《臺灣通志》；蔣毓英《臺灣府志》、高拱乾《臺灣府志》、周元文《重修臺灣府志》、劉良壁《重修福建通志臺灣府》、范咸《重修臺灣府志》、余文儀《續修臺灣府志》；屠繼善《恆春縣志》、陳文達《臺灣縣志》、王必昌《重修臺灣縣志》、謝金鑾《續修臺灣縣志》、陳文達《鳳山縣志》、王瑛曾《重修鳳山縣志》、周鍾瑄《諸羅縣志》、周璽《彰化縣志》、沈茂蔭《苗栗縣志》、陳淑均《噶瑪蘭廳志》、林豪《澎湖廳志》、陳培桂《淡水廳志》；倪贊元《雲林縣采訪冊》、諸家《臺灣采訪冊》、《嘉義管內采訪冊》、盧德嘉《鳳山縣采訪冊》、胡傳《臺東州采訪冊》、陳朝龍《新竹縣采訪冊》、蔡振豐《苑裏志》、諸家《樹杞林志》、林焜熿《金門志》、周凱《廈門志》、諸家《新竹縣志初稿》、《新竹縣制度考》、柯培元《噶瑪蘭志略》、《臺灣府輿圖纂要》、《臺灣地輿全圖》、陳衍《福建通志列傳選》、《泉州府志選錄》、《漳州府志選錄》；諸家《澎湖臺灣紀略》、胡建偉《澎湖紀略》、蔣鏞《澎湖續編》、《安平縣雜紀》、陳衍《臺灣通紀》、《清史稿臺灣資料集輯》。其中方志裡不包含本文主要處理的「物產」（土產）類的有：諸家《臺灣采訪冊》、盧德嘉《鳳山縣采訪冊》、陳朝龍《新竹縣采訪冊》、周凱《廈門志》、諸家《新竹縣志初稿》、《新竹縣制度考》、《臺灣府輿圖纂要》、《臺灣地輿全圖》、陳衍《福建通志列傳選》、《泉州府志選錄》、《漳州府志選錄》；蔣鏞《澎湖續編》、陳衍《臺灣通紀》、《清史稿臺灣資料集輯》。

> 王伯廢興之故」，也就是說他的修志是爲了**研究南京一地歷代政權興衰的原因了**。同時他又強調「忠臣義士之遺烈……衣冠禮樂之隆污」，更說明了他是**想以修志達到崇尚風俗，表彰人才等目的的**，方志應具有**「輔治」的作用從此被彰顯起來**。〔註91〕

> 宋代以後的方志既是經世之書，有著「輔治」的作用，因而歷代政府多倡議修纂，**地方官員也視爲任官期間的工作項目之一**，方志遂成爲普遍性的作品，並很快的由中原延伸到邊區……尤其臺灣一地，在有清一代，竟有府縣廳志約四十多種製作，而且內容不差，實在難能可貴。〔註92〕

而鄭吉雄在〈中國方志學的跨世紀展望〉一文提到方志的本質時，將之分爲三類，分別是「方志爲古國史、方志爲地理書、方志爲地方政書」，而清代主要將方志視爲「地方政書」，他說：

> 雍正六年（1728）11 月 28 日上諭，其中提到各地修志的問題，要求編纂方志必須要反映「名宦、鄉賢、孝子、節婦」的事蹟，**強調了風俗教化的功能**。我們讀到清代方志的〈敘〉、〈跋〉或〈凡例〉，官員每每提及他們蒞任後爲了解當地風土物產人情鄉曲，都須覓既有的方志閱讀，亦往往因舊志無法反映新的情況，而必集資編修新志，作爲其個人在任的政績。因此**對於地方官員而言，「一方之政書」才是方志的正確定義**。〔註93〕

從陳捷先和鄭吉雄對於清代方志的定義來看，依循這一傳統而來的臺灣方志，其修纂目的昭然可知，因此從蔣毓英開始所修纂的《臺灣府志》，顯然是爲了皇帝「詔天下各進其郡縣之志，以資修葺」所謂的「大一統志」而產生；而朝廷之所以修「大一統志」，最重要的原因來自於方志的「輔治」功能，這幾者是密切相關的。

在「輔治」的前提下，這些來臺官吏所編纂的方志，自然必須有所取捨，與統治無關，或距離較遠的文獻，很可能因此被忽略，對於一個懸於海外，初入版圖的疆土而言，如何使方志的內容能有助於「官方統治」，就是編纂者

〔註91〕參考陳捷先，《清代臺灣方志研究》，學生書局，1996 年 8 月，頁 8。

〔註92〕同前註，頁 11。

〔註93〕參考鄭吉雄，〈中國方志學的跨世紀展望〉，第二屆中華文明的二十一世紀新意義學術研討會，美國·史丹福大學：喜瑪拉雅研究發展基金會、史丹福大學亞洲語言文學系，2001 年 3 月，頁 2。

必須著力之處了。以本節所處理的《物產志》爲例，哪些物產是要收入方志之中的？哪些不要？收與不收的標準在哪裡？他們是站在什麼立場去選取物產的類型？都會影響收入物產的品類。鄭吉雄在〈中國方志學的跨世紀展望〉一文提到方志的體例時，曾提出明代的〈纂修志書凡例〉：

> 明永樂十六年（1418）朝廷頒〈纂修志書凡例〉，列 16 門，分別爲：建置沿革、分野、疆域、城池、山川、坊郭鎮市、土產、風俗、學校、軍衛、郡縣廨舍、寺觀、祠廟、橋梁、古跡、宦跡。此種體式即「門目體」，基本上是平行地區分類別，所有材料按門目名稱歸類。〔註 94〕

清代之後的方志體例較明代更爲繁複，門目愈來愈多，內容的分類也愈來愈細。可以知道「土產」（或物產）一類，由來已久，而且各地方志皆然。對於「方志如何反映地域人文風土的特殊性」上，鄭吉雄指出：

> 又或偏遠的地區，像四川的《劍州》、《犍爲》等志，地處荒僻，在修志的過程中，蒐尋文獻往往和考覈古蹟同時進行。這種特殊情況，與臺灣和中國東南沿海地區都不相同。〔註 95〕

因此，臺灣方志的體例與分類絕不會是「特例」，其取材標準也許會「因地制宜」，但絕不是因爲將臺灣視爲較低層次的文化區域，以與其他中國內地區隔的緣故。鄭吉雄同時也提出：

> 方志原本就是一方之書，其內容必然與該地區的風土習俗文化文明內容一致，因此各地區的方志必然會凸顯反映各地區之間的「差異性」，這一點是沒有問題的。然而從一個文化的觀點考慮，在地域的差異性之上，我們仍然必須承認有一個可以貫通其間的「普遍性」。〔註 96〕

遊宦文人來臺所編的方志，必然無法脫離清代這一時代思維脈絡，在相當程度上呈顯了臺灣方志在這一時代的「共通性」與「普遍性」；而物產本身的「珍奇性」，則反應出臺地不同於其他地區的「特殊處」，筆者以爲，這一部分最能代表臺灣文化中的「在地」特色。

〔註 94〕參考鄭吉雄，〈中國方志學的跨世紀展望〉，第二屆中華文明的二十一世紀新意義學術研討會，美國．史丹福大學：喜瑪拉雅研究發展基金會、史丹福大學亞洲語言文學系，2001 年 3 月，頁 2～3。

〔註 95〕同前註，頁 7～8。

〔註 96〕同前註，頁 7。

我們在本節所整理出的臺地物產，可以看出遊記作者及方志撰者的蒐羅角度與取決標準。遊記作者的記錄，由於是「個人」、「私人」的，限於對物種的認知不夠全面，因此記載上不如方志繁多。但是，這幾本遊記畢竟都是作者個人「實地」記錄，因此可視爲方志編纂前的「田野調查報告資料」，以補方志之不足。遊記與方志的作者，它們共同展現屬於多數島外人士的觀察視野。不管他們使用的是什麼樣的眼光？是「俯視」或「鄙視」？是「同情」或「否定」？我們都不可否認，因爲他們經過「比較」，因此在「認定」是否爲臺地植物特色上相形之下較爲客觀。

結合上述遊宦文人的「遊記」與方志中的記錄來看，屬於臺灣「本地」物產，二岸共通性較少〔註97〕，足以呈顯臺灣物產圖象的有：

檨（果）之屬：檨（番蒜）、波羅蜜（優缽曇）、鳳梨（黃來、黃梨）、椰子、檳榔、荖藤、桃、梅子、石榴、番石榴（梨仔茇）、柑仔蜜、番柿（毛柿）、柚、桄榔子、甘蔗、香員（香櫞）、菩提果（香果）、釋迦果（佛頭果、番梨）、番木瓜、西瓜、番柑、公孫橘、牙蕉（甘蕉）、軟霧（蒴霧、染霧）、西螺柑、佛手柑、葡萄、龍眼、菱

竹之屬：莿竹、長枝竹（黨腳綠）、鳳尾竹（觀音竹）、七絃竹、人面竹（佛眼竹）、筀竹

金絲竹（箭竹）、珠蘺竹、麻竹、空涵竹、椶竹、蘆竹、石竹

草之屬：七絃草、含羞草、風草（蘆竹草）、紅毛茶、蛇草、仙草、鼠麴、白麴草、乳草、仙人掌、藻、遍地錦、虎耳草、鳳尾草、齒草

花之屬：貝多羅花（番花）、番茉莉（三友花、葉上花、番梔子、抹麗花）、班支花（斑枝、木綿）、鷹爪蘭（油蘭花）、木蘭花（樹蘭、

〔註97〕以下幾類植物雖共同出現於臺灣方志，但由於是二岸共通，差異性不大，以致於反而無法凸顯臺地特色，故筆者僅列於註腳，以供參考。
稻之屬有：秔稻（細類不表）、秫（糯）、稻（細類不表）
麥之屬有：大麥、小麥、蕎麥、番麥
黍稷之屬：黍、蘆黍（高粱）、黃粟（稷）、芝麻（胡麻）、鴨蹄黍
菽之屬：黃豆、白豆、黑豆、米豆、綠豆、土豆（即落花生，北人名曰長生果）、刀豆、扁豆（肉豆、蛾眉豆）、菜豆（長豆）、加雪豆
蔬之屬：薑、蔥、韭、薤、蒜、薯、番薯、山藥（薯蕷）、芥菜、白菜、莧菜、隔藍菜
畜之屬：牛、狗、豬、羊、貓、雞、鵝、鴨

暹蘭）、水仙、美人蕉、番繡毬（紅繡毬）、番樹（刺豆、番豆）、曇花（優缽羅）、刺桐花、扶桑（拒霜、照殿、佛桑、朱槿、一丈紅）、七里香（瓊花、瑒花、山礬、春桂）、赬桐花（紅鸚哥、龍船花、虎子花、月桃花）、蓮蕉、金絲蝴蝶花（金莖花）、消息花（刺毬、番蘇木）、交枝蓮、午時梅（子午花）、雪鴛鴦（月下香、晚香玉）、鐵樹花、仙丹、迎年菊、獻歲菊（元宵菊）、番蝴蝶、指甲花、百葉黃梔花（玉樓春）、含笑花、白剪絨、雞爪蘭（賽蘭、珍珠蘭）、節節高、素馨花、迎春（玉蘭）、夾竹桃（俱那異、半年紅）、四英花、潑雪（噴雪）、仙丹、紫荊、芙蓉、佛桑、樹蘭、指甲、梅、水錦花（木槿）、唐棣（郁李）、長春、麗春、木麗、荷花、菊花、玉芙蓉、夜合、千日紅、金錢花（子午花）、鹿蔥（萱草）、雞冠、兔絲（凌霄、茑）、老來嬌、曇花、鳳仙花

第二節　本土文人植物的共相書寫

經過統計，遊宦文人對於臺地特有植物的書寫，主要偏重「七里香」、「佛桑花」、「刺桐花」、「赬桐花」、「波羅蜜」、「樣」、「檳榔」等植物，相形之下，本土文人又是站在什麼樣的角度觀看這些臺地植物？在遊宦文人遊記底下覺得「特殊」的植物，本土文人是否抱持相同感覺？本土文人的本地植物書寫，呈現出什麼樣的特色？能否展現屬於清代臺灣的「在地」特色與傳統？爲了能比較清楚呈現本土文人的「植物書寫」類型，筆者先以表格方式呈現如下，再與第一節的臺灣「本地」植物類型作一對照，其中屬於道咸同時期本土文人的植物書寫者有：

李逢時	陳維英	黃　敬	鄭用鑑	鄭用錫	林占梅	施瓊芳	陳肇興	李望洋	曹　敬
菊	菊	菊　花	菊	菊	菊	菊	菊	菊	菊
柳		柳	柳		柳	柳			
	蘭		蘭		素心蘭 木　蘭				
	梅	梅	梅	梅	梅				
	竹	竹	竹		竹		人面竹		
牡　丹						牡　丹		牡　丹	
武陵花	武　桃	武陵桃							

李逢時	陳維英	黃　敬	鄭用鑑	鄭用錫	林占梅	施瓊芳	陳肇興	李望洋	曹　敬
戲褒姒	粉褒姒	粉褒姒							
醉西施	醉西施	醉西施							
虎爪黃	虎爪黃	虎爪黃		虎爪黃					
	虞美人	醉虞妃							
	金丹鳳	金丹鳳							
	金孔雀	金孔雀							
	玉兔耳	玉兔耳		玉兔耳					
	紫狀元	紫狀元							紫狀元
	水　仙	水仙花	水　仙						
			雁來紅	老來嬌	老來嬌			老來花	
						佛手柑	佛手柑		
			櫻桃花	白桃花	白桃花				
			山　茶	山　茶					
	蓮	蓮							
松	松								
一丈紅					紅蜀葵	一丈紅			
粉蝴蝶									
火麒麟									
點絳唇									
三疊雪									
	白綉絨								
	美人蕉								
		報君知							
		出墻燕							
		迎涼草							
		桂　花							
						青門瓜			
						葵　花			
						蘿　蔔			

李逢時	陳維英	黃　敬	鄭用鑑	鄭用錫	林占梅	施瓊芳	陳肇興	李望洋	曹　敬
						消　梨			
						白　榆			
						地　瓜			
			玉簪花						
			百合花						
			紫籐花						
			茉　莉						
			海　棠						
			薔　薇						
			紫　微						
			紫　荊						
			春　草						
				書帶草					
				檳　榔			稻　花		
							釋　迦		
					杏　花				
					葡　萄				
					雞冠花				
					菘　韭				
					夜合花				

從上述表格來看：

1. 臺地植物：檳榔、美人蕉、夜合花（合歡、青裳）、水仙、桃花、地瓜、釋迦（果）（菩提果）、老來嬌（雁來紅）、竹、梅、菊、柳、蘭、刺桐、鳳梨、椰子、土豆（落花生）、蓮、西瓜、雞冠花、茉莉、紫荊、一丈紅（蜀葵）、繡毬、石榴、蕉、桂花、紫狀元。

   (1) 臺地有「蝴蝶花」，品種有「金絲蝴蝶」、「番蝴蝶」，但未有「粉蝴蝶」。

   (2) 臺地有「一丈紅」，又名「蜀葵」，屬「葵花」的一種！

   (3) 臺地除「茉莉」外，另有「番茉莉」，又名「三友花」。

(4) 臺地有「菊」，但品種不多，「醉西施」、「勝嬌蓮」、「金丹鳳」、「粉褒姒」、「紫狀元」、「玉兔耳」、「虞美人」、「粉蝴蝶」、「武陵桃」等品種，均未見臺地記載。

2. 只見於劉志、范志及余志：鳳仙花、佛手柑、紫薇、蘿蔔。
3. 只見於蔣志、高志、周志、劉志：海棠。
4. 只見於蔣志、高志、周志：薔薇。
5. 只見於唐贊袞：玉簪花。
6. 只見於朱景英：山茶花。
7. 未見於臺地：青門瓜、白榆、牡丹、松樹、紫藤花、百合花、櫻桃花、杏花、粉蝴蝶。

一、在地植物

本節所要處理的植物，放在幾個文人大力描寫的本土種類上，分別是「老來嬌」、「一丈紅」、「水仙」、「檳榔」、「佛手柑」、「竹」、「梅」、及「菊」、「柳」。

（一）不是名花作意紅，老來顏色傲春風——老來嬌

「老來嬌」，學名：Amaranthus gangeticus L.，英名是 Joseph's Coat。又名「老少年」、「雁來紅」。據《植物學大辭典》「雁來紅」條所載：「莧科。莧屬。栽培於庭園間。……可供觀賞之用。名見《本草綱目》。李時珍曰：『莖葉穗子，並與雞冠同，其葉九月鮮紅，望之如花，故名。』吳人呼爲『老少年』，一種六月葉紅者，名『十樣錦』，又據《花鏡》曰：『老少年其苗初出似莧，莖葉穗子，與雞冠無異，至深秋，本高六七尺，則腳葉深紫，而頂葉大紅，鮮麗可愛，愈久愈妍如花，秋色之最佳者』又有一種『少年老』，則頂黃紅而腳葉綠爲別，一種枝頭亂葉叢生，有紅紫黃綠相兼雜出者，名十樣錦。一種根下葉綠，頂上葉純黃者，名『雁來黃』。《救荒本草》又稱雁來紅爲『後庭花』，日本亦名『葉雞頭』」〔註 98〕可知「十樣錦」、「後庭花」、「葉雞頭」同樣也是老來嬌的別名。

《臺灣通志》《物產・草木》的「花之屬」提到：

> 老來嬌，一名秋紅，一名雁來紅，亦名老少年。幹紫，直上，高六、七尺，葉初生即紅，老而紅愈嬌；雖非花，而艷特甚（《諸羅縣

〔註 98〕見孔慶萊等編，《植物學大辭典》，新亞書店，1956 年 2 月，頁 1127～1128。

志》)。又一種名十樣錦(《淡水廳志》)。〔註99〕

《噶瑪蘭廳志》卷六《物產》「花之屬」的「附考」也云：

> 老來嬌，一名雁來紅；紅、紫、黃、綠相兼者，名錦西風，又名十樣錦，又名錦布衲。雖非花而豔特甚。〔註100〕

方志記載中，它的別名還有「秋紅」、「錦西風」、「錦布衲」。竹塹文人對於這一種植物頗有偏好，鄭用錫、鄭用鑑、林占梅及鄭少坡都有長篇歌詠的作品，其中尤以新竹鄭家爲代表。

鄭用錫，原名鄭蕃（1788.5.7～1858.2.7），諱用錫，字在中，號祉亭，原籍福建漳浦，明末時遷居金門浯江，乾隆三十九年（1774）其父崇和移居臺地後壟，嘉慶十一年（1806）又往徙竹塹，於是落籍於此。道光三年（1823）考取進士，成爲「開臺黃甲」，道光十四年（1834）入京任官，簽分兵部武選司行走，次年補授禮部鑄印局員外郎兼儀制司事務，同年與堂弟鄭用鑑合撰淡水廳方志；道光十七年（1837）春乞養歸里。在鄉期間，建學宮、修橋渡、賑飢寒、恤孤寡，樂善好施的行誼，加上科舉功名的榮耀，使其成爲地方重要仕紳。曾擔任明志書院山長至少八年以上（約1829～1834、1852～1857年間事），栽培後進，不遺餘力；道光二十二年（1842），英艦來犯，先生招募鄉勇禦亂；咸豐三年（1853），漳泉械鬥紛起，撰〈勸和論〉開導村民，又挺身勸解，所獲保全者不少，咸豐元年（1851）開始修築「北郭園」，文人薈萃，有利造就竹塹成爲「北臺文學之冠」的榮景〔註101〕。他的稿本有〈老來嬌七律一首併七絕四首〉〔註102〕，但因其自註提到「以上四絕係小孫少坡作」，所以還是應將七律與四首七絕分開看，鄭用錫寫道：

> 雁陣聲寒萬卉彫，孤紅獨逞十分嬌。濃粧那怕秋娘妒，艷質偏於老圃超。莫是雞皮能復少，直從鵑血染來饒。人情競羨春容好，一睹夭姿意自消。

〔註99〕見蔣師轍，《臺灣通志》，臺灣銀行經濟研究室，臺灣文獻叢刊第130種，光緒二十一年，頁110。

〔註100〕見薩廉，《噶瑪蘭廳志》，臺灣銀行經濟研究室，臺灣文獻叢刊第106種，道光十二年，頁278。

〔註101〕參考黃美娥，《清代臺灣竹塹地區傳統文學研究》，輔仁大學中文系博士論文，1998年。施懿琳等編，《全臺詩》第陸冊，臺南：國立臺灣文學館，2008年，頁1。

〔註102〕收於施懿琳等編，《全臺詩》第陸冊，臺南：國立臺灣文學館，2008年，頁90，註270。

鄭用錫的寫法不若前二人直接，「雁陣聲寒萬卉彫」、「孤紅獨逞十分嬌」點出「老來嬌」的另一種名稱「雁來紅」，而「孤紅獨逞十分嬌」、「艷質偏於老圃超」又同時呼應「老」來「嬌」，在描寫上極爲經濟。「孤紅」、「鵑血」用來點出其色澤，作者提到「濃粧那怕秋娘妒，艷質偏於老圃超」可以看出方志中提到的「雖非花而豔特甚」的特質，鄭景南(少坡)的寫法和乃祖不甚相同：

千紅萬紫鬥繁華，弱質朝榮枉自誇，幾個經霜秋不老，一枝一葉勝於花。

何須顧盼屬東君，一段風流老尚存。況復英華呈燦爛，春容秋質有誰分。

東塗西抹向青春，那得如渠老逼眞。自有英光饒物色，秋娘未許妒心瞋。

嬌姿獨挺九秋風，到老彌添鶴頂紅。晚節能教群目賞，品評端不讓韓公。〔註103〕

「千紅萬紫」、「到老彌添鶴頂紅」都點出色澤，但不同於鄭用錫的寫法；「幾個經霜秋不老」、「嬌姿獨搥九秋風」則點出其生長季節，這一點也未見於其祖；「何須顧盼屬東君」倒是和李雰「傲春風」有異曲同工之妙；當然，鄭少坡在此仍不能免俗的需要點題「秋不老」、「老逼眞」、「到老彌添」、「嬌姿獨搥」，而較鄭用錫更進一步的，則在於最後二句的歌頌「晚節能教群目賞，品評端不讓韓公」。

鄭用鑑也有〈雁來紅五首〉及〈十樣錦〉一首，寫的是相同植物。鄭用鑑（1789～1867），字明卿，號藻亭，又號人光，爲「開臺進士」鄭用錫的從弟。少時家貧，以舌耕爲業，二十二歲取進彰化縣學生員。道光五年（1825），中乙酉科拔貢，成爲北臺首位拔元，以教職選用，任明志書院講席。咸豐六年（1856），捐輸津米得敘內閣中書銜，因念雙親衰老、二弟早亡而不赴任，故有孝名於世。同治元年（1862），詔舉孝廉方正。一生致力文教，主講明志書院二十餘年，門下達人甚多，淡北陳維英即其弟子。嘗勸修文廟、明倫堂、文昌宮，又捐資義渡、義倉、義塚，頗好公益。生平篤學，學富五車，於經於史，多所鑽研，曾佐從兄鄭用錫編《淡水廳志略》，並撰有《易經圖解》、《易經易說》及《靜遠堂詩文集》等作，惜除詩文集外，其餘專著皆未

〔註103〕收於施懿琳等編，《全臺詩》第拾冊，臺南：國立臺灣文學館，2008年，頁85～86。

付梓。〔註 104〕

其〈雁來紅五首〉〔註 105〕寫道：

> 天淨秋高夜隕霜，西風料峭送新涼。閒庭種得幽花好，塞雁來時吐豔妝。
>
> 一叢錦繡古秋芳，可愛深紅間嫩黃。蕭瑟園林憑點綴，不教籬落太荒涼。
>
> 盈盈奕奕望澄鮮，**尚有佳名老少年**。乞得天孫好顏色，徐娘老去更嬋娟。
>
> 霜枝冷萼倚斜陽，花態嬌來老更狂。惆悵畫廊相澹對，數行雁影過方塘。
>
> 芳容逞出幾枝紅，牆角籬根媚晚風。消受階前人小立，更無詩思落江楓。

點出另一種名稱爲「老少年」，「塞雁來時吐豔妝」則顯然扣緊題目而來，他的〈十樣錦〉〔註 106〕云：

> 蜀錦裁來五采襦，繽紛朱碧曳仙裾。揮題欲擘蠻牋好，照影雲霞色色殊。

「一叢錦繡占秋芳，可愛深紅間嫩黃」、「芳容逞出幾枝紅」、「蜀錦裁來五采襦，繽紛朱碧曳仙裾」、「照影雲霞色色殊」等句，都是扣緊該種花的繁複花色而來，不同於鄭用錫祖孫「旁觀」式的寫法，鄭用鑑在書寫上更有「人」的「主觀」情感成份存在，不管是「蕭瑟園林憑點綴，不教籬落太荒涼」、「惆悵畫廊相澹對，數行雁影過方塘」或是「消受階前人小立，更無詩思落江楓」，都能看出身處於這種花的環境中，所給予人的那份蒼涼蕭瑟之感。這是「植物」對於「人」的影響，以及「人」在面對這項「植物」時的反應。至於將「老來嬌」擬人化的寫法，從林占梅的作品可以窺知一二，林占梅（1821～1868），幼名清江，字雪邨，號鶴山，又作鶴珊，又號巢松道人。清淡水廳竹塹（今新竹市）人。年十四，嘗隨岳父黃驤雲北上京師任職。性格急功好義，道光二十一年（1841），

〔註 104〕見黃美娥，《清代臺灣竹塹地區傳統文學研究》，輔仁大學中文系博士論文，1998 年，頁 131～132。施懿琳等編，《全臺詩》第陸冊，臺南：國立臺灣文學館，2008 年，頁 237。

〔註 105〕收於施懿琳等編，《全臺詩》第陸冊，臺南：國立臺灣文學館，2008 年，頁 273～274。

〔註 106〕同前註，頁 274。

因捐防雞籠英軍之犯，獲貢生加道銜；道光二十三年（1843）因捐防八里坌，獲知府即選；道光二十四年（1844），募勇扼守大甲溪，絕嘉、彰各邑漳泉，械鬥漫延，賞戴花翎；咸豐三年（1853）林恭事變，協辦全臺團練，捐津米三千石，准簡用浙江道；咸豐四年（1854），克復艇匪黃位之亂，加鹽運使銜；同治元年（1860），毀家紓難，平戴潮春之亂，克復大甲、彰化，加布政使銜。晚年因林、鄭二家訟事，鬱病而卒！占梅擅書畫、絲竹、騎射諸藝。道光二十九年（1949），構築潛園，雅集詩騷，文酒之盛，冠於北臺。著有《潛園唱和集》二卷、《潛園琴餘草》八卷，其中《潛園唱和集》已佚〔註107〕。

在他筆下的「老來嬌」是可以和「菊花」相提並論的，〈老來嬌〉〔註108〕云：

有菊東籬下，始遭凡菊驕。露芭時矗矗，綻蕊尚寥寥。他花開欲遍，
弱蒂尚搖搖。豈知此花好，植品特超超。不輕逞顏色，時至始苗條。
芳房高吐萼，錦瓣密垂髫。豔麗奪金粉，輕盈著絳綃。牡丹差比態，
粉本豈能描。如人未遇時，交謫競騰囂。及逢得志日，瓦礫亦瓊瑤。
梁灝一學究，買臣一山樵。晚成推大器，土壤忽雲霄。回頭奮跡地，
婦孺亦歌謠。人生猶如此，何況物之翹。春秋肯閱歷，雨露相滋澆。
自然會騰達，華貴在一朝。我欲錫佳名，奚以稱孤標。園丁草解事，
呼曰老來嬌。

李望洋（1829～1901）有一首〈寄老來花（丙戌四月八日）〉〔註109〕應該也是指「老來嬌」：「卿昔鏡中花，我今雲上鶴。雲鶴自清高，殘花人輕薄。寄語老來花，莫被風吹落」則大有與自身相比，冀望自己要清高不要輕薄之意。望洋字子觀，號靜齋，清噶瑪蘭廳頭圍堡（今宜蘭頭城鎮）人。幼從祖母鄭氏讀書，十六歲負笈堂叔家就傅讀書，先後師事朱品三與俞昭文，二十歲起設館訓蒙為生。咸豐四年（1854）中秀才，九年（1859）中舉人，與楊士芳、李鏡如、黃佩卿、陳搏九等呈請將噶瑪蘭廳與淡水廳分學，並與楊士芳倡修仰山書院及五夫子祠。同治十年（1871）以大挑一等籤分甘肅試用知縣（十

〔註107〕參考徐慧鈺，《林占梅先生年譜》，國立政治大學中國文學研究所碩士論文，1990年、《林占梅園林生活之研究》，國立政治大學中國文學研究所博士論文，2002年。施懿琳等編，《全臺詩》第柒冊，臺南：國立臺灣文學館，2008年，頁1～2。

〔註108〕收於施懿琳等編，《全臺詩》第柒冊，臺南：國立臺灣文學館，2008年，頁24～25。

〔註109〕同前註，頁172。

一年六月到任），歷任渭源、河州、狄道州，獲左宗棠賞識而不次拔擢，官至知州。光緒十年（1884）聞法軍佔領基隆，乞假歸蘭陽。遊宦十三年後報請開去河州知州實缺，在故鄉協助辦理善後勸捐、清賦與團練事宜，主講仰山書院。李氏素與鸞堂關係密切，據聞甘肅任內即有「飛鸞問政」之事，回宜蘭後不但倡建「新民堂」，且充當鸞生。日本治臺初期，李氏獲聘爲宜蘭支廳參事，授紳章，且爲宜蘭參加「揚文會」的代表〔註 110〕。

事實上，除了道咸時期竹塹文人之外，在他們之前，李雰是臺灣文人中最早開始歌詠「老來嬌」的，他寫道：「不是名花作意紅，老來顏色傲春風。幾回側倚欄杆立，錯認珊瑚出漢宮」〔註 111〕，詩句的一開始作者就承認這種花「不是名花」，顯示這是臺地常見的植物，並不稀有珍貴，「作意紅」點出花色，「老來」二字則直接呼應花名。末二句點出這種植物的外形特色，會讓人「錯認珊瑚出漢宮」。稍後的方文雄的〈老來嬌〉〔註 112〕則將其外形描寫得更加細緻，「吐艷群芳裏，奇姿異凡苗。朱顏臨紫氣，丹臉奪紅標。態似雞冠秀，體如馬荇妖。雖無香馥味，老大轉生嬌」。

爲什麼臺灣本土文人詩人對於「老來嬌」會這麼偏愛？它似花而非花，顏色鮮紅嬌豔，色彩繁複，前面提過，方志中對於這種植物的記載，都是用「雖非花而豔特甚」來形容，「老來嬌」在本土文人的詩文中，多半有「晚節能教群目賞」的象徵意味，此外，「豈知此花好，植品特超超。不輕逞顏色，時至始苗條」的謙遜藏拙，「晚成推大器，土壤忽雲霄」的「大器晚成」，都是它深爲本土文人接受的原因，因此，我們若把「老來嬌」視爲臺灣本土的詠物書寫傳統，其實並不爲過，這種書寫在相當程度上擺脫中國詠物傳統的類型，而形成具有臺灣「在地性」色彩的代表。

（二）綠葉扶疎襯曉霞，紅妝搖曳映輕紗——一丈紅

本土文人另一個亟力書寫的植物是一丈紅。《重修福建臺灣府志》說「一丈紅（一名蜀葵。叢高一丈，直起無枝；所謂『五尺欄杆遮不盡，尚留一半與人看』）」〔註 113〕可知一丈紅又名「蜀葵」，因爲葉跟佛桑花相似，而將佛桑

〔註 110〕收於施懿琳等編，《全臺詩》第玖冊，臺南：國立臺灣文學館，2008 年，頁 107～108。

〔註 111〕收於施懿琳等編，《全臺詩》第壹冊，遠流出版公司，2004 年，頁 414。

〔註 112〕收於施懿琳等編，《全臺詩》第參冊，遠流出版公司，2004 年，頁 99。

〔註 113〕收於劉良壁，《重修福建通志臺灣府》，臺灣銀行經濟研究室，臺灣文獻叢刊

花（照殿紅）與一丈紅相混，《臺海使槎錄》記載：「又有名一丈紅者，葉與佛桑相似，花單瓣，狀如秋葵；而殷紅綽約較佛桑更爲照眼。臺灣隨筆云：『照殿紅，樹甚高，花如巨觥，色紅無二』意即一丈紅耶？」〔註 114〕其實佛桑花（照殿紅）與一丈紅應是二種不同植物。《植物學大辭典》「一丈紅」條說「一丈紅，即蜀葵也。名見《草木記》」〔註 115〕「蜀葵」條說「Althaea rosea cav. 錦葵科。蜀葵屬，栽培於庭園中，宿根草本，莖高五六尺，葉互生，略似心臟形……花瓣呈紅紫白色等。……此植物供觀賞之用，根供藥用莖，皮可採纖維，名見《嘉祐本草》，又有『葥』、『戎葵』、『胡葵』、『吳葵』、『一丈紅』等名。日本名爲『立葵』，一名『花葵』」〔註 116〕施瓊芳（1815～1868）的〈齋中一丈紅葵花齊開和韻〉〔註 117〕三首絕句，是本土文人中最早寫一丈紅的：

> 一丈何如一捻紅，兔葵鹿韭競春風。檀心猶記西涯館，五尺闌邊託地同。
>
> 浙種移閩未褪紅，十分春色廿番風。孤根矗有干霄志，捧日心仍向日同。
>
> 尺量翠質剪裁紅，高髻亭亭立曉風。持較龍公盈丈竹，生綃端合寫文同。

「一捻紅」分別是牡丹及山茶的別名，「兔葵」當指「菟葵」，是毛茛科菟葵屬，多年生草本。三、四月開花，白色，五瓣；「鹿韭」是牡丹的別名。詩人多強調花色，「一捻紅」、「未褪紅」、「剪裁紅」，也點出它「高髻亭亭立曉風」的「直起無枝」特色，詩人在此有藉花託志的用意，「孤根矗有干霄志，捧日心仍向日同」，顯示自己的孤高勁直。瓊芳初名龍文，字見田，一字昭德，號珠垣。中進士後，改名瓊芳。清臺灣縣治（今臺南市）人。生性恬淡，好學不倦。道光十七年（1837）拔貢，連捷鄉試。隔年參加禮闈，落榜，遂佇留京城，閉門苦讀。與林晴皋、馮虛谷、蔡廷蘭等結爲至交，常相唱和。道光乙巳（1845）中恩科進士，銓選六部主事，久滯京城後，始補爲江蘇知縣。

第 74 種，乾隆七年，頁 116。

〔註 114〕收於黃叔璥，《臺海使槎錄》，臺灣銀行經濟研究室，1957 年，頁 55～56。

〔註 115〕見孔慶萊等編，《植物學大辭典》，新亞書店，1956 年 2 月，頁 1。

〔註 116〕同前註，頁 1232。

〔註 117〕收於施懿琳等編，《全臺詩》第伍冊，遠流出版公司，2004 年，頁 393。第一首「闌邊」，不知是否爲「欄邊」之意，其中第二首「干霄志」，書中原文作「千霄志」，「千」恐爲「干」之誤，故逕改之。

未就職，乞養回鄉，返臺擔任海東書院山長〔註118〕。

一丈紅是葵花的一種，林占梅則是稱它的別名，其〈詠紅蜀葵〉〔註119〕，作七絕二首，詩云：

> 綠葉扶疏襯曉霞，紅妝搖曳映輕紗。高牆九尺遮難住，留戀遊人是此花。
>
> 淺紅開遍又深紅，設色何如造化工。弱植〔註120〕何曾無勁節，風烘日炙尚凌空。

詩人在此提到「高牆九尺遮難住」，是說樹身盈丈，縱有九尺的高牆，亦難全遮，仍能夠讓牆外人欣賞其芳姿。詩人對花本身的描述還是落實在顏色上，「紅妝搖曳映輕紗」、「淺紅開遍又深紅」，主要在扣緊花名，和施瓊芳一樣，林占梅對它的贊譽，多少也有著以花自比的意味，「弱植何曾無勁節，風烘日炙尚凌空」，和松梅的傲立雪中相反，詩人對一丈紅的讚美是因爲能在烈日底下昂然生存，而氣候溫暖也正是臺地的特色，這些本土詩人們爲臺地植物找了新的象徵含意，也賦予它們在地的特色，李逢時〈與黃杏衫閒步偶見人家一丈紅盛開一蕊之中紅白參半留題絕句以贈之〉〔註121〕則是強調「一蕊之中紅白參半」之「異」，「胭脂和粉潑東風，淡抹濃妝任化工。七尺珊瑚三尺雪，剪刀裁就白兼紅」，和施瓊芳及林占梅側重的角度不太一樣。

（三）潔白雅宜高士品，嬌黃暈醉美人心——水仙

相對於「老來嬌」及「一丈紅」的鮮豔，臺灣文人對於「水仙」的偏愛，也同樣從歌詠作品的繁多瞥見端倪。

「水仙」雖爲臺地「常見」植物，但它並非「原產」於臺地，周鍾瑄《諸羅縣志》卷十〈物產志〉提到：

> 水仙：有單葉、百葉二種，《華夷考》:「金盞銀盤」是也。百葉者艷勝，單葉者香勝；**種皆自內地**。〔註122〕

〔註118〕參考施懿琳等編，《全臺詩》第伍冊，遠流出版公司，2004年，頁353，施懿琳撰「提要」部分。

〔註119〕收於施懿琳等編，《全臺詩》第柒冊，臺南：國立臺灣文學館，2008年，頁5。

〔註120〕按：「弱植」當作「弱質」。

〔註121〕收於施懿琳等編，《全臺詩》第玖冊，臺南：國立臺灣文學館，2008年，頁28。

〔註122〕收於周鍾瑄，《諸羅縣志》，臺灣銀行經濟研究室，臺灣文獻叢刊第141種，康熙五十五年，頁210。

范咸《重修臺灣府志》卷十八〈物產（二）〉「草木」也提到：

> 水仙花……**廣東市上標寫「臺灣水仙花頭」，其實非臺地產也，皆海舶自漳州及蘇州轉售者**；蘇州種不及漳州肥大。〔註 123〕

雖然如此，但由於「水仙」屬於臺地「常見」植物，方志及遊記作品也都有所記錄，因此筆者還是將其放在「本地植物」的範圍論述。

陳文煒《恆春縣志》卷九〈物產（鹽法）〉則針對「水仙」的名稱沿革與特性作進一步描述：

> 水仙：《長物志》云：「水仙，六朝人呼爲**雅蒜**」。《內觀日疏》云：「水仙名**女史花**，又名**桃女花**」。《草花譜》云：「水仙有二種，單瓣者，名**水仙**；千瓣者，名**玉玲瓏**。又以單瓣者名**金盞銀臺**；因花性好水，故名水仙」。〔註 124〕

王禮《臺灣縣志》則是引用古人對於「水仙」的記錄，作了進一步補充：

> 水仙花：如蒜頭而無瓣，葉亦相類，具有一種奇香。楊誠齋以重葉爲眞水仙，不如單葉者多風韻。單葉者名「金盞銀臺」，心深黃；重葉者花片捲縐，密蹙，下輕黃、上淡白。〔註 125〕

水仙，學名 Narcissus Tazetta L。《植物學大辭典》「水仙」條所載「石蒜科。水仙屬。生於暖地之海邊，多年生草本。高至一尺餘，葉狹長而扁平，有平行脈……白色帶黃，有香氣……此植物爲觀賞之用，其地下莖爲鱗莖，多粘液，有毒，用以治癰腫，甚有功效。又其粘液適於接合蠟質石印材等之缺損。名見《本草會編》。又有『金盞銀臺』、『雅蒜』、『天蔥』等名。《群芳譜》曰：『一種千葉花者，花片卷皺，下輕黃，上淡白，不作杯狀，世人重之，指爲「眞水仙」』一云，單瓣者名水仙，千瓣者名『玉玲瓏』，亦有紅花者，此花不可缺水，故名水仙。日本名爲『銀臺』」〔註 126〕與方志的記載相合。

黃敬將「水仙」解爲「水中仙」，〈水仙花〉〔註 127〕寫道：

> 昔年被貶出天臺，迴向群芳立水涯。總爲塵緣修未盡，何時修盡返

〔註 123〕收於范咸，《重修臺灣府志》，臺灣銀行經濟研究室，臺灣文獻叢刊第 105 種，乾隆十二年，頁 504。

〔註 124〕收於陳文煒，《恆春縣志》，臺灣銀行經濟研究室，臺灣文獻叢刊第 75 種，光緒二十年，頁 165。

〔註 125〕收於王禮，《臺灣縣志》，臺灣銀行經濟研究室，臺灣文獻叢刊第 103 種，康熙五十八年，頁 28。

〔註 126〕見孔慶萊等編，《植物學大辭典》，新亞書店，1956 年 2 月，頁 209～210。

〔註 127〕收於施懿琳等編，《全臺詩》第肆冊，遠流出版公司，2004 年，頁 127～128。

仙臺。

本是空中列眾仙，如何不上碧雲天。只因戀卻非干事，流落芳魂到水邊。

詩中只單純就「水」之「仙」、「天仙」化為「水仙」進行描繪。黃敬（？～1888），字景寅，淡水干頭莊人，干頭或作關渡，因此人稱關渡先生。道光二十八年（1848），安溪舉人盧春選來淡設教，乃師事之。咸豐四年（1854）取中歲貢生，後獲授福建福清縣學教諭，因母年邁未就，於是設帳關渡及門多秀士。尤擅易經，相關著述甚多，撰有《易經義類存編》、《易經總論》、《古今占法》等，惜今未見；門人楊克彰亦擅易學，因此得使淡北成為北臺易學中心之一，著有《觀潮齋詩集》〔註 128〕。

至於陳維英〈越日黃友人來訪余昨有贈梅之惠以水仙一本償之〉〔註 129〕則是第三種寫法，單純就花本身的特質歌詠，並將它與「梅」相比：

梅以為兄淡不華，自然物色合詩家。可堪相值相賞好，並是春風第一花。

陳維英（1811～1869），字碩芝，又字實之，號迂谷，清淡水廳大隆同庄人（今臺北市大同區）。少時受業於庠生黃德輝、舉人陳六山、拔貢鄭用鑑及其長兄陳維藻，為府學生員。道光二十五年（1845）任福建閩縣教諭；咸豐元年（1851），臺灣道徐宗幹舉為孝廉方正；咸豐九年（1859）鄉試中舉，授內閣中書。回籍後掌教於仰山、學海兩書院。同治元年（1862），戴萬生起事，因助餉捐得四品頭銜，並獲賞戴花翎。晚年建讀書之處於劍潭畔，名曰「太古巢」，著有《鄉黨質疑》、《偷閑錄》、《太古巢聯集》等〔註 130〕。

鄭用鑑的〈水仙花〉〔註 131〕一詩，在敘述上即同於陳維英，只單就花朵本身歌詠：

一枝冷豔瓦盆斜，淡泊生涯水作家。寂寞偏宜孤韻峭，風光荏苒鬥年華。

而他的另一首〈水仙〉〔註 132〕則有著陳維英的影子，「曉風迷洛浦」用了「洛

〔註 128〕收於施懿琳等編，《全臺詩》第肆冊，遠流出版公司，2004 年，頁 112。

〔註 129〕收於施懿琳等編，《全臺詩》第伍冊，遠流出版公司，2004 年，頁 187。

〔註 130〕同前註，頁 148。

〔註 131〕收於施懿琳等編，《全臺詩》第玖冊，臺南：國立臺灣文學館，2008 年，頁 275。

〔註 132〕同前註，頁 261。

神」典故，「江梅差可並」和「一枝冷豔瓦盆斜，淡泊生涯水作家」近似，都和陳維英「梅以爲兄淡不華」的描寫一樣。

葉聳殘冬翠，花舒早歲妍。曉風迷洛浦，夜月下瑤天。脈脈香微逗，輝輝態獨鮮。江梅差可並，群卉敢爭先。

鄭用鑑是本土文人中，少數有二首的〈水仙〉創作者，另一位對於「水仙」著墨最多的則是周青蓮，他有〈詠水仙花詩〉〔註 133〕的長篇之作，可謂是這一類作品的集大成者：

玉質黃冠鬥麗華，風塵寄跡便成家。曾隨俗女鳴晨珮，忽逐西施醉晚霞。君子有心仍樂水，仙人無事久懷沙。憐渠故作含羞態，七歷星霜始放花。

萬劫修成潔淨身，拚將枯槁委風塵。無生參透長生秘，得意分明失意人。玉珮要餘今日恨，霓裳舞罷舊時春。含情久不施脂粉，寄語楊妃莫效顰。

芳名依舊水中仙，昨是今非劇可憐。不向清流藏色相，甘從濁世結塵緣。玉骨冰姿無限媚，班香謝雪有餘妍。東鄰姊妹多含妒，鎖住春心過六年。

「玉質黃冠鬥麗華」點出花瓣花心的特質，與前人不同的是，周青蓮將花比人，用了許多古代美女的典故，達到了「人花雙寫」，以花之美襯人之美的效果。「曾隨俗女鳴晨珮，忽逐西施醉晚霞」、「無生參透長生秘」、「霓裳舞罷舊時春」、「含情久不施脂粉，寄語楊妃莫效顰」，分別用了西施與楊貴妃，而「班香謝雪有餘妍」中，「班香」原指「班固」，但從「玉骨冰姿無限媚」一句判斷，這裡可能用以指其妹「班昭」，而「謝雪」可能出自謝道韞「白雪紛紛何所似」之典，此外，周青蓮也相當歌頌「水仙」的德行，「萬劫修成潔淨身，拚將枯槁委風塵」、「不向清流藏色相，甘從濁世結塵緣」大有蓮花的「出淤泥而不染」的意味存在，本土詩人的詠水仙，有的將之比爲梅，有的比爲蓮，有的則比爲美人！對於水仙開花前的長時等待，詩人是予以贊揚的，此外，水仙的潔白象徵，出淤泥而不染的特質，以及像梅一般，能夠忍受霜寒的特質，都是文人給予關注稱揚的主因。

〔註 133〕收於施懿琳等編，《全臺詩》第拾冊，臺南：國立臺灣文學館，2008 年，頁 361～362。

（四）掌承仙子金莖豔，爪擘麻姑玉瓣甘——佛手柑

佛手柑的學名爲：Citrus medica, L. var. sarcodactylis Hort.《植物學大辭典》的「佛手柑」條提到：「芸香科，柑屬，栽於暖地。……果實至秋或熟。外皮鮮黃色，形如手指之集合，**香氣甚烈**，供觀賞用，嫩果或糖藏而食之……」〔註134〕即提到佛手柑「香氣甚烈」，《臺灣植物圖鑑》也說它「具香氣」，且別名有「佛手」、「佛手香柑」、「香柚」、「香圓」〔註135〕等，可知在其具有香味這一點上，和部分方志記載是相同的，李丕煜《鳳山縣志》卷七〈風土志〉說：「佛手柑（狀如佛手，其指有屈者、有伸者。色黃，中無肉。其味清香異常）」〔註136〕；劉良璧《重修福建通志臺灣府》卷六〈風俗〉與李丕煜相同。薩廉《噶瑪蘭廳志》卷六〈物產〉也說：「佛手柑：如人指，屈伸長短錯落如拳。**雖乾而味不敗**，蘭地五、六月初熟時售於江、浙，呼青果客。」〔註137〕與陳培桂《淡水廳志》相同。沈茂蔭《苗栗縣志》卷五〈物產考〉則說「佛手柑：有爪六、七如人指，屈伸長短，錯落不齊。未熟色青，熟則黃。**雖乾而味亦香**。」〔註138〕《諸羅縣志》「佛手柑，色同香橼……。**香特異常雖乾而經年不歇，奇產也**。」〔註139〕以上幾本方志都強調「佛手柑」的「香氣」。

但有部分方志卻指出臺地的「佛手柑」味道是「不甚香」，且形狀「大於內地」。范咸《重修臺灣府志》卷十八〈物產（二）〉、魯鼎梅《重修臺灣縣志》卷十二〈風土志〉及余文儀《續修臺灣府志》卷十七〈物產（一）〉都指出：

> 佛手柑（臺郡產者較大於內地，不甚香）。〔註140〕

〔註134〕見孔慶萊等編，《植物學大辭典》，新亞書店，1956年2月，頁429。

〔註135〕鄭武燦，《臺灣植物圖鑑》上冊，國立編譯館，2000年2月，頁857。

〔註136〕李丕煜，《鳳山縣志》，臺灣銀行經濟研究室，臺灣文獻叢刊第124種，康熙五十八年，頁99。

〔註137〕薩廉，《噶瑪蘭廳志》，臺灣銀行經濟研究室，臺灣文獻叢刊第106種，道光十二年，頁257。

〔註138〕沈茂蔭，《苗栗縣志》，臺灣銀行經濟研究室，臺灣文獻叢刊第種，光緒十九年，頁75。

〔註139〕見蔣師轍，《臺灣通志》，臺灣銀行經濟研究室，臺灣文獻叢刊第130種，光緒二十一年，頁79。

〔註140〕見范咸，《重修臺灣府志》，臺灣銀行經濟研究室，臺灣文獻叢刊第105種，乾隆十二年，頁 509、魯鼎梅，《重修臺灣縣志》，臺灣銀行經濟研究室，臺灣文獻叢刊第113種，乾隆十七年，頁419及余文儀，《續修臺灣府志》，臺

施瓊芳〈佛手柑〉〔註141〕七言排律寫道：

> 佳果爭誇楚郡柑，別標佛手在閩南。花應迦葉拈微笑，實比兜羅軟並探。萬户封侯辭綠圃，六根淨業話香龕。誰知九月風霜意，已證三生水鏡談。彈指林中偕竹茂，化身座上與蓮參。掌承仙子金莖豔，爪擘麻姑玉瓣甘。肯信包來同橘柚，鎮教現處憶優曇。相倖只有僧鞋菊，長荷靈峰慧雨涵。

整首詩幾乎扣緊「佛手」二字，使用許多佛教的典故，「別標佛手在閩南」、「花應迦葉拈微笑」、「六根淨業話香龕」、「彈指林中偕竹茂，化身座上與蓮參」、「鎮教現處憶優曇」、「相倖只有僧鞋菊，長荷靈峰慧雨涵」。而扣緊「柑」字的爲「佳果爭誇楚郡柑」、「掌承仙子金莖豔，爪擘麻姑玉瓣甘。肯信包來同橘柚」，只描述其外形、味道及產地，對於「香味」卻是隻字未提。陳肇興〈佛手柑〉〔註142〕的寫法與施瓊芳相近，但對於其香氣卻有敘述：

> 纍纍黃綯滿林霜，千手都如一手芳。貝葉拈來疑有指，天花散後總成香。分珍合倩麻姑爪，獻果宜供選佛場。輸與山僧作奴婢，朝朝合十禮空王。

從「天花散後總成香」大致可以判斷，臺地的「佛手柑」應有香氣，且如陳淑均《噶瑪蘭廳志》卷六〈物產〉、沈茂蔭《苗栗縣志》卷五〈物產考〉所說：「雖乾而味不敗」、「雖乾而味亦香」。

本土文人對於遊宦文人常常提及的臺地特色的植物，在本土文人作品中，卻少有描述：如檳榔、莿桐、波羅蜜、番檨等等。除了「檳榔」的描寫比較多外，本土文人對於莿桐、波羅蜜、番檨等植物幾乎是「視而不見」，我們無法找到相關敘述的作品。李友煌在〈失落的亞熱帶植物群落初探——清代鳳山縣二志一冊植物書寫爲例〉的論述提到：

> 印證在詩詞創作上，可以發現一種「臺灣詩園裡的中國植物」的怪異現象，不管是宦遊文士或是在地文人在進行詩詞歌賦的植物書寫時，都普遍有一種誤寫的現象，亦即，他們都或多或少的在臺灣文學的園地裡栽種中國植物，而這些植物是普遍存在於中國文學中

灣銀行經濟研究室，臺灣文獻叢刊第121種，乾隆三十九年，頁609。

〔註141〕收於施懿琳等編，《全臺詩》第伍冊，遠流出版公司，2004年，頁424。

〔註142〕收於施懿琳等編，《全臺詩》第玖冊，臺南：國立臺灣文學館，2008年，頁222～223。

的、頗具傳統及象徵意義的植物，例如梅、蘭、竹、菊、松、柏、楓、桃、李、杏等。〔註 143〕

則很有斟酌的空間，作者所舉出的「梅、蘭、竹、菊、松、柏、楓、桃、李、杏」等植物，是否只能是「普遍存在於中國文學中的、頗具傳統及象徵意義的植物」？答案當然是否定的，當我們檢視臺灣方志中的《物產志》記載，會發現上述的這些植物，其實也是臺地「常見」植物，因此當詩人在作品中大量出現這些植物時，我們可以把它當成是中國傳統詠物系統下的一個支脈，卻不適合以「臺灣詩園裡的中國植物」來涵括，因爲它們同樣也是「臺灣植物」。

（五）清奇已自超凡卉，何獨開時冠百花——梅

本土文人的詠花作品中，以詠梅數量最爲龐大。蔣毓英《臺灣府志》卷四云：

梅花開首百花，故名曰花魁。……諸羅縣淡水極多，當冬春之交，山谷盛開，沿途十餘里香氣不歇。〔註 144〕

顯然臺地本來就已經有梅花，周鍾瑄《諸羅縣志》卷十〈物產志〉進一步說明：

臺地暖，故不待春；冬初，已影斜香動矣。另有清而艷者曰綠萼梅、一蒂三花者曰品字梅，漳、泉乃有之。又茶梅，花如鵝眼錢，粉紅而黃心；雅素耐久。杭州有玉蝶梅，楝樹接成之。墨梅，梅之別種，曰臘梅，北路皆未之見。〔註 145〕

到了王禮《臺灣縣志》〈輿地志〉一，則進一步提出「有花白而蒂綠者曰『綠萼』，種之最貴者，皆臺之所無也」的品種：

又有一蒂三花爲「品字梅」、有花白而蒂綠者曰「綠萼」，種之最貴者，皆臺之所無也。〔註 146〕

〔註 143〕李友煌，〈失落的亞熱帶植物群落初探——清代鳳山縣二志一冊植物書寫爲例〉，《高市文獻》16 卷 3 期，2003 年 9 月，頁 9～10。

〔註 144〕見蔣毓英，《臺灣府志》，北京：中華書局，1984 年重印，康熙二十四年，頁 80。

〔註 145〕見周鍾瑄，《諸羅縣志》，臺灣銀行經濟研究室，臺灣文獻叢刊第 141 種，康熙五十五年，頁 208。

〔註 146〕見王禮，《臺灣縣志》，臺灣銀行經濟研究室，臺灣文獻叢刊第 103 種，康熙五十八年，頁 22。

李丕煜的《鳳山縣志》卷七〈風土志〉中的「物產」，還點出臺地梅花的特色：

> 梅花：開當首春，故爲花魁，色白者爲上，有單葉、百葉，而單葉者最佳。**本地所產，皆係白而單葉**，但不如內地之蕊大而清香耳。〔註 147〕

方志對於「梅花」的記錄，多半著重在「臺地暖，故不待春；冬初，已影斜香動矣」的「氣候」特色，由「花時」去區分臺地與大陸間的差異。

本土詩人們吟詠梅花，多著重在其「耐寒」上，黃敬〈咏小梅〉〔註 148〕云：「未入羅浮夢裡時，**歲寒心緒有誰知**」，黃文儀有詠梅詩作七絕二十首，五律一首，數量居本土文人之冠，其詠〈梅〉〔註 149〕詩說「雪花封處是瑤臺，冷對清樽雪夜開。酒醒夢回風細捲，瓊英飛落滿蒼苔」即是全由此立述，至於「玉骨冰魂雪後姿」、「笑傲冰霜寂歷開」、「寒風吹下月稜稜」、「雪中特爲開生面」、「嚴寒始放一枝花」、「冰肌耐卻寒威瘦」、「雪裏幽姿開半面」、「衝寒傲雪本來身」也都是從其綻放於冰雪之中進行描述的。此外，「因爲這種不畏寒冷，獨步早春的特性，故國人寓有『不畏強權』、『堅貞不屈』、『意志堅強』、『品格崇高』的象徵意義。梅、松、竹並稱『歲寒三友』，又與蘭、竹、菊共譽『花中四君子』，在詩畫二界，詩人詠梅者甚多，畫家畫梅者亦有之，是中國文人傳統風尚。」〔註 150〕這樣的風尚到了清代，仍爲文人所繼承，較爲可惜的是無法跳脫前人作法，另闢新意。

文人詠梅，若有顏色上的區分，一般都分成「白梅」與「紅梅」，其中「白色的江梅所以得人敬重，就因爲它在冬天裡和白雪相映照，給人高雅純潔的感覺。」〔註 151〕除此之外，「本地所產，皆係白而單葉」，表示臺地所產梅花，主要還是以「白梅」爲主。

我們一般對於梅花的印象，也都偏重在「白色」色澤上，竹塹地區的鄭氏兄弟以及林占梅，都有詠「白梅」之作，鄭用錫的〈白梅花〉〔註 152〕（龍

〔註 147〕見李丕煜，《鳳山縣志》，臺灣銀行經濟研究室，臺灣文獻叢刊第 124 種，康熙五十八年，頁 107。

〔註 148〕收於施懿琳等編，《全臺詩》第肆冊，遠流出版公司，2004 年，頁 127。

〔註 149〕收於施懿琳等編，《全臺詩》第伍冊，遠流出版公司，2004 年，頁 138～141。

〔註 150〕參考陳貞俐，《蘇軾詠花詩研究》，國立高雄師範大學國文學系碩士論文，2000 年 6 月，頁 63。

〔註 151〕參考蕭翠霞，《南宋四大家詠物詩研究》，文津出版社，1994 年 5 月，頁 83。

〔註 152〕收於施懿琳等編，《全臺詩》第陸冊，臺南：國立臺灣文學館，2008 年，頁

文版）寫到「盡洗鉛華空色相，獨留雪月見精神」、「白衣能釀萬家春」及鄭用鑑〈白梅花〉〔註 153〕中「雪明如月鶴如雪，一片寒光玉照中」、「花更幾生修到白」，都是扣住「白」而來，白色的高潔，正與詩人的「風格」互相映照，故云「詩人風格自清華」；林占梅的白梅則是以花擬人，〈詠白梅花〉〔註 154〕寫道：「羅浮仙子迥超塵，玉骨冰肌意態新。日暖枝頭凝蝶粉，風高樹底落魚鱗。三生淡泊逋仙宅，一種寒暄庾嶺春。莫道姿容多嫵媚，卿卿原是鐵心人。」可以想見化爲仙人的白梅，玉潔冰清，孤高自傲的特質，他的〈軒前白梅花二絕〉〔註 155〕則顯然是生活情趣的展現，在月下窗前久坐，觀看梅花枝枒橫入窗內，「時有幽香撲鼻清」，兼及視覺及嗅覺體驗，呈現出月下賞梅的那份悠然之情。

「白色的梅花，開放在冰天雪地裡，稱之爲『冷豔』也算恰如其分，頗具特色。」〔註 156〕相形之下，紅梅就顯得嬌豔了！前面提到，臺地所產梅花，仍以「白梅」爲主，所以「紅梅」顯然非臺地特有的花種。

鄭用錫的〈紅梅〉〔註 157〕有二首，一爲五律，一爲七律，都提到「施朱粧點額，索笑醉含腮」、「何來冷豔襯紅粧。凌寒偏染胭脂氣」、「莫嫌老境無顏色，鶴頂居弦第一芳」，非常清楚地點明花色，以及對它的喜愛「主人深愛護，爲占百花魁」，但用詞上太過平淺，相形之下，林占梅的〈重臺紅梅花〉〔註 158〕七律二首就具有極高的文學性：

> 絳雪丰姿紫玉胎，亭亭骨格號重臺。神清本自蓬來種，質艷應宜閬苑栽。錦焰燈前疏影淡，銷金帳底暗香來。吾家舊有孤山在，璀璨知伊幾度開。
>
> 憶昔移來不用錢，階前獨立倍怡然。凝脂顏色經寒出，酣酒風流索

83。

〔註 153〕收於施懿琳等編，《全臺詩》第陸冊，臺南：國立臺灣文學館，2008 年，頁 258。

〔註 154〕收於施懿琳等編，《全臺詩》第柒冊，臺南：國立臺灣文學館，2008 年，頁 73～74。

〔註 155〕同前註，頁 123。

〔註 156〕參考蕭翠霞，《南宋四大家詠物詩研究》，文津出版社，1994 年 5 月，頁 81。

〔註 157〕收於施懿琳等編，《全臺詩》第陸冊，臺南：國立臺灣文學館，2008 年，頁 44、94。

〔註 158〕收於施懿琳等編，《全臺詩》第柒冊，臺南：國立臺灣文學館，2008 年，頁 4～5。

笑憐。夢醒猶疑紅錦段，情豪欲詠紫霞篇。慚予枵腹無佳贈，辜負春光又一年。

先從花的外形敘述，「絳雪丰姿紫玉胎，亭亭骨格號重臺」，可知這種梅花是紅（絳）色花瓣、紫色花心、複瓣，給人的感覺是「質艷」；而「錦焰燈前疎影淡，銷金帳底暗香來」點出家境奢華，也大量運用了林逋的典故，除「暗香」、「疏影」的詠梅傳統，將梅花的幽香和其枝幹橫斜表達出來外，「吾家舊有孤山在」中，「孤山」是林逋隱居的地方，以「梅妻鶴子」聞名，而林占梅的產業中，也有一處「孤山」，是「位於竹塹西郊之青草湖，非林占梅所堆疊，而是林占梅先人所爲。其中種梅」〔註 159〕，林占梅在〈園中梅花盛開作詩賞之〉〔註 160〕的詩中註解也說「竹城西南隅，別闢一境，山環水繞，中有小邱名曰『孤山』。擬種百樹，構放鶴亭其間，堂曰梅鶴書屋，故云」。所以「吾家舊有孤山在」，當是實寫。第二首中「夢醒猶疑紅錦段，情豪欲詠紫霞篇」，前句化用溫庭筠〈偶題〉「欲將紅錦段，因夢寄江淹」，剛好跟全詩的華麗基調相合，而後句化自李白〈至陵陽山登天柱石酬韓侍御見招隱黃山〉中「朗詠紫霞篇，請開蕊珠宮」，也扣緊「情豪」二字。這一株梅花當爲人所贈，故云「憶昔移來不用錢」，詩末也提到「慚予枵腹無佳贈」，林占梅的寫法重在花形、典故，「璀璨知伊幾度開」、「辜負春光又一年」都點出作者對於「韶光易逝」、「光陰似箭」的無奈。這種心情，在〈庭前梅樹下有感〉〔註 161〕最爲明顯：

新歲如昨日，倏屆嘉平時。物外雙丸急，庭前百感滋。花甲已過半，嘆我尚無兒。不及寒梅樹，年年子滿枝。暗香疏影裡，觸目益添悲。心作太傅愁，情輸中郎慰。豈第徐鉉傷，兼爲朝雲慪。念及不孝三，百體俱刺蝟。親朋遠方來，未詢我先畏。每當歡樂場，紆鬱無興味。吁嗟轗軻身，空負憑凌氣。

他的〈詠淡紅梅〉〔註 162〕同樣也是不錯的作品：

〔註 159〕參考徐慧鈺，《林占梅園林生活之研究》，附錄肆〈潛園沿革表〉，政治大學中國文學系博士論文，2003 年 7 月，頁 320。

〔註 160〕收於施懿琳等編，《全臺詩》第捌冊，臺南：國立臺灣文學館，2008 年，頁 130。

〔註 161〕同前註，頁 321。

〔註 162〕收於施懿琳等編，《全臺詩》第柒冊，臺南：國立臺灣文學館，2008 年，頁 274。

點染寒葩作艷光，新芬幾次入虛堂。獨凌霜雪逾山杏，淡抹胭脂肖海棠。絕調已傳坡老韻，幽姿曾點壽陽妝。如斯標格能修到，鄧尉崖前土亦香。

除了詠白梅、紅梅之外，林占梅的詠梅之作，僅次於黃文儀，除了傾慕梅的高格外，和其姓名中有「梅」字亦不無關係。除卻前面提到的「孤山」外，林占梅的「潛園」中，有二處命名與「梅」有關，一是「梅花書屋」，是「夜宴、雅集之處」〔註 163〕，另一處勝景則是「梅鄔」，占梅對此作有〈梅鄔行樂吟〉〔註 164〕一詩，在「潛園」的居處中，的確是「清聞亭外水迴縈，繞屋梅花數十樹」，他的〈自江南購回各色佳本梅花繞閣分栽詩以誌喜〉〔註 165〕一詩，正好說明園中梅花繞屋的原因：

繞閣名葩擅眾馣，幽棲世守本心甘。晶瑩素蕊裁冰薄，璀璨朱顏被酒酣。問種一枝來海表，移根千里自江南。尤欣月夜桓彝笛，攜鶴庭前對弄三。

因爲「種非土產難求矣」（〈園中梅花盛開作詩賞之〉），所以只要購得佳種，就會遍植在園中，也因梅花隨處可見，所以林占梅的日常生活中，就有許多「賞梅」的活動及相關詩作，其中〈月夜賞梅〉二首，一首五古，一首七絕，〈賞梅〉一首，〈園中梅花盛開作詩賞之〉七律三首，以〈月夜賞梅〉〔註 166〕五古最佳：

竹閣生夜寒，紙窗漾清景。宵深明月來，送上梅花影。滅燭起開窗，放入蟾光冷。趺坐自鳴琴，雅趣靜中領。獨鶴步空庭，無塵即仙境。

「夜寒」、「清景」、「宵深」、「冷」等詞，都是用來鋪陳梅花生長的清冷環境，半夜步出室外賞月、賞梅，是一種「雅趣」，也是一種置身「仙境」的感受。事實上，林占梅的賞梅活動，除了看梅、順便看月外，還伴隨著樂音，使視、聽覺同時得到滿足。〈月夜賞梅〉說「趺坐自鳴琴，雅趣靜中領」、〈賞梅〉〔註 167〕說「尤喜橫琴明月下，清哦坐待鶴歸來」、〈園中梅花盛開作詩賞

〔註 163〕參考徐慧鈺，《林占梅園林生活之研究》，附錄肆〈潛園沿革表〉，政治大學中國文學系博士論文，2003 年 7 月，頁 322。

〔註 164〕收於施懿琳等編，《全臺詩》第捌冊，臺南：國立臺灣文學館，2008 年，頁 68。

〔註 165〕同前註，頁 67。

〔註 166〕收於施懿琳等編，《全臺詩》第柒冊，臺南：國立臺灣文學館，2008 年，頁 275。

〔註 167〕收於施懿琳等編，《全臺詩》第玖冊，臺南：國立臺灣文學館，2008 年，頁

之〉〔註168〕有「清賞微吟刻不離，廣平一賦古今知」、「自把絲桐三疊弄」、「橫琴對撫添香韻」，主要還是因爲林占梅通音律，在其他本土文人中，這項技能較爲少見，相形之下，就成爲林占梅的寫作特色了！

而本土文人詩作中，除了對於梅花的「色澤」多所描述之外，對於梅花的「香氣」，也是描繪的重點，其中以鄭用鑑在這一部分著墨最多。〈梅〉〔註169〕提到「夢醒聞幽香，一堂玉氣潔」、〈梅邊小飲〉〔註170〕寫「東風解識騷人意，時遣餘香落酒杯」，而〈蠟梅〉〔註171〕說「暗香隱隱上窗紗」，顯然都是承林逋「暗香」的傳統而來，鄭用鑑的詠梅之作中，以〈竹外梅花月明忘寐〉〔註172〕最佳：

> 不可一日居無竹，得知幾生修到梅。明月在天夜皎皎，東風吹夢小園來。
>
> 風微花氣靜而遠，月下橫斜竹影疏。坐對一宵清徹骨，勝于讀我十年書。

黃文儀〔註173〕亦不少對梅花香氣的描寫「香清韻細絕纖埃」、「板橋流水香初度」、「瘦到骨時香到骨」、「幽氣襲人香冉冉」、「清香氣味沁脾肝」、「嚼蕊含香樹樹芬」、「水流香動黃昏月」、「香處梅花破笑顏」。對黃文儀詠梅詩而言，詩人不是寫梅花的傲立雪中、堅忍不拔，就是寫它的香氣襲人、清幽淡雅，而其背景多是白雪皚皚、寂靜無聲的鄉間，不是「孤山千樹月明中」、「行過寂寞江村路」，就是「木落山枯霜雪清」，全詩基調除了孤寂還是孤寂，當詩人寫梅花「寂寞枝頭笑冷風」、「空山明月見精神」、「潔白最宜松竹伴，幽馨應不染風塵」時，也有託物自喻的含意，將自己與梅花合爲一體寫梅即是寫己，期望在「飽受風霜煉玉顏」後，能盼得「風霜歷盡始春來」。

陳維英同樣喜歡梅花，所以他的〈初三日過黃友人乞四枝梅得四句詩〉

68～69。

〔註168〕收於施懿琳等編，《全臺詩》第玖冊，臺南：國立臺灣文學館，2008年，頁130。

〔註169〕收於施懿琳等編，《全臺詩》第陸冊，臺南：國立臺灣文學館，2008年，頁283。

〔註170〕同前註，頁270。

〔註171〕同前註，頁275。

〔註172〕同前註，頁267～268。。

〔註173〕只知其爲鳳山邑附貢，但生平不詳。從其經歷過張丙事件來看，時間約在道光年間。見第七章第一節。

〔註 174〕就有「一見梅花便破顏，主人最愛情非慳」的句子，〈梅花〉〔註 175〕一詩寫道：

茅舍竹籬處士家，雲邊雪裡碧波涯。清奇已自超凡卉，何獨開時冠百花。

石欄杆外冷煙斜，漏洩春光數點花。夜夜墻頭閑待月，愛他瘦影上窗紗。

千山雪月一枝斜，東客人皈靜不譁。已到三更還索笑，夢中無夜不看花。

「石欄杆外冷煙斜」和「千山雪月一枝斜」都點出外在氣候的嚴寒，「清奇已自超凡卉」則呼應了「一枝斜」，也指出詩人孤高自託之意。

（六）有莿莫嫌難近狎，須知直節且虛心——竹

施懿琳提到：

林木之中，最常被文人們拿來當作詩歌吟詠對象的，以林投、刺竹、綠珊瑚爲主。因爲這類植物皆悉繁密多刺或有毒，環種郡城和房屋四周可代替城垣或圍牆，達到禦盜、衛宅的目的，乃臺地特有的現象。〔註 176〕

事實上，文人眞正在詩歌中以這幾種植物作爲歌詠主角的作品並不多，以「綠珊瑚」爲例，眞正以它爲描述主角的，只有遊宦文人張湄的〈綠珊瑚〉〔註 177〕：

一種可人籬落下，家家齊插綠珊瑚。想從海底搜羅日，長就苔痕潤不枯。

但是張湄並沒有敘述何以「家家齊插綠珊瑚」的理由，這一點可以從謝金鑾的〈臺灣竹枝詞（有引）〉〔註 178〕看出來：

妹家門倚綠珊瑚，毒汁沾人合爛膚。愁說郎來行徑熟，丫斜巻口月糢糊。

註解中提到「綠珊瑚有枝無葉，丫叉狀類珊瑚。其汁甚毒，沾人肌肉皆爛。

〔註 174〕收於施懿琳等編，《全臺詩》第伍冊，遠流出版公司，2004 年，頁 187。

〔註 175〕同前註，頁 189～190。

〔註 176〕參考施懿琳，《清代臺灣詩所反應的漢人社會》，國立臺灣師範大學國文研究所博士論文，1991 年 5 月，頁 311。

〔註 177〕收於施懿琳等編，《全臺詩》第貳冊，遠流出版公司，2004 年，頁 178。

〔註 178〕收於施懿琳等編，《全臺詩》第參冊，遠流出版公司，2004 年，頁 291。

臺人屋居前後遍植樹之以爲樊蔽」，顯示這種植物的「禦盜、衛宅」功能，孫霖〈赤嵌竹枝詞〉〔註179〕中「滿眼珊瑚資護衛，人家籬落暮煙橫」的註解也同樣提到：「臺郡以木柵爲城，環植刺竹，迄今四十年矣。遇颶風劇，多摧折。是在守土者敷陳妙策，以石易之。綠珊瑚，一名綠玉樹。槎枒交錯，青葱籬落間，洵異產也」雖然提到這種植物的「護衛」功能，但畢竟不如謝金鑾詳細，而六十七〈即事偶成二律〉〔註180〕寫道：「絕好甕飧紅腳早（稻名），天然籬落綠珊瑚」，則更加簡略了！

而清代作品中，對於「刺竹」（或「莿竹」）的描寫，少見於詩，多見於方志及遊記，高拱乾《臺灣府志》卷七《風土志》的「土產」寫道：

> 莿竹、長枝竹（一名鶯腳綠）、鳳尾竹（俗呼觀音竹）。〔註181〕

范咸《重修臺灣府志》卷十八記載較前二本詳盡，多了「附考」：

> 刺竹（高四、五丈，旁枝橫生，而多刺堅利，人不敢犯。茅屋取爲樑柱，器物資之；其用甚廣）。〔註182〕

附考部分引用幾本著作：

> 竹亦可爲器用；但質薄劣，蛀蟲易生，不能經久。遍處皆竹，數十竿爲一叢；遠望若柳，絕無蕭疎之致。（《赤嵌筆談》）
>
> 刺竹，番竹種也。大者數圍，葉繁幹密，有刺似鷹爪，殊堅利。惟臺有之；土人多環植屋外以禦盜。今城四周遍栽之。（《臺海采風圖》）
>
> 郡治綠竹最多，輒數十竿爲一叢；生筍不出叢外，每於叢中排比而出。枝大於竿，又節節生刺；人入竹下，往往牽髮毀肌，莫不委頓。（《稗海紀遊》）〔註183〕

可以看出，不管遊宦或本土詩人，在詩歌作品中關於「莿竹」的描述確實不多，而多見於遊宦文人的遊記與方志采輯之中，不同於遊宦文人針對「莿竹」及臺地特有植物的書寫，本土文人對於「竹」的描繪，有些仍不脫中國

〔註179〕收於施懿琳等編，《全臺詩》第貳冊，遠流出版公司，2004年，頁241。

〔註180〕收於施懿琳等編，《全臺詩》第參冊，遠流出版公司，2004年，頁139。

〔註181〕見高拱乾，《臺灣府志》，臺灣銀行經濟研究室，臺灣文獻叢刊第65種，康熙三十五年，頁202。

〔註182〕見范咸，《重修臺灣府志》，臺灣銀行經濟研究室，臺灣文獻叢刊第105種，乾隆十二年，頁519。

〔註183〕同前註，頁520。

文學傳統底下的書寫模式，以竹象徵「虛心」、「高節」，陳維英的〈竹得林字〉〔註184〕七絕三首即是如此：

此君骨格本森森，勁氣凌雲滿一林。**有萷莫嫌難近狎，須知直節且虛心。**

不怕青霜白雪侵，千竿挺翠自成林。傍人只愛堅多節，但見君身未見心。

紅塵難染俗難侵，未化成龍尚在林。莫把千竿容易看，**心虛便可作師箴。**

風搖鳳尾月當林，高拂蟾宮露氣深。縱使嫦娥眞有意，那知君子本無心。〔註185〕

筍似貓頭出地森，凌雲端要在虛心。春來若更逢時雨，縱是孫枝亦出林。〔註186〕

枕簟相隨好入林，因多俗病鑄黃金。眼前直節君休厭，待化飛龍便作霖。〔註187〕

而鄭用鑑的〈竹〉〔註188〕一詩，則幾乎扣緊與竹有關的典故：

零落金錯刀，參差鳳凰尾。日暮啼鷓鴣，孤舟泊湘水。

其中「金錯刀」指李後主作畫時，因常作顫筆彎曲之狀，遒勁如寒松霜竹而得名，「鳳凰尾」係指竹葉如鳳毛之參差有致，即「觀音竹」，「湘水」當與「湘妃竹」的典故有關，全詩呈現出寂寥落寞的情緒。

儘管如此，有更多本土文人的詠竹書寫，卻逸出這樣的範疇，轉而與「悠閒」的「田園」生活結合，展現出「恬淡」的一面，形成另一種書寫風格。鄭用鑑〈種竹〉〔註189〕云：

小園新種千竿竹，秋雨應添綠萬叢。昨夜山樓寒夢覺，依稀身在翠微中。

林占梅〈戲題東園亞竹〉〔註190〕云：

〔註184〕收於施懿琳等編，《全臺詩》第伍冊，遠流出版公司，2004年，頁190～191。

〔註185〕見陳維英曉綠抄本。

〔註186〕同前註。

〔註187〕同前註。

〔註188〕收於施懿琳等編，《全臺詩》第陸冊，臺南：國立臺灣文學館，2008年，頁265。

〔註189〕同前註，頁281。

〔註190〕收於施懿琳等編，《全臺詩》第柒冊，臺南：國立臺灣文學館，2008年，頁

寂寂柴扉閉一春，杏花無復出牆新。婆娑只有篩風竹，翻向西鄰看別人。

也是相同情緒，林占梅有二首詠竹的長詩，算是本土文人中，對於這些植物最用力書寫的一位，其中的〈新竹篇〉〔註 191〕陳述他在西城別業四周，栽種許多竹木，所以在炎夏中得以涼爽，但是距離家裡太遠，「晨夕勞還往」，所以要離開時，「中心復悒怏」。後來看到家中庭院還算開闊，就將別業的竹子移到家中，並且細心照顧，終於在一年之後的清明前夕，看到竹芽生長。林占梅對此極爲高興，竹子發芽之後，生長速度極快，從「今日才一枝」、「明朝復三兩」到「幾經旬」，才看到「森森映簾幌」，之後讓竹筍繼續生長，到「春風解籜時」，屋外已是「翠葉曳蒼莽」。林占梅對竹子環繞屋外顯然極爲喜愛，他會「設榻傍其旁，吟情憑俯仰」，也會「好鳥相和鳴，橫琴對欣賞」，甚至也會在夜晚窗邊，聽著竹葉上的露珠滴落的聲響，箇中隱含的閒淡之情，躍然紙上。

除了傳統的詠竹詩作外，陳肇興（1831～？）有一首〈人面竹〉〔註 192〕，這種竹子，不見於其他本土文人的描寫。肇興字伯康，號陶村。臺灣府彰化縣治（今彰化市）人。咸豐三年（1853）入庠邑，補廩膳生。從鹿港拔貢廖春波讀書於彰化白沙書院，和蔡德芳、曾惟精、廖景瀛合稱「白沙書院四傑」。咸豐九年（1859）中舉，曾建古香樓作爲書房及居處，以讀書歌詠自娛。同治元年（1862）戴潮春起事，陳肇興拒絕戴氏之拉攏，遂遁入武西堡（今集集）之牛牯嶺山中。是年七月謀刺戴氏不成，幾瀕於險境。閏八月避入集集山中，詳錄戴案經過，題爲《咄咄吟》，此實爲臺灣重要的歷史文獻。同治三年（1864）事平，陳肇興返回鄉里，設帳授學，及門有楊馨蘭、楊春華、許尚賢等。著有《陶村詩稿》六卷，併《咄咄吟》二卷合刊〔註 193〕。

〈人面竹〉詩云：

鹿〔註 194〕眼貓頭氣象獰，此君千載面如生。逢來俗士應遮避，看到

288。

〔註 191〕收於施懿琳等編，《全臺詩》第柒冊，臺南：國立臺灣文學館，2008 年，頁 36。

〔註 192〕收於施懿琳等編，《全臺詩》第玖冊，臺南：國立臺灣文學館，2008 年，頁 222。

〔註 193〕同前註，頁 197～198。

〔註 194〕按：原作「鹿眼」，此字當爲「麃眼」之誤。

貧家定笑迎。直節參天無愧色，虛心對月有餘清。春來苦被東皇識，卻恨桃花不世情。

說是「人面」，卻是「麁眼貓頭氣象獰」，三句之後開始扣住「竹」描寫，「直節參天無愧色，虛心對月有餘清」，則點出「人面竹」的本質，與其他竹類並無不同，事實上，「人面竹」是否為臺灣本地植物呢？從《臺灣通志》的整理來看：

人面竹，高四、五尺，《華彝考》：節密而凸，宛如人面，故名（《諸羅縣志》）。一名佛眼竹（《淡水廳志》。謹案：廣東《肇慶府志》：佛肚竹，出陽江封川，俗呼人面竹。節小而中大，堪作杖。是人面竹一名佛肚竹。其作佛眼者，亦以其形似得名也）。〔註 195〕

除了指出兩岸皆有此種竹類外，並沒明確指出其出處，或是從大陸傳到臺灣，朱仕玠《小琉球漫誌》寫「臺竹」時云：

他若桂竹、石竹、金絲竹、七絃竹、珠籬竹、人面竹、椶竹，其類不一。而內地竹類，則臺地多未有。〔註 196〕

此外，在〈瀛涯漁唱〉組詩中也提到「別饒節凸雪霜姿，戴譜分宗尚未知。移得一叢佛眼竹，朝來便置越州甆（佛眼竹，即人面竹。高四、五尺，節密而凸，宛如人面）。」〔註 197〕若依遊宦文人的記錄原則來判斷，則「人面竹」當為臺地特有植物，至少不是大陸常見植物，否則朱仕玠在書寫時，不會特書其名。如果這樣的推論屬實，則陳肇興這一首〈人面竹〉，將是本土文人將觸角伸及臺灣本土竹類書寫的少數作品。

（七）繫得離愁千萬縷，無情楊柳有情人——柳

臺灣文人對於這一項植物書寫的偏愛，反映出本土文人寫作的奇特面向，他們對於「柳」的喜愛，幾乎可以和梅蘭竹菊等植物相提並論，形成屬於自己的特殊書寫類別。其中又以施瓊芳最具代表，林占梅、鄭用錫次之。

方志中開始對於「柳」有較為詳細的介紹，時間較早，也最為詳盡的，

〔註 195〕見蔣師轍，《臺灣通志》，臺灣銀行經濟研究室，臺灣文獻叢刊第 130 種，光緒二十一年，頁 165。

〔註 196〕見朱仕玠，《小琉球漫誌》，臺灣文獻叢刊，臺灣銀行經濟研究室，1957 年，頁 60。

〔註 197〕收於施懿琳等編，《全臺詩》第貳冊，遠流出版公司，2004 年，頁 408。

莫過於周鍾瑄的《諸羅縣志》，在卷十〈物產志〉云：

> 漳、泉人多植水邊，名楊柳。柳與楊，實二種也。漢苑有人柳，一日三起三眠，別名檉柳。天將雨，檉先知之；霜雪不凋，又稱三春柳，以其一年三秀也，又稱觀音柳。此異種，人罕識之。臺又有御柳，榦赤，細條如綠絲，亦名垂絲柳，《寧化志》：「粵中有御柳，葉細如碎縷，簇生絲條，紛飛如綠雪；微風拂之，左右依靡」。當與臺為一種。不知「寒食東風御柳斜」，即此御柳否？〔註198〕

周璽《彰化縣志》卷十〈物產志〉及王禮《臺灣縣志》〈輿地志〉都是各截取周鍾瑄的部分說法而成，范咸《重修臺灣府志》卷十八〈物產（二）〉草木云：「柳（《諸羅志》稱：『臺有御柳，幹赤、細條、亦名垂絲』。郡中未見）」〔註199〕也是採周鍾瑄的說法。顯然，從周鍾瑄的記錄來看，臺地的「柳」應為常見植物，種類亦不少。而在遊宦文人采集之中，眞正屬於臺灣土產的，為「臺又有御柳，榦赤，細條如綠絲；亦名垂絲柳」。然而，在本土文人的書寫中，並沒有對於「垂絲柳」的書寫，反而接近中國文學傳統中，對於「柳」的描述。

柳在中國文學傳統中，通常代表幾個象徵意義：一、柳與「留」相近，有「留戀」之意；二、柳多種於簷前屋後，故有「故鄉」的象徵；三、柳絮的飄忽不定，常用來作為遣愁的憑藉；四、古人有「折柳送別」的習俗，經常用以暗喻離別。

施瓊芳本身的詠柳作品居本土文人之冠，其中以〈楊柳歌〉、〈柳枝詞〉為代表，〈楊柳歌〉〔註200〕寫道：

> 灞橋雪消春水碧，關山一曲吹羌笛。夢中喚覺梨花雲，柳眼青青向綺陌。陌上折枝人贈行，風絮嬝娜征衣輕。為送馬蹄千萬里，先留鸝語兩三聲。此時翠樓春正暖，西望封侯道路遠。眉痕淺淡柳痕長，訴與東風渾不管。鵝黃金縷饒丰神，張緒當年誰寫眞。隋隄漢苑空陳跡，爭似章臺走馬人。

作者用了許多跟「柳」有關的典故，首句「灞橋雪消春水碧」即是「灞陵折

〔註198〕見周鍾瑄，《諸羅縣志》，臺灣銀行經濟研究室，臺灣文獻叢刊第141種，康熙五十五年，頁219。

〔註199〕見范咸，《重修臺灣府志》，臺灣銀行經濟研究室，臺灣文獻叢刊第105種，乾隆十二年，頁516。

〔註200〕收於施懿琳等編，《全臺詩》第伍冊，遠流出版公司，2004年，頁419～420。

柳」，用以指送客作別。「關山一曲吹羌笛」化自王之渙〈出塞〉「羌笛何須怨楊柳」。

〈柳枝詞〉〔註 201〕爲八首七言絕句：

> 小桃花發燕呢喃，綠意紅情鬥正酣。**最愛漢宮人柳樹，三眠三起似春蠶**。
>
> 旗亭風裊碧絲新，一曲驪歌酒幾巡。繫得離愁千萬縷，無情楊柳有情人。
>
> 赤闌橋畔樹高低，眼嫩腰纖綠未齊。安得秦淮金縷曲，**春風吹度玉關西**。
>
> 垂垂灞岸碧鬖鬖，烟雨迷離黛色酣。一自河梁人去後，斜陽芳草望江南。
>
> 碧縷輕盈翠帶長，謝庭飛絮昔吟香。東皇借與宮袍色，便入靈和鬥眾芳。
>
> 漁家帆影酒家旗，露色烟光點染奇。他日移根來太液，休將細靨妒蛾眉。
>
> **絕唱當年記渭城，至今樂府少依聲。只留客舍青青柳，仍向離筵管送迎**。
>
> 陌上春回黍谷溫，玉娥金繭淺深痕。六橋烟雨鶯啼歇，怕向秋風話白門。
>
> 長條窣地踠蒼苔，眉嫵休嫌小弱材。**爲憶當年陶令宅，曾隨三徑菊松栽**。

第一首所寫「最愛漢宮人柳樹，三眠三起似春蠶」，顯然就是周鍾瑄所記「漢苑有人柳，一日三起三眠，別名檉柳，天將雨，檉先知之」的「檉柳」，除此之外，施瓊芳的〈苑柳〉〔註 202〕一詩，也是對這一種柳樹的書寫「三眠人柳映仙桃，上苑春風託地高。不管人間離別事，生來只識狀元袍。」可以看出，施瓊芳對於這一品種的鍾愛。

這一首作品，作者化用了許多前人對於楊柳書寫的詩句，第三首「春風吹度玉關西」化自王之渙〈出塞〉「春風不度玉門關」；第七首「絕唱當年記渭城，至今樂府少依聲。只留客舍青青柳，仍向離筵管送迎」化自王維〈渭

〔註 201〕收於施懿琳等編，《全臺詩》第伍冊，遠流出版公司，2004 年，頁 424～425。
〔註 202〕收於施懿琳等編，《全臺詩》第伍冊，遠流出版公司，2004 年，頁 386。

城曲〉「渭城朝雨浥輕塵，客舍青青柳色新。」；第八首「爲憶當年陶令宅，曾隨三徑菊松栽」則顯然與陶淵明「五柳」典故有關。

相較於前二首對於「楊柳」的歌詠，施瓊芳的〈亭柳〉〔註203〕一作，就含有「折柳送別」的含意：「底事江亭祖道塵，強攀弱縷訴傷春。章臺自抱風流恨，那把離情管別人。」詩中「章臺自抱風流恨」取自「章臺柳」典故，除了扣緊「柳」字外，也指章臺的柳樹，用以比喻唐代居住在長安章臺的妓女柳氏，所以會有「風流恨」。「那把離情管別人」點出「折柳送別」之意，他的另一首〈亭柳〉〔註204〕提到「無那柔條攀折，離亭別酒初酣」也是取「送別」之意。至於〈楊柳〉〔註205〕一詩中「青眼依依繫客情，河橋二月雪初晴。看來未似江南好，只宿寒鴉不宿鶯」則含有對故鄉的思念之情。〈亭柳〉詩中的「東君爲試風剪，裁出絲絲蔚藍」手法，恰如〈見楊柳漫筆〉〔註206〕第二首「辛夷乍坼蕙初芽，紅錦窗紗柳未遮。試得剪刀風幾日，綠陰深處已藏鴉」，用「風剪」描繪出柳葉的瘦削，「朝旭遲遲散紫烟，玉簫吹暖早鶯天。無情楊柳閑榮謝，春去春來又一年」則藉由楊柳的「榮謝」，點出時間的推移。

除施瓊芳外，林占梅也是本土文人中，詠柳作品極多的一位作家。春天的柳樹爲林占梅時常吟詠的對象。〈詠春柳〉〔註207〕七律三首云：

> 萬縷千絲亞復飄，陽和二月甫垂髫。酒家翠颭因風約，客舍青看浥雨嬌。嫋嫋歌聲仙掌路，孅孅舞態灞陵橋。柔情最是纏綿甚，無怪荊王愛細腰。
>
> 風流當日舊知名，細葉如眉畫不成。走馬章臺傳府尹，繞門栗里號先生。常臨池水情尤淡，得傍桃花色倍明。會到春深金縷變，交交隄畔聽機聲。
>
> 明宜斜照淡宜煙，綽約臨風自灑然。青鎖晝融籠百囀，白門春暖過三眠。蔥蘢陌上人馳馬，羃䍥溪頭客繫船。若問卿卿何姓氏，華簪幾葉出屯田。

〔註203〕收於施懿琳等編，《全臺詩》第伍冊，遠流出版公司，2004年，頁387。

〔註204〕同前註，頁409。

〔註205〕同前註，頁415。

〔註206〕同前註，頁356。

〔註207〕收於施懿琳等編，《全臺詩》第捌冊，臺南：國立臺灣文學館，2008年，頁3～4。

他的用典和施瓊芳很類似，同樣都提到自王維〈渭城曲〉「渭城朝雨浥輕塵，客舍青青柳色新。」（「客舍青看浥雨嬌」）、「灞陵折柳」（「孅孅舞態壩陵橋」）、「章臺柳」（「走馬章臺傳府尹」）、陶淵明「五柳先生」（「繞門栗里號先生」）等相關典故，是非常典型的「歌詠」之作，這些典故也常見於他的其他詠柳作品，如〈春柳〉〔註 208〕的「瀟灑陶潛有舊盧」；〈齋前柳樹礙簷而長其彎俯處如駝戲嘲一絕〉〔註 209〕中「卻背陶潛自折腰」等，都與淵明有關；而〈詠新柳〉〔註 210〕的「青青垂客舍」與前面的「客舍青看浥雨嬌」相同。用典上不免偏於一執。

而〈春隄柳〉與〈西園秋柳〉的書寫方式相近；〈春隄柳〉「開透嫣然綠漸肥，連隄芳草長菲菲。纖腰弱柳眠初起，爲倩東風著舞衣」；〈西園秋柳〉「蝴蝶西園對對飛，輕羅小扇久停揮。纖腰弱柳渾疎懶，故倩西風脫舞衣」二首詩在句法、用典、用詞上，相似度極高。

這樣的書寫方式多少反應出林占梅寫作的限制，他的詠柳作品雖多，但只偏重在植物的「歌詠」上，除極力描寫其「柔弱」的姿態，大量引用相關的典故外，少見自己內心眞正的感受，使得詩作內容缺乏深刻的內涵，是極爲可惜之處。

這樣的用典方式在鄭用錫作品中，也是如此，不同的是，鄭用錫較林占梅多了「託物諷詠」的意涵，〈小齋柳樹數株未及三四年遂爾日新月盛暢茂已極喜而生感末章藉以自諷〉〔註 211〕：

> 種樹惟欣種柳便，小園今日競爭鮮。無心倒插還拖地，轉眼□榮已蔽天。已是栽培成處篤，非關雨露得來偏。可知遲□□□□，□竟生姿□自然。
>
> □□□□□風輕，添得園林景色清。地僻人稀誰繫馬，齋□□□□□鶯。隨花掩映饒佳勝，與竹高低互送迎。若□□□□□□，**也應五柳號先生。**
>
> □□□□□□□，□□□□□已□。鋪白氈如迎貴客，□□□□□

〔註 208〕收於施懿琳等編，《全臺詩》第柒冊，臺南：國立臺灣文學館，2008 年，頁 34。

〔註 209〕同前註，頁 45。

〔註 210〕同前註，頁 276。

〔註 211〕收於施懿琳等編，《全臺詩》第陸冊，臺南：國立臺灣文學館，2008 年，頁 107～108。題爲〈詠柳〉。

□□。□□□□彈衣汁。空傍孤園掃路塵。生性□□□□□，□□□占渡江春。

翻來□□□□□，□□□□□經秋。三眠似覺慵開眼，千僂□□□滿頭。久避征途防贈□，早沾泥絮絕風流。關心最是攀枝處，感物傷情涕未收。

楊浚後來將之改爲〈詠柳〉〔註212〕，即龍文版所見：

長條細拂午風輕，添得園林景色清。滿地夕陽誰繫馬，一庭細雨每藏鶯。隨花掩映饒佳勝，與竹高低互送迎。若便柴門招隱去，也應五柳號先生。

春明門外逐車輪，一色青青跡已陳。鋪白氈如迎貴客，舒青眼總屬才人。曾依九陌彈衣汁，猶拂千絲埽路塵。生性纏綿情最軟，故應獨占渡江春。

從稿本題目「藉以自諷」，可以知道作者寫作的用意，但由於缺字太多，以致於無法明確看出那些句子是「諷詠」，勉強可以判斷的在第三首「□□□□彈衣汁。空傍孤園掃路塵」及第四首「關心最是攀枝處，感物傷情涕未收」；楊浚的改法，則將題目上「藉以自諷」的意味拿掉，變成單純的「歌詠」，四首七律也濃縮成二首，句子雖然更爲清麗可讀，但鄭用錫原始要表達的意思卻已經不見，是非常可惜的！但也不可否認，楊浚的改法的確較富文學性，稿本〈齋前楊柳一株被颶風掃捲幾至傾倒因以長繩繫之亦將伯之一助也〉〔註213〕的二首七絕，在楊浚筆下變成一首，頗有去蕪存菁之效，題目也較原作精簡〈齋柳爲颶風所催以繩繫之〉〔註214〕，而稿本詩中「且把長繩條細綰，莫教人誤護花鈴」，則約略可以看出鄭用錫對於「柳」樹的愛惜之情；除了鄭用錫以外，鄭用鑑及黃敬都只有一首詠柳之作，但鄭用鑑在用典上幾乎不脫前人，〈柳〉〔註215〕寫道：

青青客舍最愁人，漏洩春光陌上塵。生就柔情工婉轉，章臺約略舊腰身。

〔註212〕收於施懿琳等編，《全臺詩》第陸冊，臺南：國立臺灣文學館，2008年，頁107。

〔註213〕同前註，頁122，註411。

〔註214〕同前註，頁122。

〔註215〕同前註，頁276。

而黃敬的〈春柳〉〔註216〕七絕二首較富新意：

> 綠堤弱柳綠當春，翠色依依恍入神。昔日陽關歌疊曲，一枝攀折贈行人。
>
> 萬縷千條春又春，煙光滿眼欲傳神。倘教染得青青汁，自是藍袍第一人。

本土文人詠柳之作中，以李逢時〈嘲柳〉〔註217〕較爲深刻：

> 婀娜園中柳，攲斜牆外枝。腰柔何善折，骨媚亦多姿。過雨微沾潤，因風任轉移。檜根原不曲，惟有蟄龍知。

其中「因風任轉移」不免嘲其有「意志不堅」，無法自持的寓意。

整體而言，正如寫菊必寫陶、寫武陵桃會牽扯到陶淵明一樣，因爲一篇〈五柳先生傳〉，使得陶淵明與柳樹自此結下不解之緣，所以寫柳樹時，同樣會寫到陶淵明，這似乎已經成爲一種「不得不然」的趨勢了。

二、外來植物

我們在第一節花了許多篇幅整理臺地「特有」植物的類型，主要是因爲必須依此作爲一個評判的「依據」，當我們去區分「外地」、「本地」時，這會是一個較爲客觀的判斷標準！承接上一節的問題意識，本節中想要嘗試解決在地文人在執政者的「教化」下，或許「形成對帝國締造的單一價值觀的迷思」，然而，在這樣的脈絡底下，本土文人難道眞的「完全」沒有自覺？他們的書寫難道無法自闢蹊徑，形成具有臺灣本土色彩的風格嗎？

從上述表格中可以看出，當我們逐一檢視清代本土文人的作品，大致可以看出他們對於植物書寫的面向，有幾個關注的焦點：

這些本土詩人都不約而同將焦點集中在幾種植物的描述，除了中國詠物詩中常見的「竹」、「梅」、「菊」、「柳」之外，有些植物甚至不見於臺灣方志中，如青門瓜、白榆、牡丹、松樹、紫藤花、百合花、櫻桃花、杏花等，描寫這些植物類型的，以鄭用鑑和施瓊芳爲代表；有些則顯然並非臺地隨處可見的菊花品種，如「武陵桃」、「粉蝴蝶」、「醉西施」、「虎爪黃」、「勝嬌蓮」、「金丹鳳」、「粉褒姒」、「紫狀元」、「玉兔耳」、「虞美人」等，而創作這些詠

〔註216〕收於施懿琳等編，《全臺詩》第肆冊，遠流出版公司，2004年，頁121。

〔註217〕收於施懿琳等編，《全臺詩》第玖冊，臺南：國立臺灣文學館，2008年，頁50。

花詩的黃敬及陳維英，都屬於淡水廳的文人。

究竟當時北臺地區有著什麼樣的活動？何以這些不常見於臺地的菊花品種，會不約而同的出現在陳維英、黃敬與李逢時的作品中，而且比例不可謂不重？當時的臺灣文人爲什麼不把描寫重心放在故鄉的種種植物，而要將眼光注視在非臺地的植物上？關於這一點，我們將在下一節進行分析。

（一）牡丹

有「鼠姑、鹿韮、百兩金、花玉等名」〔註218〕，它是「中國原產。落葉灌木……供觀賞之用，其根供藥用，花瓣供食用……」〔註219〕可見除觀賞用途外，其實用價值亦高。因五彩繽紛，雍容華貴，被譽爲國色天香，是花中之王。

朱景英在《海東札記》一書中即明白指出「若牡丹、芍藥，乃絕無者」〔註220〕，也可見牡丹並非臺地特有植物，但臺南的施瓊芳以及東部的李逢時，卻都在其作品中有詠牡丹的詩作，李逢時有〈白牡丹〉及〈粉牡丹〉各一首，〈白牡丹〉〔註221〕云：

> 脱盡鉛華玉骨留，寒香冷豔自風流。衹緣富貴心能淡，不王芳春王素秋。

〈粉牡丹〉〔註222〕：

> 曾經傅粉效何郎，又向東籬學淡妝。到底天香與國色，洛陽彭澤兩花王。

二首都只是針對牡丹花色作描寫，「脱盡鉛華玉骨留」寫「白」、「又向東籬學淡妝」則寫「粉」，末二句都提到牡丹爲花中之王的稱譽，但僅止於此，並未作更深一層的敘述。李逢時（1829～1876），字泰階，臺灣宜蘭人。生平事蹟不詳，僅知爲咸豐十一年（1861）辛酉科拔貢，同治元年（1862）應臺灣道兼學政孔昭慈之聘爲幕賓。同治四年（1865）李逢時因三姓械鬥事件受牽累，避亂大湖莊，詩集目前僅見《李拔元遺稿》抄本傳世，後王國璠總輯、高志彬主編，龍文出版社出版名爲《泰階詩稿》〔註223〕。

〔註218〕孔慶萊等編，《植物學大辭典》，新亞書店，1956年2月，頁461。

〔註219〕同前註。

〔註220〕見朱景英，《海東札記》，臺灣銀行經濟研究室，1958年，頁32。

〔註221〕收於施懿琳等編，《全臺詩》第玖冊，臺南：國立臺灣文學館，2008年，頁89。

〔註222〕同前註。

〔註223〕同前註，頁25～26。

相形之下，施瓊芳的〈牡丹〉〔註224〕就比較深刻，文字用典上也比較典雅：

道是高陽舊子孫，甄霞育日孕天根。永嘉始著名人口，洛邑羞承女主恩。四季無如三月好，百花共戴一王尊。濂溪只爲推蓮甚，降格仙葩富貴論。

其中「永嘉始著名人口，洛邑羞承女主恩」是和牡丹有關的地名與史事。永嘉與洛陽均爲盛產牡丹之地。永嘉山水佳麗，六朝聞名，向爲世家大族擇地安居之處。素有「國色天香」之稱的牡丹在永嘉有著悠久的栽培歷史，永嘉太守謝靈運曾有「永嘉竹間水際多牡丹」之言，歷代文人念念不忘。但自從洛陽、曹州牡丹後來居上，永嘉牡丹便漸漸湮沒無聞，因此，楠溪曾是牡丹之鄉的歷史也就鮮爲人知。而洛陽是古代的帝王之都，因此在文化及古蹟的保存上，遠勝過其他地方，其中以牡丹、水席、龍門石窟並列爲洛陽三絕。相傳武則天當政時，曾下令擊鼓催花，果然在一夕間百花齊放，其中獨有牡丹不聽號令，武則天一怒之下，把牡丹貶到洛陽，豈料牡丹到了洛陽栽種後，花開的更爲茂盛，其中尤以紅牡丹艷冠群芳，文人、仕女不僅愛它姿容美麗，更視爲榮華富貴的象徵。第五句提到牡丹的開花季節在「三月」；第六句則是點出其「花中之王」的美稱，末二句「濂溪只爲推蓮甚，降格仙葩富貴論」主要從周敦頤〈愛蓮說〉發出慨嘆「自李唐來，世人盛愛牡丹，予獨愛蓮之出淤泥而不染」因濂溪推崇蓮花，使得牡丹「降格」，多少有替牡丹不平的意味存在，這種寫法較李逢時更爲深入。

（二）臺地罕見菊種與菊花書寫

陳維英曉綠抄本最後有一「菊花詩」〔註225〕的標目，在此標目底下依序有紫狀元、粉褒姒、醉西施、虞美人、金丹鳳、金孔雀、虎爪黃、玉兔耳、白綉絨、武陵桃、粉紅蓮、白荷蓮等植物名，顯然這些植物應當都屬於「菊花」的一種。

臺地本土文人對於東晉陶淵明有著極大的偏愛，陶淵明愛菊，臺灣本土文人也愛菊，除了種菊，還進一步寫菊，使得詠菊的詩作數量遠遠超乎其他

〔註224〕收於施懿琳等編，《全臺詩》第伍冊，遠流出版公司，2004年，頁363。

〔註225〕分館所藏的曉綠抄本中，標有「菊花詩」的這幾首，除了可見於第三冊冊末之外，另外還有三張以四百字稿紙書寫的，也是抄錄這幾首詩作，但筆跡不同，比較潦草，紫狀元前也未標「菊花詩」，筆者推斷這應該是二位不同抄錄者所抄錄。

植物。其中紫狀元、粉褒姒、醉西施、虞美人、金丹鳳、金孔雀、虎爪黃、玉兔耳、白綉綠、武陵桃、粉紅蓮、白荷蓮顯然並非臺地品種，故未見於方志與遊記的蒐羅之中。

菊花，爲菊科，菊屬，秋末開花。變種甚多，多爲觀賞之用。據《植物學大辭典》「菊」條所載「其變種中之一種，生黃色之花者，稱爲『甘菊』，甘菊之花供食用，又菊之變種中，有其葉亦供食用者，名見《本草經》，吳瑞曰：『花大而香者爲「甘菊」，花小而黃者爲「黃菊」，花小而氣惡者爲「野菊」。』」〔註226〕

陳貞俐在《蘇軾詠花詩研究》中則提到菊花所代表的幾種象徵意涵：

> 它是「花之隱逸者」（周敦頤〈愛蓮說〉），與梅、蘭、竹合稱「四君子」，又與蘭、菖蒲、水仙合稱「花中四雅」。菊花於秋天裡，迎霜不懼，傲然獨放之精神，故國人寓有「高潔」、「凜然」、「堅貞」、「隱逸」、「幽獨」、「清奇」、「剛毅」等意。〔註227〕

至於本土文人所詠的菊花類型，有許多是非臺地所有的，這裡依序探討如下：

1. 玉兔耳

臺地文人的植物書寫，仍然無法跳脫詠物傳統的書寫模式，因此在詠植物上，絕大多數會扣合植物的名稱，再從名稱去勾連相關典故，以「玉兔耳」這一植物的描寫爲例，黃敬的〈玉兔耳〉〔註228〕一詩寫道：

> 想是嫦娥昨夜來，妄將兔耳落天臺。梁園脫跡星精化，老圃棲身玉貌開。露結一株憑顧守，霜凝三窟任徘徊。疏籬倘與蟾宮近，異日也從白帝回。

詩中的「嫦娥」（奔月）、「梁園」（又稱「兔園」）、「三窟」（狡兔三窟）、「蟾宮」（月宮）等等，都是和「兔」或「玉兔」有關的典故，至於「兔耳」更是直接呼應題目，鄭用錫稿本中的〈玉兔耳〉〔註229〕除了也提到「梁園」，同時又提及「搗藥應資益壽功」，也就是「玉兔搗藥」：

〔註226〕孔慶萊等編，《植物學大辭典》，新亞書店，1956年2月，頁1055。

〔註227〕參考陳貞俐，《蘇軾詠花詩研究》，國立高雄師範大學國文學系碩士論文，2000年6月，頁100。

〔註228〕收於施懿琳等編，《全臺詩》第肆冊，遠流出版公司，2004年，頁125。

〔註229〕收於施懿琳等編，《全臺詩》第陸冊，臺南：國立臺灣文學館，2008年，頁89。

亭亭玉質傲霜叢，出穎幽姿便不同。夜月侵時疑孕月，秋風拂處欲追風。添毫合借騷吟筆，搗藥應資益壽功。莫誤梁園尋舊種，陶家故是主人翁。

此外，陳維英的〈玉兔耳〉〔註 230〕寫法接近黃敬，用典上「昨夜嫦娥降小亭」、「含霜老圃香初孕」、「成三窟」也都與黃敬雷同，也同樣以「玉兔」點題：

昨夜嫦娥降小亭，隨來玉兔對疏櫺。含霜老圃香初孕，望月寒階影乍形。騷客長從株下守，秋聲偏向雪中聽。別開三徑成二窟，日日壺邊醉不醒。

但是陳維英除了詠花，也兼含抒情，末二句「別開三徑成三窟，日日壺邊醉不醒」或多或少有歸隱山林的意味存在。

2. 金孔雀

陳維英「金孔雀」云：

渲染疏籬數點金，名成孔雀九秋深。魏王園近披箋賦，處士屏開載酒尋。低舞風前應笑蝶，高鳴鈴外欲驚禽。一枝聊借霜偏飽，惹得騷人對鳥吟。〔註 231〕

而黃敬則提到：

芳名漫托孔家禽，寄跡疏籬弄晚陰。三品搖來珠翠影，一枝露出羽毛金。翻風欲舞猶非舞，叫月無音若有音。也是畫屏逢白帝，故將佳色結同心。〔註 232〕

陳維英的「名成孔雀九秋深」直接指出植物名稱及點題，相形之下，黃敬就比較隱晦，「三品搖來珠翠影，一枝露出羽毛金」只點出「家禽」的形貌，未明言是何種禽類。大體來說，黃敬與陳維英的寫法極接近，從句型來看，「渲染疏籬數點金」和「寄跡疏籬弄晚陰」相近；「高鳴鈴外欲驚禽」和「芳名漫托孔家禽」接近。「金孔雀」是「菊花」的一種，但從詩句內容來看，除出提到「疏籬」用詞外，實在不容易從文句中看出它與菊花的關聯。

3. 虞美人

學名：Papaver rhoeas L.為罌粟科，《臺灣植物圖鑑》記載：「別稱：舞草、麗春花……草本，高可達 80 公分，被短粗毛，莖纖細，直立，有分枝。單葉，

〔註 230〕收於施懿琳等編，《全臺詩》第伍冊，遠流出版公司，2004 年，頁 204。
〔註 231〕同前註，頁 203。
〔註 232〕收於施懿琳等編，《全臺詩》第肆冊，遠流出版公司，2004 年，頁 125。

互生……花徑約 5 公分，亮紅色、紫色或白色，基部具 1 斑點、花萼 2 片，外被粗毛，綠色，邊緣白色，橢圓形。花瓣 4 片……原產歐洲、北非及亞州西部，本省栽植。」〔註 233〕

但本土文人所詠的「虞美人」，似乎又與傳統稱爲「麗春花」的虞美人不同。這種花的名稱與項羽虞姬於烏江訣別自刎的典故有關，因此文人進行歌詠時，多半扣合這一典故而來，黃敬的〈醉虞妃〉〔註 234〕寫道：

> 前身原是一虞妃，此日翻來曲徑依。醉態疑嘗元亮酒，芳魂夢入楚宮幃。含霜欲洗烏江恨，抱節應從垓下歸。借問霸王當日事，酣情不語對柴扉。

其中「前身原是一虞妃」、「芳魂夢入楚宮幃」、「含霜欲洗烏江恨，抱節應從垓下歸，借問霸王當日事」諸句，都是扣合項羽虞姬的典故，也呼應花名；陳維英的〈虞美人〉〔註 235〕中「自從垓下別良人」、「寄語項王休眷戀」也是同樣寫法：

> 自從垓下別良人，遁跡東籬幻態新。濕遍淚痕寒雨夜，褪殘粉膩冷霜晨。冰心未泯三般恨，玉質全無半點塵。寄語項王休眷戀，空留節操寄花神。

至於黃敬以「醉態疑嘗元亮酒」點出這種花的「色澤」，也呼應了題目的「醉」字；陳維英的詩作中對於「以花比女性」的用法，較黃敬深刻，尤其是「濕遍淚痕寒雨夜，褪殘粉膩冷霜晨。冰心未泯三般恨，玉質全無半點塵」，點出女性幽微的心緒，較「芳魂」、「抱節」等詞更爲動人。不過二位作者都點出這一種花的生長季節爲「含霜」、「冷霜晨」的秋季，並將這一花種與陶淵明拉上關連，所以他們所描寫的虞美人似乎是菊花的一種，與傳統的虞美人應當不同類，而陳維英曉綠抄本將之置於「菊花詩」標目底下，他自己的詩句也說「遁跡東籬幼態新」，這些都點明這個花種與菊花的密切關係。

4. 武陵桃

最先開始「武陵桃」書寫的本土文人是章甫，他的〈武陵桃用崔護題昔所見韻〉〔註 236〕提到「桃花渡水出山中，笑面奇開異樣紅。寰宇久非秦世界，

〔註 233〕見鄭武燦，《臺灣植物圖鑑》下冊，國立編譯館，2000 年 2 月，頁 1047。
〔註 234〕收於施懿琳等編，《全臺詩》第肆冊，遠流出版公司，2004 年，頁 125。
〔註 235〕收於施懿琳等編，《全臺詩》第伍冊，遠流出版公司，2004 年，頁 203。
〔註 236〕收於施懿琳等編，《全臺詩》第參冊，遠流出版公司，2004 年，頁 396。

仙葩何處不春風」一方面點出了花的色澤，而第三句的「寰宇久非秦世界」當指〈桃花源記〉中，武陵人爲避秦亂而避世的典故。後人的寫法大抵不脫這樣的範圍，於李逢時的〈武陵花〉〔註 237〕：「不是靈源二月春，眼前風景接芳鄰。花飛若遣隨流水，又誤漁郎來問津。」陳維英的作品，因爲《臺北文物》版本原稿模糊的緣故，僅能明顯辨識出〈武□桃〉〔註 238〕，而曉綠抄本則直接註明是〈武陵桃〉〔註 239〕：

> 傲盡寒霜品節高，繽紛好似武陵桃。浪翻酈水紅千頃，路隔仙源綠一篙。陶令歸來知未晚，劉郎去後漫相遭。家風隱逸南山近，且學餐英讀楚騷。

同樣是利用植物名與文學作品間的關連，用「路隔桃源綠一篙」、「陶令歸來知未晚，劉郎去後漫相遭」把二者聯結起來。相形之下，本土文人中以黃敬的〈武陵桃〉〔註 240〕最佳：

> 想是淵明洞裡逃，柴桑種出武陵桃。三秋夜作三春浪，九月翻成二月濤。逕曲依稀紅雨下，籬東恍惚紫霞高。漁郎遙望眼花亂，誤認桃源泛小艘。

> 劉郎一去不相遭，叢菊開來幾樹桃。把卻武陵和露種，留餘蓮社吐秋高。疏籬風度翻紅浪，曲徑雨經漾翠濤。欲向問津何處是，惟看元亮酌香醪。

第一首首句「想是淵明洞裡逃」與二首末句「惟看元亮酌香醪」都開宗明義點出「武陵桃」與「陶淵明」的關係，二句的「柴桑」是淵明的居住地，「籬東恍惚紫霞高」、「叢菊開來幾樹桃」、「疏籬」等句，都轉化自淵明的〈飲酒〉等詩句，而「種出武陵桃」除了呼應植物名之外，也和其〈桃花源記〉有著密不可分的關連，並和下面諸句緊密勾連「逕曲依稀紅雨下」、「漁郎遙望眼花亂，誤認桃源泛小艘」、「劉郎一去不相遭」、「風度翻紅浪」、「欲向問津何處是」。將這一植物與陶淵明，和〈桃花源記〉的關係融和爲一體。

這一花種的書寫方式和金孔雀一樣，若單從詩句內容來看，同樣也實在

〔註 237〕收於施懿琳等編，《全臺詩》第玖冊，臺南：國立臺灣文學館，2008 年，頁 87。
〔註 238〕收於施懿琳等編，《全臺詩》第伍冊，遠流出版公司，2004 年，頁 204。
〔註 239〕見陳維英曉綠抄本。
〔註 240〕收於施懿琳等編，《全臺詩》第肆冊，遠流出版公司，2004 年，頁 125。

不容易從文句中看出它與菊花的關聯。

5. 虎爪黃

黃敬的〈虎爪黃〉〔註241〕寫道：

東籬不是近高岡，忽吐園英類獸王。挺出鋸牙欹曲徑，獻來鉤爪耐寒霜。蕊開若嘯金風起，萼破將吞玉兔光。自是園林驚落葉，花鈴弗用護柴桑。

望見幽花色色黃，誰將虎爪掛柴桑。枝搖認作山君動，節晚看來武力揚。跡托東籬驚百獸，牙銜老圃訝群羊。倘能一笑秋風起，肯與龍孫戰幾場。

除了「蕊開若嘯金風起」、「望見幽花色色黃」點出菊花的色澤，呼應題目的「黃」之外，「類獸王」、「挺出鋸牙欹曲徑，獻來鉤爪耐寒霜」、「自是園林驚落葉」、「虎爪」、「枝搖認作山君動，節晚看來武力揚」、「驚百獸」、「牙銜老圃訝群羊」等，在詩句上仍緊扣住「虎」「爪」的特質，而將花與「龍孫」也就是良馬相比，也營造出這一種花的強勁氣勢。也因為「虎爪黃」是菊花的一種，所以詩人在作品中會把植物和陶淵明聯結「東籬不是近高岡」、「花鈴弗用護柴桑」、「誰將虎爪掛柴桑」、「跡托東籬驚百獸」重複提到「東籬」和「柴桑」，都是和淵明有關的典故。這樣的寫法也見於鄭用錫的〈虎爪黃〉〔註242〕：

稟來金氣異尋常，吐爪般般色自黃。抓破疎籬穿素魄，伸將勁節傲寒霜。雄威不假幽情淡，搊陣能催醉月長。好向南山同把臂，悠然何必問柴桑。

陳維英亦然：

黃華採罷見南嵎，虎爪形成也自娛。籬畔憑誰編鹿眼，花邊未敢近蜂鬚。蘚皮錯落斑成點，石骨崢嶸勢欲摹。松作龍鱗應共鬥，惹人驚色酒頻沽。〔註243〕

至於李逢時則是比較單純，從植物的名稱歌詠：

一嘯園林葉落涼，猛聽風響走繁霜。奇花自足威香國，盤踞疏籬露

〔註241〕收於施懿琳等編，《全臺詩》第肆冊，遠流出版公司，2004年，頁123～124。

〔註242〕收於施懿琳等編，《全臺詩》第陸冊，臺南：國立臺灣文學館，2008年，頁89。

〔註243〕收於施懿琳等編，《全臺詩》第伍冊，遠流出版公司，2004年，頁203。

爪黃。〔註244〕

6. 醉西施

在臺地不常見，但同屬菊花的另一種品種是「醉西施」，有許多本土詩人都曾予以歌詠，詩句內容通常扣緊和「西施」有關的史實，但最早開始書寫的卻是章甫〈醉西施（菊名）〉〔註245〕一詩：「浣紗一別入吳宮，白玉床前醉舞中。莫道情緣猶未了，香魂今已嫁秋風」，也是因爲章甫的註解，所以我們才能確知這是屬於菊花的一種。黃敬的〈醉西施〉〔註246〕寫道：

> 范蠡未曾到竹籬，秋深忽見吐西施。芳魂不見姑蘇去，醉態偏從蓮社欹。何用顰眉呈國色，卻將獻盞表天姿。欲知無限沉酣處，只在嬌羞不語時。

李逢時從「苧羅村裏證前身」，都提到「西施浣紗」這一著名的典故。恰好補黃敬之不足，〈醉西施〉〔註247〕云：

> 一種秋心善效顰，苧羅村裏證前身。而今醉舞嬌無力，想是吳宮正飲醇。

陳維英的〈醉西施〉〔註248〕除了扣緊西施史實敘述，還是提到了它和陶淵明的關係：

> 柴桑錯認浣紗溪，盡日凝粧玉檻西。香臉欲酣彭澤酒，芳魂驚破苧蘿雞。飲殘曉露嬌無力，舞向秋風影不齊。應伴海棠花睡去，姑蘇臺上任烏啼。

7. 粉褒姒

從花的名稱「褒姒」聯想到周朝史實，並以人花雙寫的筆觸，既點出人如花美，也點出花如人嬌，這種寫法多見於本土文人。黃敬寫道：

> 想是虞妃逕曲遊，竊分玉貌吐高秋。含霜宛似流涎沫，欲笑何須裂綵紬。白帝纔回頻獻媚，姮娥到處帶嬌羞。晚風莫遣隨風去，怕有幽王來暗偷。

〔註244〕收於施懿琳等編，《全臺詩》第玖冊，臺南：國立臺灣文學館，2008年，頁88。

〔註245〕收於施懿琳等編，《全臺詩》第參冊，遠流出版公司，2004年，頁385。

〔註246〕收於施懿琳等編，《全臺詩》第肆冊，遠流出版公司，2004年，頁126。

〔註247〕收於施懿琳等編，《全臺詩》第玖冊，臺南：國立臺灣文學館，2008年，頁88。

〔註248〕收於施懿琳等編，《全臺詩》第伍冊，遠流出版公司，2004年，頁202～203。

> 昔日褒妃體態柔，芳魂化作一枝秋。傍籬恍似龍涎吐，繞徑還疑黿跡投。青女裂繒邀寵媚，素娥抱鏡映嬌羞。此中那有烽煙起，粉面如何笑不休。〔註249〕

詩中提到跟褒姒有關的二個典故，一是「含霜宛似流涎沫，欲笑何須裂綵紬」、「青女裂繒邀寵媚」，寫周幽王裂帛只爲佳人一笑，另外則是「此中那有烽煙起，粉面如何笑不休」，寫幽王爲博佳人一笑，以烽火愚弄諸侯，導致國家滅亡一事。同樣的典故也見於陳維英詩句「何必幽王烽火起，自開笑口樂超超」：

> 九嬪應再頌今朝，御愛承來分外嬌。粉抹霜華芳臉笑，鏡窺月影暗魂銷。生姿欲奪騷人眼，鬥艷初簪美女髻。何必幽王烽火起，自開笑口樂超超。〔註250〕

詩人除極力描寫褒姒的美貌，如「竊分玉貌吐高秋」、「白帝纔回頻獻媚，姮娥到處帶嬌羞」、「粉抹霜華芳臉笑，鏡窺月影暗魂銷。生姿欲奪騷人眼，鬥艷初簪美女髻」，也和歷史典故相結合，除了詠花，也同時詠史。但是對於植物的色澤、樣貌卻未提及。

東部詩人李逢時有一首〈戲褒姒〉〔註251〕雖然沒有點明是「詠花」，但從文章排列方式〔註252〕及文人寫作習慣來看，這一首應該屬於「粉褒姒」的詠花作品，詩中同樣提到和褒姒有關的二段史實：

> 眞個千金買笑難，裂繒當日不成歡。祇今相對低無語，我欲驪山舉火看。

8. 金丹鳳

而「金丹鳳」這一種植物，可以從詩作的描寫內容推知是「菊」的一種，

〔註249〕收於施懿琳等編，《全臺詩》第肆冊，遠流出版公司，2004年，頁123。

〔註250〕收於施懿琳等編，《全臺詩》第伍冊，遠流出版公司，2004年，頁202。

〔註251〕收於施懿琳等編，《全臺詩》第玖冊，臺南：國立臺灣文學館，2008 年，頁88。

〔註252〕李逢時《泰階詩稿》中有〈菊花雜詠〉七絕一首，底下接著〈武陵花〉、〈戲褒姒〉、〈醉西施〉、〈粉蝴蝶〉、〈虎爪黃〉、〈火麒麟〉、〈點絳唇〉、〈出爐金〉諸詩，若與陳維英曉綠抄本對照，陳維英「菊花詩」標目底下與李逢時重疊的花種有粉褒姒、醉西施、虎爪黃、武陵桃，則〈戲褒姒〉當可指「粉褒姒」而言，且李逢時這一首〈菊花雜詠〉或可視爲下面這幾首「菊花詩」的「引言」。

黃敬的〈金丹鳳〉〔註253〕寫道：

赤鳳原來朝牡丹，偏居蓮社傲霜寒。翻風欲展千金羽，映日頻張五采翰。老圃揚雄舒虎爪，東籬放色笑雞冠。倘能變化岐山去，一唱靈音天下安。

岐山鳴後久無觀，訝是化成菊蕊團。彩羽偏垂秋節晚，金精不得曉霜寒。幾疑天上投朱雀，欲向籬邊遶牡丹。一旦彩陽金羽去，飛騰直振九霄翰。

陳維英的寫法也很相近：

金英爛漫卻含丹，鳳獨成名不號鸞。枳棘已除三徑淨，梧桐共耐一籬寒。蘭開燕尾非倫類，雪積鵝毛作羽翰。劇愛朝陽添麗色，紫庭有客倚雕欄。〔註254〕

從「訝是化成菊蕊團」可以推知這是「菊」的品種之一。

9. 紫狀元

陳維英的門人曹敬作品中有一首〈紫狀元菊〉〔註255〕，但內文已佚，就詩題名稱來看，這裡的「紫狀元」似乎爲「菊」的一種。陳維英曉綠抄本最後的「菊花詩」的標目，第一首就是「紫狀元」，則「紫狀元」是菊花的品種之一，幾乎可以確定。《植物學大辭典》有「紫菊」一條，上面即註明「紫菊，即馬蘭也，李時珍曰『其花似菊而紫』，故名」〔註256〕學名爲 Aster trinervius, Roxb. Var. adustus, Maxim.《植物學大辭典》在「馬蘭」條記載「菊科，紫菀屬。生於山野中，多年生，草本。高至二三尺……花深紫色，與雞兒腸相類，惟有許多冠毛，故相差異。此植物可供觀賞之用，名見《日華諸家本草》，一名『紫菊』……日本名『紺菊』」〔註257〕；「雞兒腸」也是「馬蘭」別名，但是名稱中並未提及「紫狀元」一名。

我們回到詩作內容來看，黃敬寫道：

白帝曾經選玉園，秋光奪得號春元。汁彈靖節先生柳，香出韓琦宰

〔註253〕收於施懿琳等編，《全臺詩》第肆冊，遠流出版公司，2004年，頁126。

〔註254〕收於施懿琳等編，《全臺詩》第伍冊，遠流出版公司，2004年，頁203。

〔註255〕收於施懿琳等編，《全臺詩》第陸冊，臺南：國立臺灣文學館，2008年，頁363。

〔註256〕孔慶萊等編，《植物學大辭典》，新亞書店，1956年2月，頁1106。

〔註257〕同前註，頁852～853。

> 相門。富貴牡丹無此品，科名小草未爲尊。紫袍金帶誰吾友，除卻松公不足論。
>
> 只因白帝到籬東，拔取園英冠眾叢。名壓梅魁憑艷紫，身超曲徑任拖紅。高標吐出無雙品，晚節立成第一功。幸遇探花瓊宴會，攀來宰相玉壺中。〔註 258〕

「白帝曾經選玉園，秋光奪得號春元」顯然該種植物生長季節在秋季，而「紫袍金帶誰吾友」、「名壓梅魁憑艷紫」點出色澤，與陳維英的「何曾衣紫躍龍門」相合，黃敬的「紫袍金帶」應指「紫菊」的紫色花瓣、黃色花蕊；陳維英寫道：

> 不讓梅魁冠小園，籬疏獨占狀頭元。高標吐出非雙品，及第開來無二尊。也把幽香飄翰苑，何曾衣紫躍龍門。淵明幾日歸家後，獻盞聊酹白帝恩。〔註 259〕

不管是黃敬的「汁彈靖節先生柳」、「晚節」，還是陳維英的「淵明幾日歸家後」，都可以看出「紫狀元」和陶淵明之間的關聯，而所有植物中，與淵明關係最深的就是「菊花」，「香出韓琦宰相門」、「也把幽香飄翰苑」則點出「花香」，而以「紫狀元」名「紫菊」，應是普遍流傳於文人階層的「特定名稱」，由於這樣的稱呼未見於中國詠物傳統，或許也可看成是臺地本身的書寫特色！

除了上述幾種菊花特定品種的書寫之外，臺灣本土詩人的詠菊詩數量極多，總計鄭用鑑四首（實爲五首）、陳維英二首、施瓊芳一首、黃敬一首（實爲四絕句）、李逢時五首、陳肇興二首（實爲八律詩）、林占梅十三首（實爲十四首）、鄭用錫五首，鄭如蘭三首、曹敬三首（實五首）、許南英五首，這些詩中可以更加看出臺灣詩人詠菊詩中，「菊」與「陶淵明」不可分割的關連。

整體而言，本土文人的詠菊詩作，雖然在類型上與一般傳統菊類不同，但在文字及意涵上卻都較爲平面，少有新義。許東海在〈菊歎與客愁：杜甫詩歌中的菊花書寫及其對陶潛身影的改寫〉〔註 260〕一文中，歸納出杜甫對於

〔註 258〕收於施懿琳等編，《全臺詩》第伍冊，遠流出版公司，2004 年，頁 202。

〔註 259〕收於施懿琳等編，《全臺詩》第肆冊，遠流出版公司，2004 年，頁 124。

〔註 260〕參考許東海，《另一種鄉愁：山水田園詩賦與士人心靈圖景》，新文豐出版社，2004 年 1 月，頁 249～287。

菊花詩改寫的面向：有「士不遇意蘊」及「客愁」二大類，其中「客愁」底下又有「家園憶思」、「戀戀京華」、「歎老嗟衰」及「離情依依」四種內涵，這幾種意涵，的確擺脫詠菊或菊花書寫的傳統，我們若以此檢視本土文人詩作，將會發現，這幾個杜甫改寫的面向，幾乎不見於本土文人詩作中，這也看出，本土文人這一類的作品，呈現出相似的書寫特色，但也因過於相似，以致凸顯不出個人風格，極爲可惜。

第三節　本土文人植物的殊相書寫

我們在上一節中處理了本土文人植物書寫的共相層面，這一節要接著處理的是，除了共同書寫的植物類型之外，本土文人還有那些植物書寫是不同於其他文人的？換言之，他們各自呈現什麼樣的植物書寫特色？

曹敬（1818～1859）現存的所有詠花之作全部跟詠菊有關，之所以沒有出現其他花種，有可能是因爲他本身對菊花有所偏愛，故專力描寫；另一個原因則可能是因爲詩文散佚的關係，所以不見其他詠花之作。曹敬名興欽，號愨民，淡水八芝蘭（今之士林）舊街人。少時聰敏過人，努力攻書，爲陳維英之門人。道光二十六年入泮，道光二十七年（1847）臺灣道徐宗幹取錄一等一名補增生。平日在大龍峒港仔墘設帳講學，陳霞林即其高弟。精於書法、繪畫、雕刻，時人多所稱道。平素講學特重品德，與黃敬合稱爲「淡北二敬」，有《曹敬詩文略集》〔註261〕。其現存的作品中，〈紫狀元菊〉〔註262〕是有目無詩的，儘管如此，這一個留下來的標題卻有很重要的意義，因爲他讓黃敬、陳維英作品中的〈紫狀元〉有了清楚的定位，讓讀者知道它就是「紫菊」，而本土文人一律稱之爲「紫狀元」，顯示他們在植物的命名上，有著自己的看法。

李逢時、陳維英及黃敬有幾首詠花之作是重疊的，分別是「武陵桃」、「粉褒姒」、「醉西施」、「虎爪黃」、「紫狀元菊」，而陳維英及黃敬除前述幾種花種外，在「虞美人」、「金丹鳳」、「金孔雀」、「玉兔耳」亦有所著墨，至於鄭用錫跟黃敬、陳維英重疊的詩作是「虎爪黃」及「玉兔耳」，這些花種都不見於

〔註261〕收於施懿琳等編，《全臺詩》第陸冊，臺南：國立臺灣文學館，2008年，頁361。

〔註262〕同前註，頁363。

臺灣方志與遊宦文人作品的記載，顯然並非臺地物種，爲了更清楚表示其重疊性，筆者以表格呈現如下：

李逢時	陳維英	黃　敬	鄭用錫	曹　敬
武陵花	武陵桃	武陵桃		
戲褒姒	粉褒姒	粉褒姒		
醉西施	醉西施	醉西施		
虎爪黃	虎爪黃	虎爪黃	虎爪黃	
	虞美人	醉虞妃		
	金丹鳳	金丹鳳		
	金孔雀	金孔雀		
	玉兔耳	玉兔耳	玉兔耳	
	紫狀元	紫狀元		紫狀元

當時的北臺灣，有沒有可能舉辦「賞花大會」之類的活動，在一時一地間聚集了許多「罕見」品種的花卉，並吸引文人前往參與，以致出現書寫類型極爲雷同的狀況？而時間大約是在同治五年到八年之間。因爲資料不足，因此筆者只能提出這樣推斷，必須等到來日有其他史料出土，才能據以論定。

李逢時的〈粉蝴蝶〉、〈火麒麟〉、〈點絳唇〉、〈三疊雪〉；陳維英的〈百綉綠〉及黃敬的〈報君知〉、〈出墻燕〉諸詩，由於這些花種的書寫都是單一的，不見於其他本土文人的作品，因此筆者將放在「殊相書寫」而非「共相」上，以便作出區隔。

李逢時詩作中以菊花的書寫最爲頻繁，另外應該就是上述這些「異卉」了，〈粉蝴蝶〉〔註263〕詩云「蝴蝶花開蝴蝶飛，是花是蝶想非非。如何粉飾秋風裏，老圃多添一化機」，由「秋風」、「老圃」二詞，知是菊花的一種。而〈三疊雪〉及〈點絳唇〉則是分別扣住花名敘述，〈三疊雪〉〔註264〕中的「無邊雪豔看重疊，絕似陽關唱曲時」，是以「陽關三疊」及「白雪」來點題，〈點絳

〔註263〕收於施懿琳等編，《全臺詩》第玖冊，臺南：國立臺灣文學館，2008年，頁88。

〔註264〕同前註，頁89。

唇〉〔註265〕的「一點臙脂唇上安，猩紅猶透指尖閒。問誰笑倚籬邊立，初熟櫻桃帶雨看」，從「臙脂唇」及「猩紅」來看，該項植物的顏色應是紅色，詩末又說「初熟櫻桃帶雨看」，不知是否爲櫻桃的別名？〈火麒麟〉〔註266〕的描寫就更空泛了，「絕筆尼山事已賒，非時不至漫吁嗟。誰知宇宙留光豔，表瑞呈祥尚有花」，除了末句知道是花的一種外，對於花形及花色均未言及。

陳維英的詠花詩作和李逢時類似，〈百綉絨〉〔註267〕一詩，陳維英曉綠抄本將之置於「菊花詩」標目下，詩云「花神最愛此清秋，直到籬東戲繡毬。裹就蘆綿拋曲徑，縫成柳線傍高樓。幾番跳躍風頻打，一樣團圓月作儔。睡起捲簾訴共賞，三郎沉醉不回頭」，而從詩中「清秋」、「籬東」二詞，也可知其可能是「菊花」的一種。

黃敬〈出墻燕〉〔註268〕說「何時飛燕入柴桑，節晚開來盡出墻。叢萼曾經霜剪破，繁葩猶帶紫泥香。籬疏欲吐呢喃語，徑曲輕翻上下翔。幾日寂寥傷酒後，卻疑王謝舊時堂」若單就題目來看，會誤以爲是臺燕的一種，但詩中提到「叢萼曾經霜剪破，繁葩猶帶紫泥香」，可知它是一種植物，因爲詩人用「節晚」、「籬疏」等詞，很類似「晚節」、「疏籬」的倒裝，而這些詞多是用來形容菊花的，因此「出墻燕」可能也是外地菊種之一；至於〈報君知〉〔註269〕的情形也應該相似：

> 西風白帝未歸期，老圃黃花已早知。青女捷音投曲徑，高秋芳信寄霜枝。傳來屈子餐英候，道是淵明釀酒時。爲報諸君須詠句，莫教逸士笑無詩。
>
> 秋從何處到疏籬，叢菊無言卻暗知。欲報人間重九日，先開逸態兩三枝。宛如白帝傳佳信，寄語淵明莫失時。逕曲幾回相詢問，含情不語若推詩。

這類植物生長在秋季，所以說「西風白帝未歸期」、「秋從何處到疏籬」，而且從「老圃黃花已早知」、「叢菊無言卻暗知」，以及再三言及陶淵明「道是淵明

〔註265〕收於施懿琳等編，《全臺詩》第玖冊，臺南：國立臺灣文學館，2008年，頁89。

〔註266〕同前註，頁88。

〔註267〕收於施懿琳等編，《全臺詩》第伍冊，遠流出版公司，2004年，頁204。陳維英曉綠抄本作〈白綉球〉。

〔註268〕收於施懿琳等編，《全臺詩》第肆冊，遠流出版公司，2004年，頁126。

〔註269〕同前註，頁124。

釀酒時」、「寄語淵明莫失時」，都指出這種植物與菊花密不可分的關係。

而除了北部可能出現的賞花集會，聚集了許多非臺地花種外，本土文人對於植物書寫，仍有其獨特的風格。

一、外地與本地植物均寫的鄭用鑑

在本土文人的植物書寫中，鄭用鑑是極爲特殊的一位，他詩作中出現的詠花詩，類型極多，且少有重複，有些花種是兩岸共有，所以說它們是臺地植物，應該可以成立。

〈茉莉〉〔註270〕一詩說「碧檻朱欄日日排，幽花摘向畫堂隈。爲憐羅綺銷魂甚，似水秋宵致倍佳。」前二句點出花的生長地點，「碧檻朱欄」、「畫堂」、「羅綺」等詞，在在營造出主角家境的優渥，「羅綺」又比喻女子，點出主角爲女性，「似水」可是是秋涼如水，也可以是女子柔情似水，顯然將花與女子畫上關聯。

〈海棠〉〔註271〕「細雨廉纖小院中，憑闌淡冶滿芳叢。夜深愼莫燃犀照，祗恐階前有斷紅。」鄭用鑑寫雨中海棠，著重在香氣描寫，這種香氣「淡冶」，卻又「滿芳叢」，然而在夜雨的摧殘下，恐見落花一地，因此特別指出「愼莫燃犀照」，以免觸景生情。

〈薔薇〉〔註272〕「欲折柔條思不禁，濃香杳杳暗相尋。何當挹取枝頭露，玉瀣芳鮮灑客襟。」著重在香氣的書寫，對於花形與花色則略而不談，不只花香，連枝頭露水也因沾染香氣，而如「玉瀣」一般。詩的重點反而落在詩末的「客」上，在薔薇花香灑在來客身上，也點出鄭用鑑對於友人來訪的愉悅之情。

玉簪花近似月下香，鄭用鑑〈玉簪花〉〔註273〕說「嫩涼鮮碧小山陰，瑤草猶能寄遠心。風逗幽香秋渺渺，夜來還恐玉霜侵」，這部分可與《臺灣通志》的敘述互參：「玉簪花，含萼時婦女以粉實其中，用以傅面（同上。謹按：玉簪花類月下香而葉大，狀似簪，色如玉，故名）。」〔註274〕

〔註270〕收於施懿琳等編，《全臺詩》第陸冊，臺南：國立臺灣文學館，2008年，頁274。

〔註271〕同前註，頁275。

〔註272〕同前註，頁275。

〔註273〕同前註，頁273。

〔註274〕見蔣師轍，《臺灣通志》，臺灣銀行經濟研究室，臺灣文獻叢刊第130種，光

〈紫微〉〔註275〕「亭亭花發野人居，風物暄妍入夏初。不及雞棲池上樹，久沾雨露得吹噓」點出花卉生長的地點在「野人居」，時間在夏初，但對於花色、花形與花香都略而未談。〈紫荊〉〔註276〕「錦茵片片織雲梭，瑞氣階前樂事多。連理託根情意古，一天暮色入庭柯」及〈山茶〉〔註277〕「爛熳寒月開，花紅不如白。玉茗堂中人，風流鬥標格。」也幾乎如此。

鄭用鑑這一類的植物書寫，共同特色在於他不描寫花形與花色，也少用典故，至多點到「花香」及「花時」，若就其描寫手法來看，單要從內容看出所描繪的植物是茉莉、海棠、薔薇，幾乎是不太可能。詠花詩卻不寫花形、花色，不點出花的特徵，是很奇特的方式，這或許跟鄭用鑑個性的淡然，讓他對於外界的人事物都採取「隔絕」的態度，保持著一定的距離有關，我們看不到他對這些花的「熱烈」感情，除卻〈海棠〉的「祇恐階前有斷紅」中有惋惜之情，〈紫荊〉中「瑞氣階前樂事多」有開心外，鄭用鑑的自身的情緒是隱晦而難以察覺的。他所描寫的這些植物，不像梅蘭竹菊蓮等，有堅實的中國文學傳統及典故，因此他除了用以襯托居家生活的閒適自得外，就是以花比美人、以美人比花的人花雙寫，對他而言，這一類詠花書寫的目的不在花卉本身，而是在它背後得以賞花、寫花的悠然生活，這樣的手法符合鄭用鑑自身的生命情調，也形成他在本土文人中獨特的書寫特色。但遺憾的是，要從中找到他對「本土」植物的那份「在地」思考，恐怕是有困難的。

但用鑑作品的特殊在於有許多花種是不見於臺地的，如紫藤花、百合花、櫻桃花均非臺地特有植物，但是他卻都見過，顯然他的庭院即種有這幾種罕見植物。鄭用鑑的〈紫籐花〉〔註278〕寫道：「芳姿吐秀未春殘，簇簇繁英曉露溥。日暮長廊閑覓句，清陰小院色昏寒。」其中「簇簇繁英」點出花形，但未指出花色，只點出其開花季節、時間，以及種植的地點。儘管如此，日暮時分，在清陰小院中的長廊吟詩，在仲春時節，天氣清寒時刻綻放簇簇紫藤，從這樣的賞花活動中，可以看出作者悠「閑」的一面。

緒二十一年，頁95。

〔註275〕收於施懿琳等編，《全臺詩》第陸冊，臺南：國立臺灣文學館，2008年，頁275。

〔註276〕同前註，頁276。

〔註277〕同前註，頁283。

〔註278〕同前註，頁274。

除紫藤花之外，櫻桃花也非臺地常見植物，鄭用鑑寫法和〈紫藤花〉相似：「瓊葩粒粒露華團，點綴韶光入畫闌。羯鼓春前催次第，輕盈摘向小窗看。」〔註279〕同樣先從外形著手，「瓊葩粒粒露華團」，「瓊葩」指色澤如玉的花，「粒粒」當指其如卵形的葉子，將窗外的風景點綴得更爲漂亮，像入畫欄一般。至於「羯鼓春前催次第」是唐玄宗的典故，指他好羯鼓，自製春光好一曲，臨窗擊鼓而柳杏吐蕊的故事，又作「羯鼓催花」，當窗外花朵盛開時，窗內的人被深深吸引「輕盈摘向小窗看」，同樣呈現恬淡的一面。

他的〈百合花〉〔註280〕則云「嫩玉千層裏雪兒，炎天六出好花枝。維摩丈室方消渴，更斸靈根啜露滋」其中「嫩玉千層裏雪兒」點出花形，「六出」點出花瓣數，「炎天」點出花時。鄭用鑑舉用佛教維摩頡示現生病，引發辯論一事，主要目的在於「消渴」二字，一則點出病症，二者與「炎天」有關，並與末句「更斸靈根啜露滋」形成一綿密的有機體，顯然，這一種臺地不常見的植物，在鄭用鑑的眼中，實用價值（可食，「更斸靈根啜露滋」），與觀賞價值（「嫩玉千層裏雪兒」）是同等重要的。

由於是「異種」，因此會出現在鄭氏家族的所居住的「北郭園」，除了自己欣賞，多少也有「炫耀」的意味在；如果不是因爲家境富裕，是不太可能接觸到這樣的異卉的。

二、中國傳統論述底下的植物書寫——施瓊芳

除卻作品中大量的詠柳之作〔註281〕，施瓊芳的植物書寫很有自己的個人特色，他有著非常臺灣在地的植物描寫，如前一章提到的〈佛手柑〉，以及本章要提的〈地瓜〉；但也有大中國文學傳統底下的植物書寫，如〈白榆歌〉、〈青門瓜〉，以及〈蘿蔔〉和〈消梨〉。但即使是像「地瓜」這一種臺地常見植物，詩人的書寫卻是大中國式的：

> 葡萄綠乳西土貢，離支丹實南州來。此瓜傳聞出呂宋，地不愛寶呈奇材。萬曆年中通舶使，桶底緘藤什襲至。溉植初驚外域珍，蔓延

〔註279〕收於施懿琳等編，《全臺詩》第陸冊，臺南：國立臺灣文學館，2008年，頁276。

〔註280〕同前註，頁274。

〔註281〕施瓊芳的詠柳之作有〈見楊柳漫筆〉、〈苑柳〉、〈亭柳〉、〈亭柳〉、〈楊柳歌〉、〈柳枝詞〉、〈楊柳（以下四首俱山東道上作）〉，佔他所有植物書寫數量的一半。

反作中邦利。碧葉朱卵盈郊園，田夫只解薯稱番。豈知糗糧資甲貨，汶山可廢蹲鴟蹲。聖朝務本重耕籍，地生尤物補磽瘠。不須更考王禎書，對此豐年慶三白。〔註 282〕

「離支」當指荔枝，施瓊芳在詩的一開始就點出葡萄、荔枝、地瓜等物產的「外地性」，以及地瓜傳入的時間，當初地瓜傳入時，百姓並沒有意會到它的功能，直到「溉植初驚外域珍，蔓延反作中邦利」，大家才知道地瓜作為糧食，可以「糗糧資甲貨」、「補磽瘠」，詩人用「地生尤物」來稱呼，也是因為它的貢獻極多之故。因為資訊來源的缺乏，農夫不知此為何物，給予「番薯」的稱呼，但是這麼好的作物，詩人說「不須更考王禎書，對此豐年慶三白」，王禎，字伯善，元山東東平人，所撰《農桑通訣》四，《穀譜》四，《農器圖譜》十二，合為二十二卷，總名曰《農書》。「三白」當指「大寒見三白，農人衣食足」，也就是在大寒天裡，最好是常常下雪（三場大雪稱三白），就可把蝗蟲幼蟲殺光了，來年就不會鬧蟲災，當然豐收就有希望。因為有了此物，就像「大寒見三白」一樣，都能夠豐衣足食，所以也不用再考究《農書》上的記錄了。整首詩除了外來性外，幾乎不見跟臺地的關係，〈蘿蔔〉〔註 283〕及〈消梨〉也都類似，〈消梨〉〔註 284〕說：

並剪偕稱未許雙，端宜佳植擅中邦。南朝淹忽蕭劉局，多事當年一渡江。

這裡當指《南齊書》說「宋泰始既失彭城，江南始傳種消梨，先時所無，百姓爭欲種植。識者曰：『當有姓蕭而來者。』十餘年，齊受禪。」〔註 285〕而臺地並無消梨的記錄。施瓊芳的〈白榆歌〉〔註 286〕七古二首同樣是非常具有中國傳統典故的作品：

五沃宜榆徵地力，白榆一種尤傑特。鑽火曾司春木權，成形翻借秋金色。色潔肌豐種者奇，當年歷歷丹霄垂。誰移天上珠星采，化作人間玉樹枝。禮傳受采易占賁，要識化工生物意。成就木中忠信材，斲樸塗丹隨位置。嘗聞綸草文章明，娥池金樹光晶晶。榆也守素完其質，前民利用功莫京。有時莢效錢神體，救貧無術嘲虛名。

〔註 282〕收於施懿琳等編，《全臺詩》第伍冊，遠流出版公司，2004 年，頁 426。

〔註 283〕同前註，頁 415。

〔註 284〕同前註，頁 416。

〔註 285〕見《南齊書》志・卷十九〈志第十一〉「五行・大旱」，頁 381。

〔註 286〕收於施懿琳等編，《全臺詩》第伍冊，遠流出版公司，2004 年，頁 425。

錢不療貧庸何患，屑粉毛羹濟荒運。始知鄧氏青銅山，不及鮑家白石飯。

玉衡歲星降地來，千樹萬樹桃杏開。星精化木有成例，天上榆向人間栽。姑榆郎榆隨所舉，就中白質推翹楚。樸素渾堅太古風，鶯鳩之搶安笑汝。爾材中轂粉中羹，那得參天高如許。用雖不文取則多，大者斧斤小筐筥。窗前昨夜萬綠肥，東風掠地青錢飛。楊花與爾爭才思，只恨為萍去不歸。浮萍逐浪無消息，白榆天然存本色。

除了是長篇鉅製，為臺地詠物詩作篇幅之冠外，施瓊芳的寫法扣緊幾部分，一是「誰移天上珠星采」、「玉衡歲星降地來」勾連天上的「白榆星宿」，二是「化作人間玉樹枝」、「千樹萬樹桃杏開」、「姑榆郎榆隨所舉，就中白質推翹楚」則是寫「白榆樹」。並在詩文中將星、樹作聯結，除前面的「誰移天上珠星采，化作人間玉樹枝」、「玉衡歲星降地來，千樹萬樹桃杏開」外，還有「星精化木有成例，天上榆向人間栽」；三是扣緊「榆錢」，「榆錢」即「莢錢」，所以提到「有時莢效錢神體，救貧無術嘲虛名。錢不療貧庸何患，屑粉毛羹濟荒運。始知鄧氏青銅山，不及鮑家白石飯」；四是「榆火」，古人鑽木取火，春則取於榆，故稱為「榆火」。施瓊芳寫道「鑽火曾司春木權，成形翻借秋金色」便是由此來。五是化用了莊子的典故，「爾材中轂粉中羹，那得參天高如許」、「樸素渾堅太古風，鶯鳩之搶安笑汝」、「用雖不文取則多，大者斧斤小筐筥」顯然跟「榆樹」有關的典故都用上了，但還是可以看出施瓊芳對於這種植物的偏愛，「榆也守素完其質，前民利用功莫京」、「白榆天然存本色」等都是，而「禮傳受采易占貢，要識化工生物意。成就木中忠信材，斲樸塗丹隨位置」則結合了《易經》及儒家傳統美德，都是很高的贊揚。

至於他的〈青門瓜〉〔註 287〕七絕二首則非單純詠物之作，因臺地並無「青門瓜」，詩中寫道：

累朝封建局全收，容得東陵一故侯。賴有青門瓜數畝，燒餘片土為秦留。

滿目河山感廢興，青門瓜老卷蒼藤。桃花不染亡秦恨，開落春風自武陵。

李逢時的〈放歌行〉〔註 288〕中也有二句「青門種瓜人，舊日東陵侯」，秦東陵

〔註 287〕收於施懿琳等編，《全臺詩》第伍冊，遠流出版公司，2004 年，頁 361。

〔註 288〕收於施懿琳等編，《全臺詩》第玖冊，臺南：國立臺灣文學館，2008 年，頁 39。

侯召平，秦亡後爲平民，在長安城東種瓜爲生，因所種的瓜甚美，世稱之爲「東陵瓜」。後世因用其事以比喻棄官歸隱的生活。阮籍〈詠懷〉詩十七首之九：「昔聞東陵瓜，近在青門外」所以又有「青門瓜」之稱。施瓊芳寫作此詩時，結合了詠物及對史事的感嘆，由「燒餘片土爲秦留」、「桃花不染亡秦恨」的追想，產生「滿目河山感廢興」的感觸。

施瓊芳的這二種植物描寫，並非表面的詠物之作而已，而是深觸到該物的意涵，並用以表達個人想法，抒發情感，用白榆以自比，用青門瓜表達對時局的觀感，對隱逸的渴望，都非泛泛的表面之作。

三、林占梅的植物「功用性」書寫

林占梅的植物書寫不是單純的吟詠歌誦而已，而是伴隨著許多「功用」的。他寫菘韭是爲了記錄從事農事的生活情趣，〈闢地雜種菘韭以添野趣〉〔註289〕就是如此，「春韭秋菘樂可尋，尤欣鎮日獨披吟。齊民有術希元勰，抱甕無機仰漢陰。雨潤畦丁防草蔓，泉澆菜甲少塵侵。旁人莫認英雄計，偶寄生平淡泊襟」，《齊民要術》是後魏賈思勰撰。其書專主農事，爲農家書之最古者，占梅說「齊民有術希元勰」，簡單說就是要效法農家，從事農事，而他用「漢陰抱甕」則是強調自己純眞無邪，對事物順其自然，不刻意用心思。寫杏花是因爲跟友人一同宴飲賞花而作，〈偕友人賞杏花宴吟〉〔註290〕就是如此，賞花不是唯一目的，和友人相聚宴飲也是理由之一，「聯吟起處互飛觴，碎錦亭前酒興狂」；寫雞冠花是因爲朋友之間的饋贈，〈有送雞冠一朵而兼紅白二色予甚異之爲賦絕句〉〔註291〕因爲是「異種雞冠」，所以寫詩記錄「異種雞冠七寸低，紅霞白雪一花齊。晚來移向階前植，恰肖符君半露棲」；寫葡萄是爲了強調自己生活的悠閒面，〈閒坐葡萄下作〉〔註292〕說「纍纍葡萄實，野鳥時來覷。偶坐濃陰下，清風散塵慮。有子敲頭落，仰看不知處。撥葉睇視之，一禽瞥飛去」，提到結實纍纍的葡萄引來野鳥的啄食，詩人在葡萄架下看到這一幕的情景。而能夠「偶坐濃陰下，清風散塵慮」，如果不是因爲

〔註289〕收於施懿琳等編，《全臺詩》第柒冊，臺南：國立臺灣文學館，2008年，頁223。

〔註290〕收於施懿琳等編，《全臺詩》第捌冊，臺南：國立臺灣文學館，2008年，頁74～75。

〔註291〕收於施懿琳等編，《全臺詩》第柒冊，臺南：國立臺灣文學館，2008年，頁47。

〔註292〕同前註，頁43。

「閒」，恐怕也不容易看見，他另有一首〈葡萄〉〔註 293〕，藝術價值就比較高了：

牽藤羃葉實繁生，架下乘涼快客情。錯落纍纍懸馬乳，圓光閃閃動態晴。沾脣似蜜甜兼馥，漱齒如冰冷竟清。見説張騫回得晚，始同邛竹兩知名。

首句點出葡萄蔓生實繁的特性，而「馬乳」則是葡萄別名，《臺灣通志》說「葡萄，《史記》大宛以葡萄作酒，富人藏酒萬餘石，久者積年不敗。張騫移種於中國，一名馬乳，一名黑水晶。段成式云：有黃、白、黑三色，又有綠葡萄，密葉繁陰，星編珠聚；臺止有黑者，亦甚稀（《諸羅縣志》）。蔓生實纍似彈子，煮食可生津濟渴。」〔註 294〕因爲葡萄傳入跟張騫有關，所以占梅才會提到「見説張騫回得晚，始同邛竹兩知名」。占梅的這一類植物書寫，強調的是它附帶的「功用」，並非單純的歌詠而已。

四、其他本土文人的臺灣在地植物書寫

除卻上一節提到本土文人對於在地植物書寫「共相」外，其他本土文人也有零星的在地植物書寫，陳肇興就有〈釋迦頭〉〔註 295〕七律二首，以臺地特產的「釋迦」爲描寫對象：

誰移浮果植瀛洲，顆顆垂青似佛頭。七寶莊嚴呈妙相，一林瓔珞掛新秋。風吹瑰色身如現，月照圓光頂欲浮。獻與如來應一笑，本年面目不相侔。

香芭曾説蜜波羅，珍重芳名喚釋迦。一粒須彌通大化，三生慧業證阿難。花從淨土拈來結，種自祇園乞得多。莫道前身原是佛，木奴狡獪勝維摩。

首句即說「誰移浮果植瀛洲」，表示這非臺灣原生植物，整首詩全部繞著「釋迦」跟佛教的關係敘述，《臺灣通志》提到：「釋迦果（《臺灣、鳳山志》釋迦梨），似波羅蜜而小，種自荷蘭，味甘而膩，微酸；一名番梨（《諸羅縣志》）。

〔註 293〕收於施懿琳等編，《全臺詩》第捌冊，臺南：國立臺灣文學館，2008 年，頁 97。

〔註 294〕收於蔣師轍，《臺灣通志》，臺灣銀行經濟研究室，臺灣文獻叢刊第 130 種，光緒二十一年，頁 82。

〔註 295〕收於施懿琳等編，《全臺詩》第玖冊，臺南：國立臺灣文學館，2008 年，頁 223。

羅漢果，一名釋迦果，又名迦藍頭（《淡水廳志》）。」〔註296〕它的外形是「纍纍垂青似佛頭」，名稱有「香芭曾說蜜波羅，珍重芳名喚釋迦」，除此之外，陳肇興對於這項植物再無描述，雖然不夠深刻，但是至少他標舉出這一臺地物產，跟全然都不書寫的其他本土文人相比，仍是要予以肯定的。

鄭用錫的〈書帶草〉〔註297〕即是寫臺地的「七絃草」:《臺灣通志》說：「七絃草，一名書帶草，叢生如稻秧，其葉如蘭，有直紋似絃，界限分明，白與綠相間（《彰化縣志》）。至冬則白、或變紅，土人蒔之，以供盆玩（《鳳山縣志》）」〔註298〕《臺灣通史》也說:「書帶草：或稱七絃草。葉色微綠，如稻秧，上有白紋七畫，至冬則變紅，花若蘭。或云藏之書中，可以辟蠹。」〔註299〕詩云：

> 自昔漢康成，著述傳古道。教授列生徒，鄭公芳聲噪。不其城外山，
> 山中生瑞艸。爾雅類未詳，虞衡志莫考。似薤葉舒長，蒼碧紛摛藻。
> 稱之曰書帶，形肖名亦好。我聞周濂溪，窗前生意繞。又聞杜荀鶴，
> 科名傳吉兆。屈軼長明廷，紫芝來四皓。是皆挺靈根，葳蕤榮大造。
> 未若此柔姿，胚胎近探討。氣味得書香，芸生皆壓倒。穎異自不凡，
> 家僮勿亂掃。錦軸與牙籤，左縈而右抱。移植到階庭，滋培防枯槁。
> 寄語諸兒曹，此乃吾家寶。以之牓齋堂，經神當遠紹。

從「爾雅類未詳，虞衡志莫考」可以看出七絃草並不是內地常見植物，所以詩人對於它的外形有詳細介紹，「似薤葉舒長，蒼碧紛摛藻。稱之曰書帶，形肖名亦好」，鄭用錫使用了鄭玄、周濂溪、杜荀鶴等許多中國傳統文人與植物關係的典故，目的是爲了將自己與書帶草劃出關聯，詩人稱它「是皆挺靈根，葳蕤榮大造。未若此柔姿，胚胎近探討。氣味得書香，芸生皆壓倒」，因爲可以「辟蠹」，所以常藏於書中，「穎異自不凡，家僮勿亂掃。錦軸與牙籤，左縈而右抱」，詩人「寄語諸兒曹，此乃吾家寶」。

本土「特產」書寫部分，鄭用錫有詠檳榔及老來嬌等在地特色的植物、林占梅則以老來嬌爲主；陳肇興也值得一提，他的植物書寫數量雖然不多，

〔註296〕收於蔣師轍，《臺灣通志》，臺灣銀行經濟研究室，臺灣文獻叢刊第130種，光緒二十一年，頁78。

〔註297〕收於施懿琳等編，《全臺詩》第陸冊，臺南：國立臺灣文學館，2008年，頁6。

〔註298〕收於蔣師轍，《臺灣通志》，臺灣銀行經濟研究室，臺灣文獻叢刊第130種，光緒二十一年，頁129。

〔註299〕同前註，頁690。

但都很有代表性，除檳榔已有鄭用錫寫過、佛手柑也有施瓊芳創作外，人面竹及釋迦頭都是以陳肇興爲第一位書寫者，而且這幾樣都是遊宦文人的遊記及方志中標爲臺地特產的植物。李望洋有不少詠菊之作，雖然《西行吟草》主要記載其大陸爲官經驗，但是對於植物的喜愛並不會因爲地域不同而有太大變動，因此也就無須刪除。

本土文人對於這些臺地特有植物的書寫，不管是佛手柑、檳榔、釋迦、七絃草、人面竹，這些植物類型的書寫數量雖不多，無法與清初遊宦文人的書寫相比擬，但我們卻可從中發覺，本土文人對於臺地特有植物並不是到全然無感的地步，這一點仍是要提出說明的。

小結　清代臺灣的亞熱帶植物群落眞的失落了嗎？

范咸在〈木蘭花歌〉〔註300〕附考中的一段文字，很能說明遊宦文人對於這些物產記錄的心態，他說「臺之草木，土人多以臆名之。如梨子茇、樣子之屬，或無其解，或並無其字，而士大夫之自中土至者，又率先有一索隱志怪之心，不深察物之情狀，雅意附會，眞若琪樹之花可接而若木之枝可攀也。」這裡的「一索隱志怪之心」即一針見血地指出遊宦文人抱持覽「異」的那個「異」究竟是何物？他們的記錄重在二地物產之「異」的記錄保存，其中或有爲方志蒐尋材料的苦心，但也有自我眼光心態的投射，當他們用天朝眼光看這蠻荒不明之地時，有的會過度想像，以致「不深察物之情狀，雅意附會」，或是人云亦云、將錯就錯；但也有的是抱持較爲客觀忠實的記錄態度，將臺地領臺之初的物產風俗予以呈現。事實上，若非遊宦文人這樣的心態與比較，我們或許很難從中擷取出接近臺地特色的物產，也就無從得知遊宦與本土文人二大社群的書寫差異與關注角度。

這裡要點出幾位文人的「第一」，施瓊芳的詠柳之作不只佔其植物書寫的一半，同時也是本土文人寫柳詩作最多的一位；黃文儀的詠梅數量之多，同樣排名第一。本土植物書寫的種類最多的是鄭用鑑，而植物書寫的詩文數量最多的是林占梅。

最後我們要回答前面提到的問題，李友煌認爲不管遊宦和本土文人，「他們都或多或少的在臺灣文學的園地裡栽種中國植物，而這些植物是普遍

〔註300〕收於施懿琳等編，《全臺詩》第貳冊，遠流出版公司，2004年，頁260。

存在於中國文學中的、頗具傳統及象徵意義的植物，例如梅、蘭、竹、菊、松、柏、楓、桃、李、杏等」〔註 301〕但我們實際檢視作品之後則可以發現，本地文人的植物書寫類型裡，究竟透顯出什麼樣的面向呢？在中國文學傳統中，最常被本土文人提及的，主要以「梅」、「菊」爲主，「竹」次之，「蘭」及「蓮」的描寫最少，至於單純詠「松、柏、楓、桃、李、杏」的，則幾乎沒有。

我們應該思索的是，本土文人對於老來嬌、一丈紅、佛手柑這一類「臺灣特有植物書寫」，是「以臺地之眼觀臺地之物」嗎？筆者以爲，在這幾類植物的書寫上，或許可以窺知本土文人隱約想要擺脫傳統文學束縛，嘗試建立臺地文學傳統的渴望，這幾種植物屬臺地常見物產，缺乏中國的文學書寫傳統，當本土文人大量以這些花卉作爲書寫對象，反而對於竹、蘭、蓮這些植物興致缺缺時，其實也表示他們的視野，正慢慢從中國拉回臺灣，他們找尋自己認爲最能代表臺地的植物進行書寫，賦予它新的文學意義，在在都充實了這一時期臺灣文學的內容。

土生土長的臺灣人，看待檳榔或番樣，或許正如宦遊文人看待梅菊一般，已無新意，但是，詩人是否眞的就對故鄉臺地特有的植物毫無所感？恐怕不然。本土文人對於臺地植物抱持著二種不同態度，對於遊宦文人亟力書寫的內容，他們「漠視」而「不參與」，這或許是因爲文學詮釋權早被這一批外來文人把持的緣故，因此本土文人採取「相應不理」的策略，嘗試去尋找新的書寫縫隙。而對於遊宦文人未予以關注的物產，本土文人則勉力爲之，在這些遺漏的縫隙裡找到可以安插自己的位置，這又是一種「重視」且努力尋得另外發聲管道的積極作爲。因此，我們可以發現，兩大書寫社群對於植物這一類書寫的重疊性很低，幾乎呈現各自爲政的狀態。

也因爲如此，一旦整合之後，就能看出臺地植物書寫的「全面性」，並且能從中建立屬於臺地的「在地」書寫風格，這些特色也許薄弱，卻是不容忽視與抹滅的存在。我們在第一章提到雷蒙・威廉斯的「感覺結構」，其指涉內涵爲：

> 整個生活中複雜的一般組織，只有全面經由眞正的「生活經驗」，才有可能被知道，因爲，它是一種「感覺結構」，「在特殊地點和時間

〔註 301〕李友煌，〈失落的亞熱帶植物群落初探——清代鳳山縣二志一冊植物書寫爲例〉，《高市文獻》16 卷 3 期，2003 年 9 月，頁 10。

之中，一種生活特質的感覺：一種特殊活動的感覺方法」結合成爲「思考和生活的方式」。威廉斯也認爲任何過去或現在的感覺結構，是不易安置的共同要素，容許個別經驗的差異；也就是他所說的內在知識的結果，一種「生活的特殊感覺」，一種「特殊的、本土風格的清楚感覺」，「一種幾乎不需特意表現的特殊社群經驗」。雖然在某種意義上，感覺結構是「某時期的文化」，是「一般組織中所有元素的特殊生活結果」，而且雖然「它是一種非常深刻而廣泛的情感（possesion），位在所有眞實的社群之中，這正是因爲它是溝通之所繫。」〔註 302〕

從寫作的植物類型來看，遊宦文人對於臺灣本地植物的「敏感性」顯然較本土文人來得強，儘管遊宦文人的植物書寫，不可避免的有些貶抑言詞出現，但我們卻不能否認，他們書寫的植物類型，正是因爲在「覽異」的眼光下，所以反而較本土文人更能代表「在地」植物特色類型。對於本土文人共同的感覺結構來說，長期處在這些物產類型中，如果缺乏比較的對象，是很難突顯出特殊性的。從寫作時間來看，清代初期由於臺灣剛入版圖，因此遊宦文人的記載偏向「采風」之作，所擷取的動植物類型，多偏重在兩地「相異處」上，也因此，反而更能突顯臺地「在地」的物產特色。清初遊宦文人作品中，能夠忠實而大量呈顯臺地植物類型的，自然非孫元衡莫屬。清代中期之後，「采風」之作已非遊宦文人書寫的主題，加上本土文人已經產生，在文壇中所佔有的比例大增，逐漸形成與遊宦文人分庭抗禮的局面，植物書寫的類型也就大分爲二個範疇，由遊宦與本土文人「各立山頭」，建立屬於自己的書寫傳統。

丘逸民在綜論臺地詠夏詩歌時曾作出以下結論：「不過清代所遺臺灣詠夏的詩歌，意象上增添了很多本地的物色，而非徒然遵循舊套而已。例如除了中國詩歌中慣見的芙蓉（荷花）、竹床、鳴蟬、綠蔭、薰風、涼雨外，檨林（芒果林）、釋迦梨、椰子酒、蕉衫、菡萏、愛玉凍等也共同成爲本地避暑追涼的象徵。」〔註 303〕其中菡萏即是荷花的別名，和芙蓉是相同植物。至於「檨林

〔註 302〕參考夏鑄九、王志弘編譯，《空間的文化形成與社會理論讀本》，明文書局，2002 年 12 月再版四刷，頁 92。

〔註 303〕見丘逸民，《清代臺灣詩歌中的氣候識覺》，國立臺灣師範大學地理學系，2005 年 2 月，頁 112。

（芒果林）、釋迦梨、椰子酒」等的確可視爲臺地特產，但是如果我們重新檢視作者所引詩作會發現，使用「中國詩歌中慣見的芙蓉（荷花）、竹床、鳴蟬、綠蔭、薰風、涼雨」反而以本土文人爲多，而詩中出現「檨林（芒果林）、釋迦梨、椰子酒、蕉衫」等物的，多爲遊宦文人，這樣的結論又爲本章作下極佳的旁證。

第四章　臺地生活空間的書寫與臺灣意象的認知

清代文人對於臺灣一地的認知，主要還是建立在對於「空間」的體認上，不管是遊宦文人或是本土文人，對於臺灣進行記述時，必然會提及與「空間」有關的地名、景物，而這些景致充填著他們對於臺地的記憶。

畢恆達在《空間就是權力》一書如此陳述「空間」：

> 空間絕不是一個價值中立的存在或是人們活動的背景，它一方面滿足人類遮蔽、安全與舒適的需求，一方面更展現了人們在某時某地的社會文化價值與心理認同。〔註1〕

因此，清代臺灣古典詩中，我們實不能忽略本土文人大量的遊歷寫景之作，藉由方志《藝文志》中所流傳的本土文人作品可以看出，雖然有個人別集的詩人並不多，卻可以發現一個共同的面向，就是「即地寫景」的數量非常龐大。這些詩作誠如畢恆達對於「空間」的定義，它「展現了人們在某時某地的社會文化價值與心理認同」，因此本章從「空間」的角度切入，嘗試使用段義孚和瑞夫等人文地理學者對於「地方感」的定義，以及雷蒙・威廉斯的「感覺結構」，以期能夠深入探討清代臺灣文人對於遊歷之作的撰寫心態。「任何企圖重建地方感或感覺結構的形成過程，及其所連繫於結構歷程的過程，將因採用口述歷史或相當小心謹慎的使用史威夫特（Thrift）所謂的『記憶』和『事物何以變成如此』的不同文獻——日記、自傳、旅行記錄和一般小說，

〔註1〕參考畢恆達，《空間就是權力》，心靈工坊，2001年6月，頁2。

而變得更爲豐富。」〔註2〕而清代時期本土文人與遊宦文人對於臺地與外地景物的記載，或許可以符合這樣的記錄。

此外，道咸同時期，本土文人作品中之所以大量出現遊歷之作，跟此時臺灣已經栽培出具有相當程度的文人士子有關，因爲長期教化有成，臺地居民逐漸了解「仕宦」的意義與重要性，因此渡海赴福州求取功名的人數增加，相對的，詩文中出現大陸地名與景致與作品也增加，適足以和其寫臺地景物之作相對比。

第一節　身在家園——本土文人日常生活空間的即地書寫

文人對於其日常生活空間的書寫，是較八景書寫更能貼近本土文人生活空間的，目前所見幾位本土文人對於生活空間的書寫，有一項很重要的特色，即這些文人都有屬於自己的庭園或書齋，鄭用錫有「北郭園」、陳維英有「太古巢」、黃敬有「觀潮齋」、林占梅則有「潛園」、陳肇興有「古香樓」。加斯東・巴舍拉的《空間詩學》中提出「記憶與空間的關連，對於個人的記憶而言，平生度過重要時刻的私密場所『空間』，往往比年月日期的時間順序，銘記更爲清晰深刻。而記憶其實是依憑特殊空間才得以留駐、定型，否則難免淡褪消失。」〔註3〕而這幾個標誌本土文人重要生命歷程的庭園，正是「平生度過重要時刻的私密場所『空間』」，所以他們在詩作中有許多細緻的描述。庭園的所在位置、樓閣的分佈，在園中進行的種種活動，不只環環相扣，而且都是本土文人藉以認知臺灣這塊土地的線索，這是因爲他們居住樓閣的所在位置都是「臺灣」，所以以這些生活空間作爲定點，文人可以在空間之內進行交流與潛居，也可以走出空間，到其他地方進行活動式的遊覽旅行，進一步擴大對臺灣土地的認識。

既是日常居住地，所以描寫上必然是親臨其地的「即地」書寫，而且也一定較諸其他地方更能細部陳述。那麼，究竟本土文人是如何書寫他們的日

〔註2〕參考夏鑄九、王志弘編譯，《空間的文化形成與社會理論讀本》，明文書局，2002年12月再版四刷，頁97。

〔註3〕參考方瑜解讀，見〈空間　圖像　靈光　李賀詩中的女性圖像——以鬼神二首爲例〉，《臺大中文學報》19期，國立臺灣大學中國文學系，2003年12月，頁137。

常生活空間？他們藉由這個空間的書寫向讀者展示了什麼樣的生活？或是他們「想要」過什麼樣的生活？對此，筆者分成二部分論述，第一部分是日常生活空間的記錄，第二部分則是由生活空間往外擴及到故鄉，看看文人對於自己土生土長的地方，又是以什麼樣的眼光去看待？這些地方對於文人而言，是否有著其他代表性的意義？

一、日常生活空間記錄

陳佳妏指出鄭用錫「北郭園八景」的標誌，「代表了『景觀詮釋權』的移轉，不再僅僅爲官吏所掌握，亦不再爲了地方志的編寫而制訂，而純粹根植於日常生活經驗，拉近了觀景人與景觀之間的審美距離。」〔註4〕假若這一點成立，則文人對於日常生活空間的書寫，將更能貼近並代表文人生活的視野，他們對於日常生活空間作了那些記錄？又寫下了什麼樣的生活呢？詩人們又是如何將「空間」與「生活」聯結而成「生活空間」呢？

（一）鄭用錫與「北郭園」

施懿琳在解釋〈清代遊宦與在地詩人作品中的臺灣意象〉一文，曾提出鄭用錫的〈北郭園八景〉是「將視域集中到自己的生活空間，爲北郭園的特色逐一命名。這一方面可看出臺灣士子的文化生活已到達極細緻的程度；另一方面，我們或可視之爲：本土文人嘗試擺脱官方觀點，發出屬於自己的聲音，隱約有一種以『邊陲』對抗『中心』的思維存在。」〔註5〕並引〈北郭園新成八景答諸君作〉〔註6〕的最後二句「此是平生安樂窩，他時當入淡廳志」認爲他「不一定是要顛覆官方，但是，卻不妨看成本地文人，其實也有意要從被詮釋者的角度翻轉，介入權力中心，爲自己的土地與文化發言。」〔註7〕

施懿琳所引的〈北郭園新成八景答諸君作〉是經由楊浚所改易過的文字，鄭用錫的稿本是作〈北郭園新擬小八景蒙諸公唱和題詩不勝榮幸爰作長

〔註4〕參考陳佳妏，〈滾滾波濤聲不息，斐然有緒煥文章——論清代臺灣八景詩中的自然景觀書寫〉，臺灣生態文化研討會會議論文。

〔註5〕參考施懿琳，《從沈光文到賴和——臺灣古典文學的發展與特色》，第三篇《清領時期臺灣文學的發展與特色》，春暉出版社，2000年6月，頁90。

〔註6〕收於施懿琳等編，《全臺詩》第陸冊，臺南：國立臺灣文學館，2008年，頁28。

〔註7〕參考施懿琳，《從沈光文到賴和——臺灣古典文學的發展與特色》，第三篇《清領時期臺灣文學的發展與特色》，春暉出版社，2000年6月，頁90。

歌以答之〉〔註 8〕，一開始就提到「老夫自笑太多事，新築書齋喜得地。北郭有園兼有池，迴環曲折約略備。輒爲區分諸品目，從頭一一安名字」，楊浚將用錫的「自笑」改爲「笑余」，將原先的自嘲意味作了改動，反而減低了趣味。用錫說「似此八景非虛名，因斯特創爲起例」，顯然將自家庭園選出八景並命名一事，以自己爲第一人而自豪，稿本版另有一首〈述翁公祖大人於郡城內置有公寓一所園亭花木甚得佳勝間分八景邀客賦詩余不及隨景分題惟彙作長古一則以見剛方磊落中偏自具雅人深致也錄此寄呈〉〔註 9〕，楊浚改爲〈聞丁述安司馬（曰健）郡城購園亭多植花木亦分八景書此寄之〉〔註 10〕，就指出丁曰健後來在郡城購置園庭，也仿用錫設八景並且賦詩，用錫在這一首詩就不稱「因斯特創」而改爲「何妨特創」，可以看出他的獨特性。這一首詩作以楊浚改得較爲理想，這是因爲稿本版的〈北郭園新擬小八景蒙諸公唱和題詩不勝榮幸爰作長歌以答之〉與〈述翁公祖大人於郡城內置有公寓一所園亭花木甚得佳勝間分八景邀客賦詩余不及隨景分題惟彙作長古一則以見剛方磊落中偏自具雅人深致也錄此寄呈〉二詩，在詩文的後半段極爲相似，用錫根本就是將前一首詩改易數字之後贈給丁曰健的，茲以簡表對照如下：

北郭園新擬小八景蒙諸公唱和題詩不勝榮幸爰作長歌以答之	似此八景非虛名，因斯特創爲起例。 有人駭笑過鋪張，週遭衹是數畝計。 既非洞天六六藏，但有蒿徑三三翳。得非堂坳當海觀，毋乃封垤作山企。 試較石家梓澤園，李家平泉花木記。奚啻蚊睫蟭螟巢，豈足分題詡清閟。 我聞齞然忽失笑，拘墟不可以語智。達觀奚論境寬窄，芥孔納得須彌翠。 況茲撮土雖不多，亦足引人入深邃。玻瓈户牖虛生白，四時能納清爽氣。 閒來偶此寓目觀，弄月嘲風恣遊戲。巡簷索笑得少佳，顧影獨酌亦成醉。 客聞此言大有理，名時直抉南華祕。 此是老夫安樂窩，何妨分晰標勝致。
述翁公祖大人於郡城內置有公寓一所園亭花木甚得佳勝間分八景邀客賦詩余不及隨景分題惟彙作長古一則以見剛方磊落中偏自具雅人深致也錄此寄呈	似此好景非虛名，何妨特創爲起例。 有客駭笑過鋪張，週遭衹是數畝計。 難比洞天六六峰，但有蒿徑三三翳。得非堂坳當海觀，毋乃封垤作山譬。 試較石家梓澤園，李家平泉花木記。奚啻蚊睫焦螟巢，豈足分題詡清閟。 主人輾然忽失笑，拘墟不可以語智，達觀奚論境寬窄，芥孔尚納須彌翠。 況此數笏雖不多，亦足引人入深邃。□開户牖虛生白，四時能納清爽氣。 退閒偶此寓目觀，弄月嘲風恣娛戲。巡櫓索笑得少佳，顧影獨酌亦成醉。 客聞此言太有理，數語直抉南華秘。 此第暫時安樂窩，豈爲潔身高位置。

〔註 8〕收於施懿琳等編，《全臺詩》第陸冊，臺南：國立臺灣文學館，2008 年，頁 28，註 56。

〔註 9〕同前註，頁 30，註 59。

〔註 10〕同前註，頁 30。

這表示只要是私人園林八景，只要稍改動前半部分，就可以適用於任何地方，換言之，眞正有特殊性的反而是在詩文前半部，依鄭用錫詩中所記，丁曰健的園林是「安園」，而且至少有「山房雙桂」、「瑞榴艷照」、「松生書屋」三景。所以鄭用錫對於「北郭園八景」的命名，在臺灣文學與文化上並不是特立的存在，因爲他的確影響到當時的文人，而且是遊宦文人。

鄭用錫〈次許蔭庭明經及劉星槎茂才吟贈北郭園原韻七律二則〉〔註 11〕提到「北郭園」這個地方，是他「區區度此老年身」的所在，是在「鄉關塵跡溷耕漁，買得郭田爲卜居」，〈再次許蔭明經吟贈北郭園仍疊前韻之作〉也說「老夫歸計問樵漁，新築樂窩徙舊居」，因爲是準備養老所用，也就有了「桑畝鋤來開蔣徑，蕭齋築就倣陶廬」（〈次許蔭庭明經及劉星槎茂才吟贈北郭園原韻七律二則〉）、「自今已遂柴桑願，省卻浮名絆此身」（〈再次許蔭明經吟贈北郭園仍疊前韻之作〉）的「歸隱」打算，既是爲了歸隱，則地點就應該偏向「幽僻」爲佳，也就是〈再次許蔭明經吟贈北郭園仍疊前韻之作〉說的「僻地無塵留靜境」。鄭用錫頗爲滿意北郭園建築的地點，因爲雖然幽僻，但卻是「天開境界鄰城郭，地絕喧闐隔市寰」（〈再吟北郭園七律一則〉）、「絕囂仍近市，避俗卻當城」（〈詠北郭園五言排律一則〉），所以生活機能應該不差，從園中往外看，可見「雉堞門前擁，鴉鋤野外耕。畦連千畝闊，山遠一屏橫。花木爭春秀，樓臺待月明。窗虛風氣爽，院靜竹陰清。積石峰俄聳，穿池水自盈」（〈詠北郭園五言排律一則〉）的優美景致，生活在其中，自然是舒暢無比了。不過，對於北郭園亭閣的奢華，用錫卻是非常不以爲然，〈北郭園即事誌勗〉就提到，他當初蓋北郭園是「費盡傾囊金，買來地幾畝」，但是到了兒孫手裡卻「高低成樓臺，屈曲通戶牖。鑿沼引源流，編籬種花柳」，因爲太過鋪張，所以用錫會劈頭就說「兒輩太豪奢，不量力可否」，與其要將錢花在無謂的建築，還不如用在教育上頭，因此〈北郭園即事誌勗之二〉才會有「百年計樹人，十年計樹木。樹人教未能，植木園已築……樹木效可知，樹人理豈獨。所願諸兒曹，乘時要勤讀」的一番勉勵。

（二）陳肇興與「古香樓」

還沒有建立「古香樓」之前，陳肇興對於居處的生活記錄可見於〈齋前

〔註 11〕收於施懿琳等編，《全臺詩》第陸冊，臺南：國立臺灣文學館，2008 年，頁 65，註 182。

觀穫〉及〈書齋偶興〉。〈齋前觀穫〉〔註 12〕的地點應是在他的書齋，詩人以「好繪豳風圖一幅，他年留待答昇平」形容農村稼穡的情形，因爲「天與書生知稼穡」，所以陳肇興可以拿筆，也可以拿鋤頭，他對於農事的嫻熟，讓他有〈春田四詠〉〔註 13〕、〈秋田四詠〉〔註 14〕的佳作，也讓他在逃難之時得以維生。至於〈書齋偶興〉〔註 15〕提到他的以舌耕爲業（「糊口祇憑三寸舌」），偶而「舐筆和鉛學點鴉，年年塗抹作生涯」，我們只能看到這時期的他如何爲生活奔波忙碌，卻不見絲毫品味生活、開心度日的字眼，這種情形要到古香樓建成之後才有所改變。

陳肇興的「古香樓」建於咸豐八年，主要作爲書房及居處，他有二首作品是對於自己居住空間的陳述與記錄，〈古香樓落成移居即事〉〔註 16〕詳述了陳肇興建立「古香樓」的動機是「爲藏萬卷築高樓，鄴架曹倉次第收。四壁詩箋書五色，一窗燈火照千秋」目的是爲了藏書，也是爲了居住「小築吟樓號古香，半儲書畫半巾箱」（〈憶故居〉）〔註 17〕。而從「遷喬曾爲賦閒居，五載經營奉板輿」（〈憶故居〉）來看，這次的興建前後總共花了五年的時間。

從「弟兄共住東西屋，妻子還分上下牀」來看，生齒浩繁，但居住空間卻並不充足，一家人必須擠在狹小的生活空間，這可能是因爲家境並不寬裕（「無多別業悲生計」），而築此樓時又散盡家財的緣故（「誅茅誰助草堂錢，賣盡文章又賣田」），但對於陳肇興來說，即使家境不佳，生活空間狹隘，能夠一家人團聚、孝順母親（「潘岳閒居原奉母，葛洪移宅總游仙」），也就足夠了，陳肇興自稱這是「鳩居」（「此生卜宅總如鳩」），其實是很寫實的。

陳肇興在古香樓中的生活，主要是讀書，「有味書鐙憶少年」、「百尺元龍寄興長」、「知否三遷慈訓在，未能奮發愧前賢」，此外，由於樓前景致極佳，所以還可以「雨後看山千黛綠，窗前對月半天涼」，尤其是「窗前對月」一景，大概是古香樓最好的景致了，所以陳肇興又有一首〈古香樓對月〉〔註 18〕

〔註 12〕收於施懿琳等編，《全臺詩》第玖冊，臺南：國立臺灣文學館，2008 年，頁 200。

〔註 13〕同前註，頁 214～215。

〔註 14〕同前註，頁 215～216。

〔註 15〕同前註，頁 232。

〔註 16〕同前註，頁 233。

〔註 17〕同前註，頁 278～279。

〔註 18〕同前註，頁 234。

說「高樓明月夜，有客正吟詩。照我團圞影，逢君三五時。美人在何處，竟夕起相思。欲抱瑤琴和，泠泠露濕衣」。

古香樓的建築對於陳肇興而言，除了能夠藏書（「圖書插架一樓香」）、讀書、享受生活、安頓家人外，這座樓還有著「承繼先人」的象徵意義，第一首提到這座樓蓋好之前是「塵中何處可忘機，先世猶存兩版扉」的，但是因爲「海燕十年頻易主，茅龍三歲一更衣」，以致於家人居無定所，爲了避免無家可居的窘境，於是「牽蘿補屋功粗定，倚樹爲巢計不非」，當樓蓋好之後，正好能夠銜接「猶存兩版扉」的「先世」。〈閒居〉〔註 19〕之二說「百尺高樓接太荒，開門時對遠山蒼。斷雲歸岫形千變，圓月入窗影四方。古硯墨留銅雀瓦，熏爐火爇寶猊香。幽居不少娛心處，一卷唐詩味已長」，對詩人來說，置身古香樓的玻璃窗下（「玻璃四面圍吟榻」、「玻瓈牖下安吟榻」），是能夠「抵仙家白玉欄」的，這時候的居家生活的和樂幸福自是不言可喻，能夠「拋殘世事自閒居」的生活，是何等舒心快活。但是這樣的居家環境卻毀於戰火之中，〈憶故居〉一詩可說是「古香樓」的終曲，藏書與詩文都毀於這次戰火中「萬卷圖書歸浩劫，一年文武畢今朝。可憐嘔盡心頭血，千首詩都付火燒」，散盡家財，花了五年的時間興建的古香樓，如今卻成「帑金掠盡門窗圮，惟有青苔對夕陽」的模樣，過往的生活記憶全都付之一炬，這是何等痛心的事情。

（三）李逢時與「棲雲別墅」

咸豐七年（1857），李逢時就已經與族弟李春波合蓋「棲雲別墅」，〈暮春與同人遊棲雲別墅〉〔註 20〕的小序交待了這棟建築的由來：「在枕頭山下，離城西五里許，丁巳與族弟春波同置多種果子樹木，土人漁其利而就耕焉，每值春日桃李盛開，足供遊玩，因名之曰：棲雲別墅。」

棲雲別墅蓋在「枕頭山」，即現在宜蘭縣員山鄉枕頭山一帶，李逢時先在附近種植果子樹木，後來吸引當地人參與耕種，雖然美其名是「別墅」，但也不過只是「修竹自村半弓地，小山斜枕數間廬」、「手結衡茅傍水西」的小茅屋而已，而且茅屋四周種滿竹子，屋旁有紅葉青山。種植果子樹木的地方不大，詩人說是「彈丸地」，而且還是「舄」，也就是「潟」，是鹹而貧瘠的土地，

〔註 19〕收於施懿琳等編，《全臺詩》第玖冊，臺南：國立臺灣文學館，2008 年，頁 267。

〔註 20〕同前註，頁 28。

但他卻從這樣的環境中體悟到許多生活樂趣，「川長自種花千樹，果落時聞鳥一啼。黃葉隔村人叱犢，白雲垂野客扶犁」都是扣住「深耕」而來，李逢時認爲這是「眞個涉園多趣事」，確實是如此。

棲雲別墅至少存在一段時間，因爲八年後李逢時曾又到過棲雲別墅，〈乙丑棲雲別墅漫興（同治四年）〉〔註21〕七絕四首，所看到的景致和八年前幾乎相同：

> 一桁青山帶夕曛，數村雞犬日相聞。巖居莫說無供給，有客扶犁耕白雲。
>
> 何必窮荒闢草萊，枕頭山下小園開，問余蹤跡在何許，判斷江山去未回。
>
> 竹間隨意引流渠，日去鋤雲種野蔬。桃李遍開山下路，煙霞自占水邊居。
>
> 新釀春雲一甕香，頹然日以醉爲鄉。花天絮地自成世，翻覺人間無短長。

雖然美其名有座棲雲別墅，但他的生活卻不是富裕無虞的，咸豐九年的〈己未之春作〉〔註22〕說「舌耕得蠅利，錙銖何足羡」，既是以教書爲業，生活僅能餬口，若要因此大富大貴是不太可能的，作於同治元年的〈貧居二首〉〔註23〕之一就說「不到奇窮品不高，業儒終鮮富而豪。囊中一向無長物，范叔甘寒愧贈袍」，對於身無長物、阮囊羞澀的處境，詩人用以自勉的是「不是爲儒便要寒，財容易得義爲難」（〈貧居二首〉之二）。李逢時說自己「褊性愛幽居，立錐地未便。籬落架薔薇，小庭當芳甸。此處堪棲遲，鷦鷯一枝戀」（〈己未之春作〉），可以知道他平日居住的地方也不大，但是仍然能夠享受生活，同治元年的〈閒居偶賦二律〉〔註24〕就提到李逢時平日可以「杖策安行作散遊，隨山陟降興悠悠」、「絲綸只在釣魚竿，世亂何須作美官」，然而雖說是「閒居」，從他的景物挑選上，卻很能看出他抑鬱不得志的心境，在「峰尊易受浮雲蔽，樹大難將老葉留。怪石攔人教側步，鳴泉出峽解分流」的描寫中，我們看不到風景宜人，反而感到詩人的「別有所指」：「浮雲蔽峰」當是

〔註21〕收於施懿琳等編，《全臺詩》第玖冊，臺南：國立臺灣文學館，2008年，頁74～75。

〔註22〕同前註，頁33。

〔註23〕同前註，頁61。

〔註24〕同前註，頁64。

「浮雲蔽日」，詩人此時的不得志，可能跟奸佞當道有關，「樹大難將老葉留」則因「樹大招風」之故，老葉難以攀附，詩人提到「緣知清濁不相溷，其奈明珠多暗投」，用了「明珠暗投」的典故，指出自己的才華因爲落入不明價值的人手裡，而得不到賞識或珍愛，更是和「浮雲蔽日」、「樹大招風」的象徵一致。常處這樣的心境底下，也無怪乎詩人會「磨人歲月常添病，說鬼醫書久厭看」了，除非是「但逢知己瀝胸肝」，否則「空有賢豪山水癖」也是徒然。

我們如果對照詩人在居家生活以及待在棲雲別墅時的感受，不難發現這個地方對他的意義，棲雲別墅的生活是「一桁青山帶夕曛，數村雞犬日相聞」，是可以「竹間隨意引流渠，日去鋤雲種野蔬」，甚至「新釀春雲一甕香，頹然日以醉爲鄉」的，這種「花天絮地自成世，翻覺人間無短長」的生活，和「峰尊易受浮雲蔽」、「怪石攔人教側步」相比，隱遁的意味濃厚。

（四）陳維英與「太古巢」

《淡水廳志》記載「太古巢：在劍潭前圓山仔頂，陳維英建」〔註25〕、「太古巢」是陳維英的別墅，維英晚年多隱居於此。陳維英的老家在現在的臺北市大同區斯文里，依廖漢臣的研究，「大花廳右邊有一個小室，是昔日迂谷讀書的地方，或即所謂仰龜書房。此外還有一個別業，最初是建築在獅子巖，齋名棲野巢……這個別業的建置，似乎比那有名的『太古巢』較早……《太古巢聯集》有載『嘯園別業』一所……從聯文看來，這個別業也是建置於劍潭之畔。」〔註26〕由此可知，陳維英的居住空間有老家（老家有仰龜書房）、而別業先後有棲野巢、嘯園別業〔註27〕及太古巢，家裡應該還有一個場合是

〔註25〕見陳培桂，《淡水廳志》，卷十三〈考三古蹟考〉，「園亭（附）」，臺灣銀行經濟研究室，臺灣文獻叢刊第172種，同治九年，頁346。

〔註26〕見廖漢臣，〈巢名太古尋遺跡——記迂谷陳維英〉，《臺北文物》2卷2期，1953年8月15日，頁356～357。

〔註27〕關於棲野巢與嘯園別業，廖漢臣認爲是二個地方，徐麗霞及謝碧菁則以爲是同一個地方，徐麗霞說「棲野巢，是太古巢而外，陳維英另一耳熟能詳的別業，又稱『嘯園』。」見徐麗霞，〈陳維英之別業：太古巢與棲野巢（二）〉92卷2期＝548期，2004年2月，頁103。謝碧菁說「迂谷另一處別館名爲『棲野巢』，又名『嘯園』」見謝碧菁，〈陳維英詩歌反映之臺灣自然與人文〉，《臺灣文學評論》5卷4期，2005年10月，頁68。二位研究者的說法不知引證自何處？若依謝碧菁所引「國科會數位博物館臺灣建築史網站」上資料來看「他另又築一園曰『嘯園』或『棲野巢』，可能亦在劍潭附近。」原始資料使用「或」字，表示原撰著者同樣不能肯定其是否爲同一處？因此筆者

「養蘭棚」。

陳維英題〈太古巢〉的對聯說：

> 嘗觀城市富豪家簣山沼水籠鳥盆魚縱繁華整飭究無活潑潑機似雅而俗
>
> 因思林泉幽僻地屏嶂襟江茵花幄樹衹潦草安排便成坦蕩蕩境宜酒與詩〔註28〕

提到這是「幽僻地」，所以「俗客不來苔蘚肥」（以下詩句皆引自〈太古巢即事〉）〔註29〕，除了幽僻外，還是「無活潑潑機似雅而俗」，這當然是維英自謙，這一個「樹老豈栽盤古日，枝棲獨闢有巢天」的優美之地中，可以煮茶讀書（「露煮春茶將葉掃，風吹詩草並花飛」、「小窗讀史與溫經」）；可以釣魚爲樂（「笑魚得意躍無休，惹得漁人與作仇」、「比比求魚坐石看，或罾或網或垂竿。得魚當局旁觀喜，彼喜售錢我喜餐」）；可以看到鷺鷥棲息枝頭的景像如「萬綠欉中開白花」一般，也可以看到「牧童就草上危巔」，以及「人如螻蟻牛如豆，買得奇觀不用錢」的人文活動；居處附近有寺廟，所以在聽覺描寫上，可以常常感覺到鐘聲及梵音（「隔一重江佛國開，劍潭寺隱碧林隈。山僧日日通音問，故送鐘聲渡水來」、「竹戛琅玕泉漱玉，梵音一洗太古諧」），難怪詩人的另一副對聯上聯會說「三頓飯數杯茗一爐香萬卷書何必向塵寰外求眞仙佛」〔註30〕。

園中景致有「兩儀石叫驚山鬼，八卦潭澄問水仙」〔註31〕（〈題太古巢〉）〔註32〕，和〈太古巢即事〉中所說「兩儀石得陰陽氣，八卦潭通坎兌根。別有洞天開小口，箇中涼不異桃源」是同一事，陳維英在詩中一再提及，應該是他對於太古巢中的這二個景點相當滿意的緣故，詩人說「樹老豈栽盤古日，

採取存疑的態度，暫將這二個地名視爲二個地方，而非同一地。

〔註28〕收於施懿琳等編，《全臺詩》第伍冊，遠流出版公司，2004年，頁211。

〔註29〕同前註，頁164～166。

〔註30〕同前註，頁211。

〔註31〕王松《臺陽詩話》有一則提到「臺北山水奇秀甲海外，蓮座山劍潭，其尤著者。潭前太古巢，爲陳迂谷先生讀書處。此間古蹟甚多，誌載其題壁句：『兩儀石上搜遺跡，八卦潭前隱散仙』，與所著偷閒集原作不同；即林雪級先生過內湖莊後半首，亦非本來面目。傳聞某閣學修誌時，喜改人詩，致諸先正遺稿半被改壞。何其遇人不淑歟！」見《臺陽詩話》，臺灣省文獻委員會，1994年5月，頁12。

〔註32〕收於施懿琳等編，《全臺詩》第伍冊，遠流出版公司，2004年，頁163。

枝棲獨闢有巢天」（〈題太古巢〉）不只點題，也透顯出一派悠閒。

這種環境展現出來的感受，詩人用「定時不用時辰表，暮看鴉飛曉聽雞」、「明朝歸去誇朋輩，我是義皇以上人」（以上詩句引自〈太古巢即事〉）、「山無甲子不知年，國入華胥夢枕邊」（〈題太古巢〉）來陳述，眞是得到了隱居的眞髓，詩興也自然大發，所以才會說「絕好山川不染塵，得詩點綴聳精神。山靈應共川靈說，多謝詩人爲寫眞」，而下聯的「曉露花午風竹晚山霞夜江月都於無字句處寓大文章」，其實也交代這一作別業所帶來的生活情趣。

陳維英有幾幅居家的對聯是要注意的，他說「帝天禍福報不在境之窮通美名爲福惡名爲禍　仕宦榮辱關非論官之大小溺職則辱稱職則榮」〔註 33〕應該是承自庭訓，而「衣食勿奢原父訓　山林無事亦君恩」〔註 34〕前句說要戒奢，這一點似乎屢爲維英所強調，「數十年克儉克勤祖宗創業」〔註 35〕、「布可溫粟可飽須知從儉處得來」〔註 36〕二下聯都是同樣用意，他也強調人倫，認爲「第一等不仁不義兄弟爭田」〔註 37〕、「子宜孝弟宜恭要於讀書時理會」〔註 38〕，對於教育子弟的態度也有提及：「子弟姪皆毋溺愛　君親師何以酬報」〔註 39〕，其中以「男子亂倫天雷擊碎　女人失節地獄凌遲」〔註 40〕一聯最値得玩味，如此嚴厲至極的字眼，更可以看出他對人倫的重視。

他的題〈仰龜山房〉〔註 41〕有一小序說「龜山當户，因念宋楊龜山先生爲吾閩道學祖也。高山仰止，仰之彌高，吾以名吾山房」，可以知道這是維英書房，他有兩聯自題楹帖，很能看出對自己考取功名的得意，分別是「槐市明經　蘭廳主講」〔註 42〕、「榕城司教　薇閣侍書」〔註 43〕。

〔註 33〕收於施懿琳等編，《全臺詩》第伍冊，遠流出版公司，2004 年，頁 260。
〔註 34〕同前註，頁 260。
〔註 35〕同前註，頁 262。
〔註 36〕同前註，頁 262。
〔註 37〕同前註，頁 262。
〔註 38〕同前註，頁 262。
〔註 39〕同前註，頁 261。
〔註 40〕同前註，頁 261～262。
〔註 41〕同前註，頁 267。
〔註 42〕同前註，頁 268。
〔註 43〕同前註，頁 268。

（五）黃敬與「觀潮齋」

陳維英《太古巢聯集》中有〈黃必先捷泮〉〔註 44〕及〈黃必先由廳案前捷泮〉、〈輓黃必先祖母（年八十五）〉〔註45〕三聯，其中〈黃必先由廳案前捷泮〉〔註 46〕有註云「黃別構於關渡山以濱水曰：觀潮齋。而齋適對坌嶺，而坌嶺吐霧，乃淡北八景之一也」，所以「必先」應該也是黃敬的字或號之一，《偷閒錄》中還有一首〈賀黃景寅新婚〉〔註 47〕詞作，從這幾首作品來看，陳維英與黃敬的交游是密切的。陳維英的長女嫁給廳庠生黃斆，「黃斆字覺民，淡水干豆庄人，即著名的『關渡先生』黃敬之弟。」〔註 48〕顯然陳維英應年長於黃敬，由此可知黃敬的生年不會早於陳維英出生的嘉慶十六年（1811），道光二十五年乙巳（1845）秋，黃敬作〈曹仁憲榮壽〉〔註49〕祝賀曹謹，道光二十八年（1848），安溪舉人盧春選來淡設教，乃師事之；咸豐四年（1854）取中歲貢生，後獲授福建福清縣學教諭；同治五年到八年（1866～1869）與李逢時、陳維英等人同時參與賞花活動。

黃敬有〈觀潮齋即景〉〔註 50〕交代了觀潮齋的景致以及他的日常活動，因為是在「關渡山以濱水」，所以常能看見「漁燈點點照江紅。輕鷗逐浪浮還沒，小艇隨波西復東」（之一）、「卜築關山一曲崇，渡頭漁火對門紅……泛泛江鷗戲水東」（之三）、「天暮靄遮高樹，遠浦漁舟泊晚風」（〈觀潮齋即景仝迴文〉）〔註51〕的景致。

黃敬在詩中的每一首分別用了「漁燈點點照江紅」、「絕少塵飛拂面紅」、「渡頭漁火對門紅」、「山靄蒼蒼晚日紅」、「藜燈靜對野燈紅」、「蘆洲漁火暗還紅」、「峰頭夕照落江紅」、「奇花滿院吐深紅」、「片片晴霞映日紅」（〈觀潮齋即景仝迴文〉）等不同層次的「紅」，之所以這麼強調紅色色調的景致，是因為「潮齋自昔久推崇，照讀還吹漁火紅」（之五）的緣故，以漁火為主，夕

〔註44〕收於施懿琳等編，《全臺詩》第伍冊，遠流出版公司，2004 年，頁 218～219。
〔註45〕同前註，頁 245。
〔註46〕同前註，頁 219。
〔註47〕陳維英，《偷閒集》，《臺北文物》3 卷 2 期，頁 92。
〔註48〕見廖漢臣，〈巢名太古尋遺跡——記迂谷陳維英〉，《臺北文物》2 卷 2 期，1953 年 8 月 15 日，頁 98。
〔註49〕收於施懿琳等編，《全臺詩》第肆冊，遠流出版公司，2004 年，頁 113～114。
〔註50〕同前註，頁 114～115。
〔註51〕同前註，頁 116。

陽、紅花及野燈等等為輔，去營造居住空間的色彩，不管是漁火紅或夕陽紅，它們都共同點出描寫的時序在「夜晚」，顯然，黃敬認為觀潮齋中所見的景致以夜晚最美，所以他大力在這一點中發揮，除了視覺一片火紅外，聽覺上還有鐘聲及搖櫓聲「更有一般眞景趣，夢魂遙寄櫓聲中」（之四）。

平時待在觀潮齋的黃敬，是個很會享受生活的文人，在這裡可以吟詩「半榻詩書太業崇」、「吟邊不少詩奴興，漫學新言寄此中」（之六），可以設帳教學，「設置科條德教崇」（之九），可以青雲立志：「此去雲衢應不遠，試看鵬奮九霄中」（之五），可以垂釣：「此間別有閑天地，大半生涯在釣中」（之三），更可以觀景攬勝，「登臨誰識留賓意，萬里江山入眼中」（之七），無怪乎他會說「莫言箇裡無眞趣，別有乾坤在此中」（之一）、「便覺眼前皆悟境」（之二）了。

（六）林占梅與「潛園」

《淡水廳志》曾提到潛園的位置與建築時間，「潛園：在廳治西門內，林氏別業。道光二十九年林占梅建。中有水可泛舟，奇石陡立。又有三十六宜，梅花書屋，掬月弄香之榭，留客處，諸勝。」〔註52〕

潛園之中的建築物極多，依占梅詩中所述，最常出現的幾座建築分別為：涵鏡軒、爽吟閣、師韞軒（女眷住處）、綠榕樓、浣霞池等；而占梅在潛園之中的生活，依徐慧鈺在《林占梅園林生活之研究》的研究，約可分成「雅集」及「潛居」二大類，「雅集」是占梅對外的人際關係與交遊活動，文人雅士聚集潛園，通常進行擊缽分韻、撫琴弄箏，再來就是賞花玩月、飲酒品茗了；「潛居」則是詩人自己的生活情趣，在潛園生活的林占梅，平常會進行吟詠、撫琴、書畫、品茗、參禪修道、布置園林、收藏及遊賞〔註53〕。占梅對於潛園生活的綜合性描述，可從〈友人詢潛園近景作此答之〉〔註54〕一詩看出，詩人說「寫興詩千首，開懷酒一樽。茶甘留舌本，香妙淨聞根。鼓鍜懷嵇灶，圍棋慕謝墩。撫琴欣有趣，讀畫悟無言」、「吟社新盟結，歌場艷曲翻。愛才

〔註52〕陳培桂，《淡水廳志》，卷十三〈考三古蹟考〉，「園亭（附）」，臺灣銀行經濟研究室，臺灣文獻叢刊第172種，同治九年，頁346。

〔註53〕徐慧鈺，《林占梅園林生活之研究》，國立政治大學中國文學系博士論文，2003年7月，頁136～190。

〔註54〕收於施懿琳等編，《全臺詩》第柒冊，臺南：國立臺灣文學館，2008年，頁305～306。

頻說項，賭醉每留髡。笠屐身猶健，林泉樂弗諼」，已經將在潛園的生活作了細部而詳盡的陳述，而〈潛園適興六十韻〉〔註 55〕則對潛園景致有極爲詳盡的描寫，「斑紅階蘚潤，茸碧屋蘿牽。水闊波跳鯉，林深樹曳蟬。撫松凭偃蹇，趁鶴步翩躚。淡淡堤搖柳，泠泠沼瀉泉。春融芬岸芷，露浥襲汀蓮。舞蝶翻歌扇，浮鷗傍釣船。橋多修澗繞，路杳隔牆連。芡實雞頭剝，菱藤鴨腳纏。門低榕並亞，籬密槿添編。引蔓葡萄架，薰芳茉莉田。菓垂羅僕熟，藹綻佛桑妍。泛鷁迴塘曲，盤蛇造洞巔。苔滋層磴滑，岩瀑一流懸。題壁鴻留爪，窺渠鷺立拳。荷喧池過雨，竹暝徑籠煙。撒網危磯上，投壺小院前。蔬澆抽甲壯，菊種課丁虔。穴土挖成室，誅茅構數椽。清宵蟲語碎，晴晝鳥聲穿。格磔啼秦吉，軥輈叫杜鵑。百株栽絳雪，萬卷錄丹鉛。風定雲橫岫，星稀月在天。樓臺皆倒影，亭榭盡臨淵。」

置身其中，有著「吾生知足甚，名利不須論。不官如栗里，此地即桃原。入世嗤牛馬，歸山約鶴猿」（〈友人詢潛園近景作此答之〉）的體悟，他的〈潛園適興六十韻〉也說「頗得淵明趣，非同仲子賢。築園容寄傲，著屐任周旋。適意欣孤往，娛情倦忘還。崖高堪望遠，地靜覺居偏」、「默默囂塵減，悠悠俗慮捐。有心追隱逸，無志慕騰騫。況免饑寒逼，猶兼疾痛蠲。曾聞唐白傅，閒散即神仙」，因爲在潛園的生活會讓詩人親身感受到「歸隱」的「適意」與「閒散」，所以他常會在詩中自比陶淵明，〈園齋習靜〉〔註 56〕說「十畝獨開三友徑，一編自嗜五侯鯖」、「記取秋英齊吐艷，東籬縱飲且追陶」，〈園居二十韻〉〔註 57〕也說「輞川曾覓勝，栗里未探奇。即此無他願，平生肯自欺。優悠將廿載，餘事復何期」，事實上，「潛園」的「潛」字即有「潛藏」、「歸隱」的意味，也可能和陶淵明的名字「潛」有關，這種「陶淵明情結」其實不只見於占梅，也普遍存在於本土文人，這一點我們將在第八章有詳細分析。

二、本土文人的生活地標

施懿琳認爲「透過土地的書寫，尤其是八景的刻鏤，爲臺灣尋找可以著根的地標，藉著絕美景物的描寫和群體的吟詠，產生更深厚的土地認同感。

〔註 55〕收於施懿琳等編，《全臺詩》第捌冊，臺南：國立臺灣文學館，2008 年，頁 87～89。

〔註 56〕收於施懿琳等編，《全臺詩》第柒冊，臺南：國立臺灣文學館，2008 年，頁 113～114。

〔註 57〕同前註，頁 282。

藉由這樣的系列書寫，詩歌不再只是具有文學層面的價值，它本身就承載著豐富的文化義蘊，並能喚起住民的集體記憶。就這一點而言，臺灣地景詩的描寫，不宜只是看成單純的寫實詩，而可以被解讀出特殊的內容和意涵來。」〔註 58〕這一點是可以成立的，但筆者想進一步討論的，是「八景的刻鏤，爲臺灣尋找可以著根的地標」這一點，其實有可以再檢證的空間，因爲對於本土文人而言，眞正可以著根的地標，不一定是在那些被遊宦文人「命名」及「揀擇」的八景上，而是他們自身的生活空間。

（一）臺灣東部的「噶瑪蘭」

1. 本土文人的「三貂」印象

李逢時作品中大量出現的「三貂」地名，幾乎已經成爲他認知臺灣的重要「地標」。作爲故鄉的門戶，「三貂」之於李逢時，有著多重的意義：它可以是山水情懷的寄託，藉由遊歷「三貂」，表現其悠遠閒適的心境，〈三貂〉一詩寫道：

> 草嶺回看日已西，筍輿又過下雙溪。三貂道上林花落，山雨初晴叫竹雞。

這是李逢時咸豐九年初次離鄉時所作，而〈三貂嶺頂口占〉則作於咸豐十年，詩云：

> 下嶺眾山高，上嶺眾山小。立身雲外峰，短樹低飛鳥。

在下過雨的三貂嶺裡，乘坐「筍輿」越過山、溪，眼前看到了林花飄落的景致，耳朵聽到竹雞的叫聲，李逢時在這裡藉由視覺與聽覺的摹寫，營造出一片祥和溫煦的天地，在嶺上俯瞰眾山，「立身雲外峰」，大有「念天地之悠悠」的孤寂感。除了呈現山中靜謐的氣氛外，這裡也是他詩興的誘發點，是促使其詩歌創作的動力之一，〈三貂嶺遇雪〉寫到「詩思每從驢背得」、〈三貂〉的「尋詩不覺到三貂」以及下文的〈三貂山歌七章〉「詩懷到此隨花發」，都點出他的創作與這一地點不可分的關係。至於咸豐十一年的〈三貂山歌七章〉則以上下貂山爲對比，深刻描寫三貂山的外在景致，及給人的感受：

> 上貂山兮石屹屹，下貂山兮苔滑滑。一路貪看秋海棠，詩懷到此隨花發。嗚呼隨花發兮一歌逸，嶺頭揮灑凌雲筆。

〔註 58〕參考施懿琳，《從沈光文到賴和——臺灣古典文學的發展與特色》，第三篇《清領時期臺灣文學的發展與特色》，春暉出版社，2000 年 6 月，頁 90～91。

> 上貂山兮力百倍，下貂山兮心如殆。開闢當年人已非，萬古青山長不改。嗚呼長不改兮二歌悲，明月美酒安可辭。
>
> 上貂山兮樹蓊蔚，下貂山兮林幽邃。回頭不見有人來，木末但聞人語墜。嗚呼人語墜兮三歌放，行將採藥扶雲杖。
>
> 上貂山兮高插天，下貂山兮深重淵。旅人到此魂消沮，牽馬下車卻不前。嗚呼卻不前兮四歌發，江湖散步吟風月。
>
> 上貂山兮雲不開，下貂山兮陰雨來。叢樹猿啼山果落，行人墜淚心肝摧。嗚呼心肝摧兮五歌軼，何時披霧見天日。
>
> 上貂山兮天放亮，下貂山兮數青嶂。俯瞰南溟入渺茫，海天空闊襟懷曠。嗚呼襟懷曠兮六歌揚，吾將投袂游帝鄉。
>
> 上貂山兮汗如雨，下貂山兮日傍午。揚鑣直上青雲梯，指顧三峰天尺五。嗚呼天尺五兮七歌終，東游弱水蓬萊宮。

詩人從上下貂山時的外在環境（「樹蓊蔚」、「林幽邃」、「高插天」、「深重淵」、「一路貪看秋海棠」）、氣候（「雲不開」、「陰雨來」）、時間（「天放亮」、「日傍午」）、地理特徵（「石屹屹」、「苔滑滑」）及自身感受（「力百倍」、「心如殆」、「汗如雨」）入手，細寫上下貂山時的種種情形，並由外在景物牽引到內心感受，達到情景雙寫的目的，在上下貂山的過程中，旅人與行人所感受的情緒恐怕是悲多於喜的，不管是因山勢高聳而使得「旅人到此魂消沮，牽馬下車卻不前」，或是因爲「叢樹猿啼山果落，行人墜淚心肝摧」而「心肝摧兮」，都讓讀者或多或少感受到其中的蒼涼。但詩人的眞實情感，卻在每一首詩的末句可以看出，從「嶺頭揮灑淩雲筆」開始，到「明月美酒安可辭」、「行將採藥扶雲杖」、「江湖散步吟風月」的閒適，一直到「吾將投袂游帝鄉」的雄心壯志，在在能夠看出他對於這個地方的細密觀察，以及這個地方對他的影響。

至於〈三貂嶺遇雪〉〔註 59〕云：

> 朔風吹雨凍征衣，強附青蘿上翠微。詩思每從驢背得，雪花爭踏馬蹄歸。千山落葉空啼鳥，萬壑流泉掛夕暉。日暮天空長寂寞，小橋沽酒醉雲扉。

〔註 59〕收於施懿琳等編，《全臺詩》第玖冊，臺南：國立臺灣文學館，2008 年，頁 103。

詩中「朔風吹雨凍征衣」、「雪花」都是從外在觸覺描寫山中的冷冽，也間接寫出「三貂嶺」的高聳，〈三貂〉〔註 60〕「一嶺橫飛嚴鎖鑰，三峰並出插雲霄」、「此去嶺頭天尺五，好隨羊角上扶搖」同樣點出這樣的特色；「朔風」使得「千山落葉」、「鳥空啼」，也使得「馬踤爭踏雪花歸」，對於三貂嶺上的嚴寒，作於同治十年之後的〈兩度貂嶺〉〔註 61〕也還提到：

昨夜嚴霜透骨寒，滿天風雨過貂山。爲伸大義甦民困，杖策長征離故關。

從「爲伸大義甦民困，杖策長征離故關」不難看出李逢時數度進出「三貂嶺」的最重要動機，李逢時每每提及此山山勢高聳，攀登不易，「上貂山兮高插天，下貂山兮深重淵。旅人到此魂消沮，牽馬下車卻不前」即是，也提到路途遙遠「上貂山兮汗如雨，下貂山兮日傍午」；山裡林木蓊鬱、氣候多變，登此山大有「俯瞰南溟入渺茫，海天空闊襟懷曠。嗚呼襟懷曠兮六歌揚，吾將投袂游帝鄉」的氣闊，這樣的情懷也見於同治十年之後的〈望貂山〉〔註 62〕：

兀坐官齋冷似秋，遠從貂嶺溯來遊。山高易受浮雲蔽，林密難邀返照留。怪石攔人教側步，鳴泉在峽羨清流。相思舊日煙波客，自在生涯一釣舟。

當我們觀看李逢時對於三貂嶺的描寫時，難免會有一個錯覺，三貂嶺真的這麼高聳嗎？還是這只是詩人的誇飾寫法而已？對此，我們以姚瑩〈臺北道里記〉一文對「三貂嶺」的記錄爲參照：

盤石曲磴而上，凡八里至其嶺。嶺路初開，**窄徑懸磴，甚險，肩輿不能進**。草樹蒙翳，仰不見日色，下臨深谿，不見水流，惟聞聲淙淙，終日如雷。古樹怪鳥，土人所不能名，猿鹿之所遊也。藤極多，長數十丈，無業之民，以抽藤而食者數百人。山界廣約數十里，內藏生番。其外熟番，有社及街市，在楊廷理新開路東，因其路迂遠，人不肯行，故多由此舊路云。**嶺上極高，俯瞰雞籠在嶺東南**，海波洶湧，觀音、燭臺諸嶼，八尺門、清水澳、跌死猴坑、卯裏鼻諸險，皆瞭然如掌，蓋北路山之最高者矣。〔註 63〕

〔註 60〕收於施懿琳等編，《全臺詩》第玖冊，臺南：國立臺灣文學館，2008 年，頁 103。

〔註 61〕同前註，頁 93。

〔註 62〕同前註，頁 94。

〔註 63〕姚瑩，《東槎紀略》，卷三〈臺北道里記〉，臺灣銀行經濟研究室，1957 年，頁

唐贊袞《臺陽見聞錄》也說「三朝嶺，今名三貂，爲北最高之山，人謂之摩天嶺。過此，至噶瑪蘭。」〔註64〕可以看出李逢時所描述的，應當不是誇飾，而〈三貂嶺秋海棠次魏廣文（緝熙）原韻〉〔註65〕也提到三貂嶺的寒冷，使得此地只有秋海棠可以勉強生長，李逢時諸作中，以作於同治五年至八年間的〈羅東官舍感懷〉〔註66〕爲情景交融的代表：

> 三貂萬仞鎖雄關，太息滄桑指顧間。海外即今橫赤漢，蘭中何日化烏蠻。詩非傑作無佳思，酒到奇愁不破顏。駑驥自來難並駕，縶維空嘆忽同閑。

「三貂」作爲出入東部地區的地標，不只是李逢時對它情有獨鍾，遠赴大陸任官多年的李望洋，在返回家鄉之後，同樣對於這一個地點多所著墨，是除卻西遊記行的地點之外，唯一入詩最多的臺灣地名，〈三月六日寓南臺中亭街〉〔註67〕寫道：

> 塞上歸來冬復春，沿江烽火問閩津。三貂時入南臺夢，五虎欣逢北海人。悶伴孤燈過雨夜，閒敲佳句送花神。盤飧縱足魚蝦味，蘭水蘭山目未親。

這是李望洋得知法軍侵臺，決定返鄉後身在福建時的作品，當時因爲臺灣爲法軍封鎖，因此他滯留閩地，無法可想，其中「三貂時入南臺夢」，正可以表示這一地名對他的意義，作爲出入故鄉的門戶，李望洋和李逢時一樣，對於「三貂」有著特殊情感，在〈宜蘭雜詠八首〉〔註68〕之八也提到：

> 五岳歸來又看山，三貂一路透重關。誰知海角成源洞，別有桃花不改顏（境比桃源）。

因爲地勢高聳之故，「三貂嶺」自然成爲文人容易關注的目標，因爲身在故鄉，舉目望見即是此山，這樣的代表性意義，正如富士山之於日本，玉山之於臺灣一樣。

91。

〔註64〕見唐贊袞，《臺陽見聞錄》，卷下〈山水〉「三貂嶺」，臺灣銀行經濟研究室，1958年，頁112。

〔註65〕收於施懿琳等編，《全臺詩》第玖冊，臺南：國立臺灣文學館，2008年，頁58。

〔註66〕同前註，頁84。

〔註67〕同前註，頁172。

〔註68〕同前註，頁175。

林占梅〈詠三貂嶺（並序）〉〔註69〕序文說「三貂，原名三朝；極言路險且長，非三朝不能越。日久，訛傳作『貂』。蓋是處皆峻巔崇山，地爲臺灣發脈之始，淡、蘭分界之域。」詩云：

> 疊壑重岩百狀呈，淡蘭於此判疆城。山深路自雲中出，嶺峻人從樹杪行。夾道花從風裏馥（其嶺多秋海棠花），懸空水帶石頭鳴。嵯峨幾欲登天似，濃靄還多撲面生。

相傳在1626年（明天啓六年）五月，一艘西班牙船隻行經臺灣東北角一海灣，船上水手見到海岬外伸和三座小峰比鄰排列，恰似其故鄉聖地牙哥城，遂稱此地爲「Santiago」，後來被當地人音譯爲「三貂角」，這是「三貂」地名的一種說法。而林占梅在序文中說「三貂，原名三朝；極言路險且長，非三朝不能越」，究竟是對之前「Santiago」音譯爲「三貂角」一說所作的「翻案」？或是只是單純持平地提出地名的另一個解釋？我們不得而知。但他在詩中提到「疊壑重巖百狀呈，淡蘭於此判疆城」，點出三貂嶺界於淡水噶瑪蘭之間的指標性意義，就很值得一提，林占梅雖然也強調此嶺的高聳，以及因高聳所帶來的寒冷，但他點出「夾道花從風裏馥（其嶺多秋海棠花）」的特色，也告訴了讀者，他對於這個地方的了解並非泛泛。

「三貂嶺」是淡蘭二廳中最高標的，詩人藉由「仰望」角度延伸的，是對於這座高嶺的崇敬之情，連帶成爲故鄉的象徵。尤其對東部文人而言，「三貂」又是他們出入故鄉的重要門戶，是連接偏僻東部到繁榮西部的要道，但同時也是安穩家鄉的屏障，所以它的象徵意義是多重而糾結的。

那遊宦文人又如何看待三貂嶺呢？

道光二十九年來臺的董正官，主要是陞任臺灣府撫民理番海防捕糧通判，又授噶瑪蘭通判。爲政勤愼，噶瑪蘭通判任內，常親臨廳屬各隘，督責防番事宜。又親任噶瑪蘭仰山書院山長，化育當地士子。咸豐三年八月，吳磋抗清事起，董氏前往征討，抵大陂口，中伏，自刎而死。他的〈由雞籠口上三貂嶺過雙溪到遠望坑界入噶瑪蘭境〉〔註70〕序文先提到渡過黑水溝的可佈與驚險萬狀：「己酉菊秋二十一日，由南臺配渡登舟，翌日出五虎門。適在立冬期內，風颿靡定，駛泊黃歧三沙等處，候四十五日之久。葭月六日，由

〔註69〕收於施懿琳等編，《全臺詩》第柒冊，臺南：國立臺灣文學館，2008年，頁260～261。

〔註70〕收於施懿琳等編，《全臺詩》第伍冊，遠流出版公司，2004年，頁53～54。

三沙放洋。是夜風濤大作，撞擊如雷，船前身水漏滿艙，無從尋補，舟人大恐，正過黑水溝是也；十餘人盡夜挈汲不替。天曉見山，舟已南行；轉帆折往東北，午後收泊雞籠口，此行險矣哉！」詩文第一首先凸顯噶瑪蘭的地理位置「閩嶠東南盡海灣，重洋突湧大屛顏。雞籠口踞全臺北，信否來龍自鼓山」，第二首則指出三貂嶺的高聳，以及原住民居住於此的情形：「不畏番林蓊翳迷，不嫌鳥道與雲齊。盱衡小立三貂嶺，大海茫茫轉在西」，第三首強調渡海的恐怖，緊扣序文，至於第四首提出「海邦風氣殊中土，不喜隨車雨喜晴」，顯然董正官仍不免以中原之眼看待這「邊陲的邊陲之地」，至於他〈蘭陽雜詠八首〉的〈三貂（入蘭嶺路）〉〔註 71〕則云：「想像三峰天外嶢，現從島國指三貂。猿梯直上雲千仞，鳥道惟通路一條。望若茫茫西海隔，開蘭步步北關遙。內山樵徑來茶客，說距新莊只兩朝。」還是重在描寫此山的高聳，董正官對於三貂嶺的寫法，和嘉慶年間來臺的楊廷理極爲相似，楊廷理的〈上三貂嶺（按三貂與錫口皆淡水屬）〉〔註 72〕說「衡嶽開雲舊仰韓，我來何福度艱難（淡水以北瘴雨陰霾，終歲不開；惟六、七月稍霽。予上三貂，入蛤仔難，此數日晴明，人以爲神助）？腳非實地何曾踏，境涉危機亦少安。古逕無人猿嘯樹，層巔有路海觀瀾。敢辭勞瘁希恬養，忍使番黎白眼看（春杪蛤仔難居民即爲闢路，予弗克至，茲再不至，失信於民矣，可乎）？」對於三貂嶺的景致只是約略帶過，但對於橫越三貂之險仍有所著墨，詩云「腳非實地何曾踏，境涉危機亦少安」，全詩重點放在「敢辭勞瘁希恬養，忍使番黎白眼看」上，楊廷理急著入蛤仔難的原因是因爲當地居民翹首盼望已久，不忍讓百姓等待落空，他作〈孟夏六日重上三貂嶺頂口占〉〔註 73〕七律二首也是同樣的心態：

> 不矜權術老迂儒，天付精神續舊圖。勞勩敢云惟我獨，馳驅偏覺與人殊。青山到眼春成夢，滄海當關靜似湖。可怪躋攀無腳力，重來絕頂汗如濡。
>
> 三貂甫過又嶐嶐（嶺名，按東韻無收嶐字），嵐氣迷漫日乍紅。矗立參天雲際樹，橫空跨海雨餘虹。鋤奸計短頻搔首，補拙情殷屢撫衷。知遇萍逢能幾日，憐才都付不言中。

〔註 71〕收於施懿琳等編，《全臺詩》第伍冊，遠流出版公司，2004 年，頁 55。
〔註 72〕收於施懿琳等編，《全臺詩》第參冊，遠流出版公司，2004 年，頁 211。
〔註 73〕同前註，頁 219。

楊廷理上三貂嶺的原因都不是為賞玩踏青，而是為「鋤奸計短頻搔首，補拙情殷屢撫衷」，所以我們看不到他悠閒欣賞風景的一面，反倒見他匆匆忙忙，急著上山下山辦事的模樣，李逢時與李望洋的「踏出」三貂是暫時的，他們終究是要回到三貂屏障下的故鄉，在故鄉的環繞下安度餘生。而楊廷理與董正官「踏入」三貂，雖然同樣也是暫時的，但噶瑪蘭畢竟不是他們的根，他們的「踏入」不是為了安度餘生，而是為了任官，在有限的任期中做最大的貢獻。同樣都是橫越三貂嶺，隨著詩人身份的不同，在本土文人與來臺為官的差異中，可以看出他們對於這個地標的不同感受。

2. 李逢時與「蘭江」

除了「三貂嶺」之外，另一個常出現在李逢時詩作中的地名是「蘭江」，經查證之後確定噶瑪蘭並無「蘭江」這一地名或河流，李逢時所謂的蘭江當指「三貂溪」，「三貂溪河從三貂嶺下發源，自西流東，直達大海，有四十餘里之遙。溪身之紆迴曲折，溪旁有小溪分歧，方向本屬難定；然有此大溪一條，分為界址，並無與淡水接壤之處，不致稍有淆溷。」〔註 74〕這一條溪可以說是噶瑪蘭地區的河水代表，李逢時詩中的蘭江，幾乎毫無例外的跟「送別」或「離思」有關。〈秋夜送玉麟宗一兄西渡〉〔註 75〕說「蘭江夜月離人酒，石港秋風送客船」，〈月下吟〉〔註 76〕的「蘭江湧出一輪月，上下波光寒浸骨」都是跟送別有關，這是因為三貂溪附近有官渡，所以常成為送別的場所，如果蘭地居民離開家鄉不採陸路的話，就必須由三貂溪走水路離開，所以倒映在蘭江上的月，也就被賦予了別愁「旅人對此心悠悠……尋常一樣見明月，祇在他鄉多別愁。多別愁，長延企，蒹葭白露橫秋水。所思不見空斷腸，未免有情誰遣此」；至於〈錫口作〉〔註 77〕說「旅夢蘭江幻，鄉音淡水殊」，是指李逢時因離家到西部府城的這段長途旅行，在旅途中夢見蘭江的記錄。

李逢時看待三貂嶺及蘭江的態度是一致的，作於同治元年的〈蘭陽閒居即事用前韻呈洪判官〉〔註 78〕一詩，可以說是本土文人中，極具鄉土感情，在地認同的一首作品：

〔註 74〕見薩廉，《噶瑪蘭廳志》，臺灣銀行經濟研究室，臺灣文獻叢刊第 106 種，道光十二年，頁 7。

〔註 75〕收於施懿琳等編，《全臺詩》第玖冊，臺南：國立臺灣文學館，2008 年，頁 31。

〔註 76〕同前註。

〔註 77〕同前註，頁 36。

〔註 78〕同前註，頁 80。

竹城三里趁溪斜，每倚危樓送落霞。海外舟多樟鹵木（臺產極多，入水不腐，舟杵悉資之），山中曆是刺棠花（蘭未隸籍，社番以刺棠花開即播種）。生成島嶼無懷國，來往車船不定家。最愛茅齋春過雨，旂槍對客辨新茶。

衡茅繚繞落花中，盡日池塘聽活東（爾雅：蝦蟆也）。細雨鋪勻遍地錦（草名，圓細如錦，蘭地到處有之），杜鵑啼破滿山紅（杜鵑花一名滿山紅，二、三月間杜鵑啼即開）。駑駘骨相全無用，風月頭銜總是空。判斷江山一枝筆，有緣延我坐春風。

相較於其他本土文人對臺地特產的「少感」，李逢時卻是清楚入詩，詩中首句說「竹城三里趁溪斜」，蘭陽當時應是竹子環繞城郭，而且是一大特色，所以李逢時在〈答舊館人訊蘭中山水〉〔註 79〕說「欲從雲外望瀛州，漂渺仙蹤何處求。一局殘棋疏雨過，萬竿修竹滿城秋」，還是在強調這一景觀，至於不知作於何時的〈東海〉及〈泖鼻〉更是清楚記錄蘭地二個重要的地理位置與其特色：〈東海〉〔註 80〕說：

三港西來一派通（廳誌：烏石、加禮遠、過嶺爲廳轄三港），氣凌蒼莽欲翻空。潮聲怒石鞭皆下，水勢浮天轉自東。蜃市晴雲連海碧，龜山曉日浴波紅（龜山朝日爲廳誌八景之一）。靈源直與京都接，此去長乘萬里風。

〈泖鼻〉〔註 81〕則云：

海上橫拖泖鼻長，下臨無際氣汪洋。魚龍任縱潮伸縮，舟楫無虞石隱藏，噴薄風雲營慘澹，吹噓日月煥光芒。東瀛別有饒名勝，鹿耳鯤身水一方。

李逢時的這些作品雖然未收入方志中，但他大量書寫故鄉景致的立意，可以看出其有意在爲故鄉立史，藉由文字與文學書寫，以便使故鄉宜蘭在臺灣歷史上能夠佔有一席之地。

（二）臺灣北部的「西（栖）雲巖」

除了宜蘭地區的三貂山與蘭江常爲本土文人所提及之外，臺灣北部的「西雲巖」也常出現在本土文人的詩作中。《淡水廳志》的《封域志》記載：

〔註 79〕收於施懿琳等編，《全臺詩》第玖冊，臺南：國立臺灣文學館，2008 年，頁 76。
〔註 80〕同前註，頁 102。
〔註 81〕同前註，頁 102。

「西北二十里為觀音山。內五里有龜山獅頭巖，一名西雲巖。」〔註 82〕《古蹟考》註明「反經石」位置時說是「一在觀音山西雲巖上，凡二石，其一形如馬鞍，每捧羅經鍼本子午置於石，則反為卯酉，故名。一在芝蘭堡石閣山上，約五、六石，皆然。惟所反之方位互異」〔註 83〕，《臺灣詩乘》也說「觀音山在八里坌堡，棲雲巖在興直堡，皆淡北勝地」〔註 84〕可以知道西雲巖是位於觀音山上的，而連橫在〈臺灣史跡志〉一文的「西雲巖」進一步說明：「西雲巖在淡水觀音山麓，一作栖雲寺；見林鶴山琴餘草。復建凌雲寺於山上，乃稱凌雲為內巖，栖雲為外巖。巖則寺也。石古林深，境絕幽邃，余曾遊之，有詩載集中。」〔註 85〕所以西雲巖一作「栖雲寺」，也可作「栖雲巖」或「棲雲巖」。

《淡水廳志》：「西雲巖寺：即《府志》云：大士觀。在觀音山麓獅頭巖。一名龜山。乾隆三十三年（《府志》作十七年）胡林獻地建置。嘉慶十六年林阿成等捐修。劉建昌施捨埔園，及山下渡船，為香燈費。寺絕塵埃，亦一異也。」〔註 86〕連橫《臺灣通史》的「臺灣廟宇表」。「臺北府（附郭淡水）」說「西雲巖寺：在八里坌堡觀音山之麓，曰獅頭巖。乾隆三十三年，胡林獻地建寺，一名大士觀。山高二千餘尺，中峰屹立，自遠望之，宛如觀音趺坐。寺外有反經石二，其一形如馬鞍，每置羅經盤於上，則子午針反向為卯酉，故名。」〔註 87〕

1. 陳維英與「西雲巖」

這個地方為陳維英日常生活所在，〈題西雲岩雜詠〉〔註 88〕之七說「醉眼瞥開家遠近，塵心洗淨水瓏玲」，可以從西雲巖看到自己的住家，可以想見距

〔註 82〕見陳培桂，《淡水廳志》，臺灣銀行經濟研究室，臺灣文獻叢刊第 172 種，同治九年，頁 26。

〔註 83〕同前註，頁 344。

〔註 84〕見連橫，《臺灣詩乘》卷四，收於《連雅堂先生全集》，臺灣省文獻委員會，1992 年，頁 173。

〔註 85〕見連橫，《雅堂文集》卷三「筆記」，〈臺灣史跡志〉，「西雲巖」，臺灣銀行經濟研究室，1987 年，頁 222。

〔註 86〕見陳培桂，《淡水廳志》，臺灣銀行經濟研究室，臺灣文獻叢刊第 172 種，同治九年，頁 345～346。

〔註 87〕連橫，《臺灣通史》，卷二十二〈宗教志〉，「回教」，臺灣銀行經濟研究室，1962 年，頁 592。

〔註 88〕收於施懿琳等編，《全臺詩》第伍冊，遠流出版公司，2004 年，頁 167～168。

離是不遠的。維英流傳下來的作品中，有非常多以「西雲巖」爲書寫對象的詩作，很能看出他對這個地方的偏愛。

陳維英〈游西岩〉的一三首似乎重複，廖毓文在《臺北文物》二卷四期〈偷閒錄（二）〉曾補充「原有註：郭雲裳有〈初冬遊龜山西雲寺〉二首，並註：前一首與本詩第一首同。不知實出誰手，並列於後，以待後考。」〔註89〕郭襄錦目前所知僅有一首〈送曹懷樸司馬謹謝病歸里〉〔註90〕傳世，就廖毓文的資料看，則〈初冬遊龜山西雲寺〉也是襄錦之作，但有目而無詩。徐麗霞在〈陳維英之別業：太古巢與棲野巢（三）〉則提到「臺灣分館藏『曉綠用紙』手抄《偷閒錄：太古巢詩鈔》僅有第一與第三首，作者爲郭雲裳。《五股志》第十篇〈五股的藝文〉第一節〈詩賦〉，則把第一、二首歸屬於陳維英，詩題〈遊西岩〉，而把第三、四首歸屬於郭雲裳，詩題〈初冬遊龜山西雲寺〉。這四詩究竟『實出誰手』，眞是『以待後考』，疑不能明。」〔註91〕曉綠抄本中的郭雲裳〈初冬遊龜山西雲寺〉爲「一身裹在翠嵐中，無路終尋有路通（披榛覓路）。僧抱白雲眠未起，權將我作主人翁（客到僧眠，郭曰茗里人即主人也，安用僧）。」、「雨意先防双子傘（是日天陰），山光爭入一詩囊。傍花品茗香夷惠（汲寺名泉，以瀹佳茗，值蕙桂齊開），坐石看雲起老莊。」即《臺北文物》版本的三四首，而《臺北文物》版本的一二首則爲「一身裹在翠微中，無路還尋有路通。僧把白雲眠不起，權將我作主人翁。」「絲絲微雨洗輕塵，好趁風來五股坑。爲解主人多繾綣，青山爭出笑顏迎。」

如果就第三首「一身裹在翠嵐中，無路終尋有路通（披蓁覓路）。僧把白雲眠未起，權將我作主人翁（客到僧眠，郭曰茗里人即主人也，安用僧）」的註解來看，倘若「郭」指的是「郭襄錦」，則第三首爲郭襄錦所作的可能性就不高。然曉綠抄本將前二首歸郭襄錦所作，這樣的情形誠如徐麗霞所言，是「這四詩究竟『實出誰手』，眞是『以待後考』，疑不能明。」

維英對於此地的書寫，要以〈題西雲岩雜詠〉七律十首爲代表：由於西雲巖上有佛寺，因此維英對於這個地方的敘寫多圍繞在這一點上，〈之一〉說「兀坐禪堂學上乘，休辭永別對孤燈。風生靈室窗三面，月照寒床枕一肱。欲扣齋魚祈佛祖，偏參絜果伴山僧。況兼此地西天近，絕頂煙雲覆幾層」、〈之

〔註89〕見《臺北文物》2卷4期，1954年1月20日，頁106。

〔註90〕收於施懿琳等編，《全臺詩》第伍冊，遠流出版公司，2004年，頁58。

〔註91〕見徐麗霞，〈陳維英之別業：太古巢與棲野巢（三）〉92卷3期＝549期，2004年3月，頁109。

四〉「西雲蘭若上崚嶒，俯瞰江山一望平。石徑紆迴開法界，松軒寂寞聽鐘聲」，但維英明明就是一個「漫道爲儒不解禪」（〈之三〉）的儒生。至於外在景致描寫要以〈之五〉爲代表：「西雲勝景引人深，負笈從遊喜共臨。仄徑青苔黏屐齒，甘泉白石淨禪心。三秋旅信孤鴻遠，五夜聞經老鶴吟。況復兩開叢菊盛，不勝清怨淚沾襟」，詩人到西雲巖，主要是爲踏青而來，「好著芒鞵扶竹杖，高岡仰止日躋攀」（〈之六〉）

陳維英在西雲巖的書寫上，特別強調地理位置，〈之六〉「東瀛秀氣聚龜山，螺髻蛾眉四面環」、〈之七〉「龜山兀突曆天眷，犀嶺巍峨得地靈」、〈之八〉「景仰龜山地有靈，天光雲影共浮青」、〈之九〉「龜山仰止幾何年，絕頂登臨得意先」都共同提到西雲巖即「龜山獅頭巖」，〈甲寅正月四日偕竹坡孝廉秋黃茂才泛舟遊西雲巖古寺〉之一說「是否龜獅搔首問，山靈一笑石無言」同樣扣緊「龜山獅頭巖」而來，之二的「觀音山抱觀音寺，第一奇觀萬象呈」則點出西雲巖在觀音山上。至於〈之二〉說「縱覽乾坤眼界寬，悠然瀛島闢奇觀」，空間點就拉得更大了。

對於西雲巖周圍的建物名勝，也有非常詳細的介紹，他說「傍花評茗香夷惠（汲寺名泉，以瀹佳茗，值惠花齊開）」（〈游西岩〉）〔註92〕、〈之四〉說「浩蕩此心寧待洗（旁有洗心齋）」、〈甲寅正月四日偕竹坡孝廉秋黃茂才泛舟遊西雲巖古寺〉〔註93〕之一也有「田鋪棋局痕橫直，泉當琴絃韻吐吞（寺後有泉）」。

陳維英對於空間地點的重視，反應出他對這塊土地的高度認同，他似乎有意一再以詩文標示，讓其他文人可以藉由他的作品，去認識西雲巖的所在與地理方位，即使無法親身蒞臨，至少可以透過陳維英的詳細敘述，而有更爲明確的想像空間。如果不是對於這個地方的喜愛，當不會有要藉他作品將該地「推展出去」的意願，陳維英所營造出來的空間是充滿禪境的，同時也是優美的，〈甲寅正月四日偕竹坡孝廉秋黃茂才泛舟遊西雲巖古寺〉一詩則不是只寫空間，時間感也非常清楚，〈之三〉就提到「佛無量壽祈眉壽（是日爲余五十生辰）」，而且周遭居民的生活情形也都在詩人筆下一一展現，〈之二〉的「客供以茗張癲過（遇張癲者邀家款待）」，可知張癲正是住西雲巖附近，〈之四〉「船遇急流知勇退（歸路潮急捨舟登岸。捨元作舍）」、「錯疑佛火仍無錯，

〔註92〕收於施懿琳等編，《全臺詩》第伍冊，遠流出版公司，2004年，頁170。
〔註93〕同前註，頁169。

我輩身從佛國歸（里人誤認燈籠爲佛火，聚觀頗眾，及至方覺）」都必須是長期居住在這個地方的居民，才有可能清楚那裡要「知勇退」？也才會知道錯將燈籠誤爲佛火的軼事。

乍看之下，〈題西雲岩雜詠〉七律十首有龐大的篇幅在書寫佛寺與禪境的關係，感覺似乎跟現實非常脫離，但是因爲陳維英對於空間及時間感的標舉，營造出當地居民的生活情境，因此跟臺灣土地非常接近，西雲巖對於陳維英的意義，應該是「高僧永伴青牛臥，俗客難同白鶴眠。世外紅塵皆不染，聊爲陸地小神仙」（〈之九〉），對他來說，登上此巖所見「七分霽色三分雨，十里山光五里津。極目方知天地大，此身悔與市廛鄰（有遷居山麓意）」（〈之三〉）是可以滌除俗慮，不染世事紅塵的泰然的。

2. 林占梅與「栖雲巖」

嚴格來說，栖雲巖應該不算林占梅「日常生活」的主要場所，筆者之所以放在此節論述，一方面是因爲「北淡之觀音山西（棲）雲巖寺、劍潭劍潭寺」〔註 94〕二地，幾乎是林占梅生活中最爲重要的二個地標，另一方面是林占梅詩作中出現對於棲雲巖的描寫，數量居全詩集之冠，可以說棲雲巖是林占梅書寫次數最多的一個「定點」，這個定點雖然不在林占梅居住的潛園中，離潛園也有一段距離，但它卻是「吸引」占梅「離開」潛園，動身「前往」的一個重要地點，對於林占梅而言，應該具有一定的意義，因此筆者將之放在生活地標書寫上；此外，林占梅與陳維英都在詩作中大量書寫西雲巖，可見這一個地點對二位本土文人而言，有其書寫上的誘因。

占梅早年到過棲雲頂，作〈重遊棲雲頂即景作畫並題〉〔註 95〕，咸豐二年到過棲雲巖，以咸豐七年爲巔峰，作有〈小泊溪岸偕友人夜過棲雲僧舍茶話〉〔註 96〕、〈栖雲崖晚眺〉、〈偕戴山人宿棲雲巖〉，咸豐八年則有〈偕友登棲雲岩留宿〉、〈偕友登棲雲岩留宿迴疊前韻〉、〈棲雲寺即事〉〔註 97〕，再來就要到同治三年的棲雲寺之遊，以及同治四年〈二月二十四日遊登棲雲巖觀

〔註 94〕謝志賜，《道咸同時期淡水廳文人及其詩文研究——以鄭用錫、陳維英、林占梅爲對象》，國立臺灣師範大學國文研究所碩士論文，1995 年 6 月，頁 188。

〔註 95〕收於施懿琳等編，《全臺詩》第柒冊，臺南：國立臺灣文學館，2008 年，頁 21。

〔註 96〕收於施懿琳等編，《全臺詩》第捌冊，臺南：國立臺灣文學館，2008 年，頁 43。

〔註 97〕同前註，頁 47、55、84、85。

音山諸勝〉，占梅的「棲雲巖」寫法不一，或作「栖雲崖」、「棲雲岩」。林占梅到棲雲巖的旅遊，雖然不是年年前往，但也從未間斷，會引起詩人的高度興趣並一遊再遊，必然是風景絕佳之處，〈二月二十四日遊登棲雲巖觀音山諸勝〉〔註 98〕寫出棲雲巖觀音山上的許多勝景「依舊閒情物外心，除將靜養輒登臨。石羃澗水潺湲下，徑入巖松蜿轉深。無數白雲眠永晝，幾多黃鳥鬧春陰。山亭小憩欣烹茗，又自攜笻上遠岑」。

占梅對於棲雲巖的描寫除了外在景物書寫外，最爲重要的是「時間感」，詩人筆下的棲雲巖是「夜景」書寫多於日景，詩人到此不是路過，就是過夜，不然就是晚眺，〈偕戴山人宿棲雲巖〉〔註 99〕說「一榻松雲秋瑟瑟，半簾竹月夜沉沉。丹崖境靜清塵夢，碧澗泉幽證道心」、〈偕友登棲雲岩留宿〉〔註 100〕「鳥歸仍認樹，日落尚銜山。蠟屐跡逾遠，蒲團情自閒。我非陶元亮，煮茗且怡顏」、〈偕友登棲雲岩留宿迴疊前韻〉〔註 101〕「竹間暗水咽，岩際栖雲閒。花氣襲幽壑，嵐光生遠山」〈夜宿棲雲巖〉〔註 102〕說「崩屴山門外，穿林一徑分。蟲聲春暖鬧，竹露夜深聞」，〈栖雲崖晚眺〉〔註 103〕則時時扣住「晚」字敘述，「斜陽修竹外，疏柳板橋頭。港小舟成市，崖高屋比樓」、「潮回沙漸隱，雲暝日將沉。漁火明孤嶼，巖鐘度遠林」，這個「夜」或「晚」字點出棲雲巖最美的時間是在夜晚，可惜的是，詩人並未在詩中指出棲雲巖對他的意義，我們只能從詩作數量推知他對這個地方的喜愛，卻無從得知他「爲什麼」喜愛。儘管如此，這個地方對於林占梅具有地標性的意義，當是毋庸置疑的。

潘朝陽，〈空間・地方觀與『大地具現』暨『經典訴說』的宗教性詮釋〉中，對於人文主義地理學者所提出的「家」（home）或「居家」（at-homeness）的論點有所分析：

「家」同時含具了神聖和歸屬感，是人的存有和意義凝聚的主要空

〔註 98〕收於施懿琳等編，《全臺詩》第捌冊，臺南：國立臺灣文學館，2008 年，頁 273。

〔註 99〕同前註，頁 55。

〔註 100〕同前註，頁 84～85。

〔註 101〕同前註，頁 85。

〔註 102〕收於施懿琳等編，《全臺詩》第柒冊，臺南：國立臺灣文學館，2008 年，頁 87。

〔註 103〕收於施懿琳等編，《全臺詩》第捌冊，臺南：國立臺灣文學館，2008 年，頁 47～48。

> 間中心，亦是眞正屬於「我」的地方；是人所以存有的根基所在（rooted place）。同時，家也區隔了內外、好壞、明暗、安穩與漂泊等等對蹠雙元性的空間。人文主義地理學者大衛西蒙（David Seamon）宣稱家是最重要的空間中心，人們是依賴家的聯繫才能對抗寒冷、治癒疾病；……所以，「家」乃是存有活動的永恆穩定的中心點，人需立定其腳跟於這一點上，他才有可能在空間發動全方位的運動的矢向，且一如連線的風箏，可以從容地歸返到不動的永恆穩定點而獲得安息。西蒙進一步點明，一旦立足在「家」的根基上，人才能感覺對於專屬空間加以「擁有」和「掌握」，這也就是人在世存有而在大地上眞正具體的領域；人之所以有「領域性」（territoriality），即是立足於人擁有並掌握他自己的「家」。〔註104〕

人文主義地理學者大衛西蒙（David Seamon）對於「家」所作的定義，適足以解釋本土文人看待自己日常生活空間的心理狀態，其對於居住空間的書寫，正是因爲「人們在其日常生活中與世界面對，需是在『居家』（at-homeness）的情況中，才具有存有的舒適及熟悉，且將之視爲理所當然」的緣故，鄭用錫看待「北郭園」、陳維英看待「太古巢」、黃敬看待「觀潮齋」、林占梅身處「潛園」、陳肇興有「古香樓」。這些文人書寫自己居住空間，是因爲「一旦立足在『家』的根基上，人才能感覺對於專屬空間加以『擁有』和『掌握』，這也就是人在世存有而在大地上眞正具體的領域；人之所以有『領域性』（territoriality），即是立足於人擁有並掌握他自己的『家』」，這個居住空間是完全爲他們所掌控，不需要去跟其他文人爭奪命名權，更無須爭取書寫權，鄭用錫對北郭園八景的命名，對自己是「因斯特創」有著自豪，正是因爲他有領域性，擁有並掌握他自己的「家」的緣故。

正因爲「有『家』安居的人，他是一個可以自由出去外界且又返回內面的主體人，他所安居的『家』，就是一個獨特的地方，提供他在大地上來去自由的根柢。所以，『家』乃是存有活動的永恆穩定的中心點，人需立定其腳跟於這一點上，他才有可能在空間發動全方位的運動的矢向，且一如連線的風箏，可以從容地歸返到不動的永恆穩定點而獲得安息。」因此當本土文人「離家」而「前往」其他地區時，就有了可以回歸的地點，這不僅只侷限於他們

〔註104〕見潘朝陽，〈空間·地方觀與『大地具現』暨『經典訴說』的宗教性詮釋〉，《中國文哲研究通訊》10卷3期，2000年9月，頁179～180。

的日常生活空間，還包括這的「家」所在的「城市」，以及這「城市」所在的「臺灣」。所以，當李逢時赴福州參加科舉時，他對故鄉的懷念，也就落於「三貂嶺」這一個最高的標的物上；遠赴大陸任官多年的李望洋，在返回家鄉之後，同樣對於這一個地點多所著墨，這個出入故鄉的重要門戶，除了連接偏僻東部到繁榮西部，同時也屏障安穩家鄉。於是對於二位東部文人而言，「三貂嶺」在某種意義上等同於「家」鄉。同理，陳維英書寫西雲巖與劍潭，正是因爲這二個地方是他「家」的所在地，因此同樣可以視爲廣義範圍的「家」；而棲雲巖是林占梅書寫次數最多的一個「定點」，這個定點雖然不在林占梅居住的潛園中，離潛園也有一段距離，但它卻是「吸引」占梅「離開」潛園，動身「前往」的一個重要地點，如果沒有「潛園」這一個「家」讓林占梅得以「回家」，他就不太可能動身前往任何地點，而如果沒有棲雲巖的優美景致，自然也無從誘發占梅的「離家」了。本土文人是以自身居住空間爲出發點，向外擴及「家」所在的「故鄉」，及「故鄉」所在的「臺灣」，並將家、故鄉及臺灣都視爲廣義的「家」，就是因爲如此，當他們離「家」（臺灣）到大陸地區，不管時間長短與否，最終都會回到這塊土地，眞正讓自己生於斯、長於斯並且葬於斯。

第二節　走出故鄉——臺地遊歷空間書寫

在中國文學底下，旅遊與文學之間的關係極爲密切，王更生在〈魏晉南北朝記遊小品初探〉中提到：

> 中國是一個文化大國，在那漫長的歷史長河裡，記遊文學是一顆異彩紛呈的明珠。它孕育於兩漢之前，肇基於魏晉南北朝、至唐宋而日臻成熟，到明清則大爲風行。追溯此類記述山川勝景之文，《尚書．禹貢》、《山海經》被推爲濫觴，《詩經》、《楚辭》、《史記》、《漢書》中，可見微步前行的足跡，尤其魏晉以後，何晏之賦〈景福〉，鮑照之賦〈蕪城〉、陶潛之記〈桃花源〉、吳均的〈與宋元思書〉，如泉湧山出，爲記遊文學紮下了不拔的基業。「山水藉文學以顯，文學因山水以傳」……**記遊文學是作者運用藝術的筆法，記述其遊覽山川，旅途生活中的見聞、感受。**〔註 105〕

〔註 105〕參考王更生，〈魏晉南北朝記遊小品初探〉，收於劉昭明編，《旅行與文藝國際

在這樣的定義底下，作者必須「運用藝術的筆法，記述其遊覽山川，旅途生活中的見聞、感受」，對於「山水」的記述，將不再只是「客觀」及「旁觀」的態度而已，作者勢必要加上許多「主觀」的「見聞、感受」，並且針對旅途上的所見所聞作記錄。

而這一段文字同時也解釋了清代臺灣文人，不管是遊宦或本土身份，其作品中都佔有相當比例的記遊之作的原因。事實上，若從「旅遊」動機來看，大致可以區分爲「主動」與「被動」；其中「被動」旅遊包含了任官的「宦」，以及被貶謫的「流人」；「主動」則包含文人「自發性」的山水之遊，以及受他人之邀而成行的旅遊。而單就本文所處理的清代臺灣而言，施懿琳在〈清代遊宦與在地詩人作品中的臺灣意象〉一文中歸納出，「從種族來說，有滿、漢之異；依來臺動機的不同，又可分爲以下幾類：一、奉檄來臺仕宦者；二、來臺擔任幕客者；三、應聘主持教育或修志者；四、因特殊公務短時來臺者。」〔註106〕其中，「修志」由於有特殊的目的，因此修志者觀察臺地風物的角度，較仕宦者有所不同，這些人蒐羅描寫的筆觸，往往著重在大陸臺灣兩地之「異」上。

這是指來臺遊宦文人的動機來說，而本土文人赴大陸的動機，除卻上述「奉檄仕宦」外，多數是爲了赴考，也就是下文將提及的赴福州參加鄉試；這是本土文人遠赴大陸的二項主要原因；不管本土或遊宦文人，來臺或赴大陸的動機多半屬於「被動」；但就臺地一地的行旅書寫來看，則主要仍以「主動」爲主，尤其是不具官位的本土文人。事實上，遊宦文人並不專指大陸來臺的社群，臺灣本土文人，也可能在這幾種因素底下，渡海到大陸，他們也可能到大陸「遊」或「宦」，不過本土文人到大陸之「遊」，多半都是赴考時「連帶」成行的，真正爲了旅遊而西行的本土文人並不多。

「走出故鄉」不見得會「走出臺灣」，因此我們在此依詩人的主要活動地作出區隔，「走出故鄉」指的是離開自己原生家鄉，到臺灣各地進行遊歷，對臺灣這塊土地的其他地方進行記錄描述。本土文人的「走出故鄉」，隨著詩人質性的不同，有著不同的展現，陳肇興的記錄偏重在臺地景點，他雖約略到過福州，但和施瓊芳相較，則範圍顯然較爲狹隘；施瓊芳的多數旅程都集中

會議論文集》，書林出版有限公司，2001年12月，頁47。

〔註106〕參考施懿琳，《從沈光文到賴和——臺灣古典文學的發展與特色》，第三篇《清領時期臺灣文學的發展與特色》，春暉出版社，2000年6月，頁65。

在大陸地區，反而較少在臺地進行遊覽！竹塹鄭用錫的作品則少有遊歷之作，相較於林占梅的足跡遍布全臺，鄭用錫顯然對於臺「地」的感觸與書寫廣度，遠不如林占梅來得深！

筆者在這一節嘗試從本土文人筆下的臺灣地景進行論述分析，並和遊宦文人之作相對照，看看這些本土文人藉由遊歷，對臺灣各地風物有著什麼樣的體驗？這些本土文人筆下的臺灣空間，和遊宦文人眼中的臺灣有無不同？本土文人對於臺灣的「本土」認知，是否藉由即地旅遊的方式，而有著「在地」思想的思索？都是本節所要處理的議題。

一、本土文人的臺地空間書寫

「新人文主義地理學」的人文地理學者如段義孚（Tuan, Yi-Fu）、瑞夫（Relph）等，對於「地方感」相當重視，「地方不僅僅是一個客體。它是某個主體的客體。它被每一個個體視爲一個意義、意向或感覺價值的中心；一個動人的，有感情附著的焦點；一個令人感覺到充滿意義的地方。」〔註 107〕筆者以爲，清代本土文人對於「八景詩」的描述，不妨可以看成是從「空間」到「地方」的延伸，其中演變的脈絡，或許更能看出清代臺灣文學在地性的發展。並嘗試解釋前述「本土文人藉由遊歷，對臺灣各地風物有著什麼樣的體驗？」「何以這一類作品會成爲本土文人，尤其是清代中期的書寫主流？」二個問題。

（一）八景詩書寫的再檢討

劉麗卿的《清代臺灣八景與八景詩》，雖然嘗試全面蒐羅清代臺灣的八景詩，但是在論述之中，並沒有明顯區分出遊宦文人與在地文人的書寫差異。所以我們不容易從文章中看出二者在寫作的深度與廣度上有何區別？再者，作者因爲取材標準定在「與『清代臺灣八景』景名完全相符的詩作才予以收入。」〔註 108〕因此，「如施世榜〈晚渡安平〉（與「臺灣府八景」的「安平晚渡」不符）、卓夢采〈龍目井泉〉（與「諸羅縣六景」的「龍目甘泉」和「鼓山八景」的「龍井甘泉」不符）、黃家鼎〈淡溪月色〉（與「鳳山縣八景」的「淡溪秋月」不符）、施瓊芳〈鯤身漁火〉（與「臺灣府八景」的「沙崑漁火」

〔註 107〕參考夏鑄九、王志弘編譯，《空間的文化形成與社會理論讀本》，明文書局，2002 年 12 月再版四刷，頁 86。

〔註 108〕參考劉麗卿，《清代臺灣八景與八景詩》，文津出版社，2002 年 4 月一刷，頁 7。

不符）、柯培元〈龜峰啣日〉（與「蘭陽八景」的「龜山朝日」不符）、林啓東〈北郭荷香〉、〈南浦草綠〉（與「諸羅縣八景」的「北香秋荷」、「南浦春草」不符）等都不列入本書討論。」〔註 109〕作者所刪除的這一批人中，除了柯培元之外，其餘都是臺灣本地文人的作品，一旦悉數刪除，除了使文本的比重有所偏頗，也捨棄了許多可資探討的空間。

雖然劉麗卿嘗試解釋清代八景詩「作者心態的投射」，並歸結出「懷古情懷、宦遊心情」二項切入點〔註 110〕，當我們就其行文所據資料來看，卻不難發現其偏重的引文論述，都集中在遊宦文人上，也就是說，前二項切入角度適用於遊宦文人身上，卻不見得相應於本土文人。因此，筆者以爲，探索本土文人的「八景詩」創作動機，也許更能凸顯臺灣「在地」色彩，並從中看出其本土認同。

陳佳妏的〈滾滾波濤聲不息，斐然有緒煥文章——論清代臺灣八景詩中的自然景觀書寫〉一文，對於「八景詩」命名背後的動機、觀景角度，以及隱含的政治意涵有極爲深刻的分析。遊宦文人對於「八景詩」的命名與創作，是他們「認識」這塊陌生土地的「方法」之一：

> 觀察清代所遺留下來的大批文字紀錄，我們可以看到各種針對這樣的需求所做的各種努力，如大量臺灣地方志的編寫、密集完成的遊記書寫等等，**這些文字或多或少消解了中國的旅者（或統治者）對臺灣的陌生感，並進一步提供清朝的統治者治理臺灣的方向**。而清代大量的「八景詩」創作，我們也可以將之解讀爲在相同邏輯下所產生的文本。然而更爲有趣的是，「八景詩」的創作不僅僅照顧到了這個「認知」需求，旅者們更試圖從「理亦難明」到「八景擇定」，找到一種新的詮釋機制，可以將雜亂無章的「自然景觀」轉化爲對旅者有意義的「文化景觀」，進而在治理及認知的層面之上，塑造了屬於美學感受的層次。〔註 111〕

因此，八景詩的書寫，對於遊宦文人而言，在心靈上，可以消解對於這塊土地的「陌生感」，以及因爲陌生而產生的「恐懼感」，除此之外，陳佳妏也認

〔註 109〕參考劉麗卿，《清代臺灣八景與八景詩》，文津出版社，2002 年 4 月一刷，頁 7～8。

〔註 110〕同前註，頁 212。

〔註 111〕參考陳佳妏，〈滾滾波濤聲不息，斐然有緒煥文章——論清代臺灣八景詩中的自然景觀書寫〉，臺灣生態文化研討會會議論文。

爲，這樣的書寫方式，較諸方志及遊記，更「塑造了屬於美學感受的層次」，然而儘管陳佳妏的論述已經觸及文人創作時內心深層的感受，但仍偏向在「遊宦文人」的心境詮釋上，事實上，以消解對於這塊土地的「陌生感」，以及因爲陌生而產生的「恐懼感」來看，八景詩的創作，就會比較能夠有效解決遊宦文人內心的眞正意圖，但對於本土文人並不全然相應；的確，「清代這些大陸來臺的文人是如何通過『八景』的擇定與八景詩的創作，來歸納整理這個他們原本陌生的海島環境？在『八景』的相本之內與之外，他們選擇了什麼、排除了什麼？怎樣的景觀構圖才可稱爲美景？而這個認定的標準又是什麼呢？」〔註 112〕是非常值得深思的問題，因爲這背後確然隱含遊宦文人的某些政治運作，文人對於景物採取的覽觀角度，其實也反應出他們對於這塊土地及文化的「上」對「下」思維：

> 而這種「俯視」、「全覽」的觀景位置不僅**消解了大陸文人對荒蠻臺灣所產生的恐懼感，也使得創作者觀賞臺灣山水時產生較爲朗闊的心情**；另一方面，這個觀景位置也**在權力的位階上，形成了主體與客體、統治者與被統治者之間「瀏覽」與「被瀏覽」的上下關係**。……這些詩的背後都是一種高高在上的觀賞姿態，究竟是這種姿態產生了宣化王威的政治意圖，或是這個政治意圖決定了這樣的觀賞姿態，恐怕相當複雜。但可以肯定的是，這種「俯視」、「全覽」式的觀景位置，絕妙地配合著創作者的情感流轉，使得天朝君恩正如無孔不入的瘴氣一般，瀰漫在臺灣美麗山水的每一處。在八景詩中的另一種觀景姿態，則**不是固著在某一特定空間的審美位置，而是一種觀景的眼光，這種眼光就好像創作者戴上以中原山河、或傳統山水詩句爲鏡片的玳瑁眼鏡，來回遊移在臺灣的每個景觀之間一般**。〔註 113〕

不可否認，多數遊宦文人的書寫，的確是戴著「中原山河、或傳統山水詩句爲鏡片的玳瑁眼鏡」看待臺灣八景，也的確有部分本土文人用同樣立場看待自己土生土長的土地，以致於「在這樣『引譬』的語言之中，作者與臺灣山水之間產生的情感，往往是懷鄉、或遙念的情思，因而詩中所追尋的焦點在

〔註 112〕參考陳佳妏，〈滾滾波濤聲不息，斐然有緒煥文章——論清代臺灣八景詩中的自然景觀書寫〉，臺灣生態文化研討會會議論文。

〔註 113〕同前註。

於那些『不見的』、『遙遠的』，存在於古典詩詞中的『中原山河』之上，臺灣山水反而成爲作者意念指向的一個借喻客體。」〔註 114〕這一點的確共同存在遊宦文人與本土文人的筆下，但是我們如果從另外一項統計數據，也許能看出遊宦與本土文人，這二大八景詩的書寫族群，彼此間有著哪些更爲鮮明的差異：

從創作比例來看，「臺灣府八景詩」寫作，遊宦文人與本土文人的比例爲15：3；「臺灣縣八景詩」爲 4：3；「彰化縣八景詩」爲 3：3；「鳳山縣八景詩」爲 2：9（7＋2）〔註 115〕；「雲林縣八景詩」爲 0：2；「苗栗縣八景詩」爲 0：6（4＋2）；「新竹縣八景詩」爲 0：3；「恆春縣八景詩」爲 1：0；「噶瑪蘭廳八景詩」爲 3：2；「淡水廳八景詩」爲 1：3；「澎湖廳八景詩」爲 2：1；「嘉義縣八景詩」爲 0：2。總比例來看，縣廳級八景詩寫作，遊宦文人與本土文人爲 16：34。我們可以將之視爲本土文人對於在地書寫的一種靠攏。

若我們將焦點聚焦在「道咸同時期」時，會發現本土文人的書寫焦點，仍然集中在縣級與廳級八景，且數量遠比之前的乾嘉及之後的光緒少許多。以「臺灣府八景」爲例，本土文人的相關寫作，康熙時期有王璋一人，乾隆時期有章甫，道光時期只有施瓊芳，其中施瓊芳只是「題圖」之作，並非親眼所見，而嘉慶時期黃纘、光緒時期施梅樵、施士洁都有單題之作，其中施士洁有〈安平晚渡〉一題，共二十二首七絕，數量最多。

再來就集中在縣級，「臺灣縣八景」的本土作者均集中在乾隆時期，組詩有盧九圍、陳輝和章甫，單題單首的有蔡開春、方達聖、王德元、龔帝臣、陳汝纘、郭紹芳及章甫等；彰化縣和鳳山縣的本土作者極多，「彰化縣八景」的本土作者群，時間集中在道光，有黃驤雲、曾作霖和陳玉衡；這應該跟道光年間第二次選定「彰化八景」有關。

「鳳山縣八景」則集中在乾隆時期，組詩作者有王賓、卓夢采、黃夢蘭、林夢麟、柳學鵬、謝其仁等，單題單首作者更多，陳元榮、柯廷第、陳思敬、錢元揚、柯錫珍、柳學輝、陳洪澤、蘇潮、陳元炳、柳存信、蔡江琳等，形成極爲龐大的本土書寫群，道光之前還有卓肇昌。雲林縣、嘉義縣、苗栗縣及新竹縣的本土八景詩作者，時間都集中在「光緒」時期，至於「恆春縣八

〔註 114〕參考陳佳妏，〈滾滾波濤聲不息，斐然有緒煥文章——論清代臺灣八景詩中的自然景觀書寫〉，臺灣生態文化研討會會議論文。

〔註 115〕這裡的（7+2）係指完整寫出「鳳山縣八景詩」的有七位本土文人，而只寫出局部的有二位。下面的「苗栗縣八景詩」也是如此。

景」則缺乏本土作家。

「廳級八景」中，「噶瑪蘭八景」的寫作時間集中在「道光」，其中本土文人有李祺生、李望洋；「淡水廳八景」集中在「同治」時期，陳維英及黃敬都有作品；「澎湖廳八景」多在「道光」年間，其中本土文人只有呂成家。

「聚落型八景」中，乾隆年間的卓肇昌分別有「鼓山八景」及「龜山八景」，至於「私人園林八景」，則見於咸豐時期的鄭用錫、鄭如蘭：

上述的分析中，可以看出，本土文人並未參與八景的「命名」工作，此外，對於「他們選擇了什麼、排除了什麼？怎樣的景觀構圖才可稱爲美景？而這個認定的標準又是什麼呢？」這一點來看，本土文人同樣沒有揀選權，這部分仍掌握在來臺遊宦的文人手上，然而本土文人的「參與書寫」，卻可視爲另一種詮釋權的轉移。顯然，府級八景詩寫作社群以遊宦文人爲主，而縣廳級八景詩寫作以本土文人爲主要社群。畢恆達在〈如果學校是兒童樂園〉中提到：

> ……有的學校也開始放棄忠孝、仁愛、中正、中山這種過於教條的建物命名，改而讓學童與家長一起來參與命名，除了可以和當地的地理歷史結合，也可以增加學生以及社區對於校園的認同感。〔註 116〕

從高拱乾對臺灣府八景的「命名」開始，遊宦文人在八景詩的書寫一直佔有相當的數量，但是隨著縣廳級八景的提出與書寫，本土文人比例的加重，可以看成是另一種「詮釋權」的參與，姑且不論這樣的轉移是文人「有意」或「無意」爲之，本土文人從對八景的「接受命名」到「參與命名」，並進一步「參與書寫」的過程，我們可以看成是一種對於本土的「認同」。此外，相較於全臺性的「臺灣八景」書寫，本土文人對於縣廳級八景的關注，其實是和其生活密切相關的，他們對於生長土地上的八景進行敘寫，比一般文人更能「親臨」這些地方，描寫的深度也遠較遊宦文人爲高。

康熙年間來臺的遊宦文人，對於「臺灣八景」的書寫，是我們可以切入探討的一個點，這是因爲八景的命名及實際創作，由他們肇始，扮演著開創者的角色。而且就流傳下來的文本資料來看，這時期的本土文人，除了王璋之外，幾乎沒有作品傳世，這自然跟清朝領臺初期，本土文人社群尚未培養成功有關。康熙時期遊宦文人的八景書寫角度，除了影響同時期文人外，對於後來的遊宦與本土文人，仍然起著不小的影響，尤其是在詩中帶入大量的

〔註 116〕參考畢恆達，《空間就是權力》，心靈工坊，2001 年 6 月，頁 63。

中國歷史與大陸地名。而他們的書寫角度與內容，與本論文主要探討的道咸同本土文人，有著明顯不同。因此我們選擇以此作爲探討的開端，以之與本土文人的八景書寫作對照。

自高拱乾〈臺灣八景〉開啓「標誌」臺地景物的傳統，遊宦文人除了率先取得臺地景物的「命名權」外，在書寫內容上，也逐漸形成一個「模式」，因爲這批文人對於臺灣的歷史與地理有著高度的「陌生感」，因此在景物描寫上，如果要取得多數文人的共鳴，就必須以大陸的著名景致爲臺地「背書」，試圖讓更多人了解臺地景物的「美」感，因此，遊宦文人的八景書寫，也就有了幾個特色：

1. 以大陸之景比擬臺灣之景

這即是陳佳妏認爲的「戴著中原山河、或傳統山水詩句爲鏡片的玳瑁眼鏡」看待臺灣八景，明明寫的是臺地的美景，但詩句中卻一再出現大陸的地名。如高拱乾的〈雞籠積雪〉〔註 117〕以峨嵋山比雞籠山；齊體物的〈斐亭聽濤〉〔註 118〕以之比武昌；陸廣霖的〈沙崑漁火〉〔註 119〕云「絕似吳江古渡頭」都是。

2. 以中國之史取代臺灣之史

除了在空間上以內地之景比擬臺地外，遊宦文人也習慣以中國歷史直接涵攝臺灣歷史，甚或完全不言及臺地而逕取代之，如高拱乾〈西嶼落霞〉說「孫楚城頭賦，劉郎江上詩。淋漓五色筆，直欲補天虧」；齊體物〈西嶼落霞〉「試吟謝朓詩，分明擬得似。遠看孤嶼間，疑自赤城起。何當遇劉郎，與之同徙倚」等詩句都呈現這樣的情形。

3. 在詩作中不去提及臺地地名，對於較為特殊的「地名」，方在詩作中稍有提及，以便「點題」

其中「在詩作中不去提及臺地地名」的詩作數量不少，以致我們無法從詩作內容看出所寫之地爲臺灣：如高拱乾〈安平晚渡〉、〈沙崑漁火〉、〈東溟

〔註 117〕高拱乾整組八景詩收於施懿琳等編，《全臺詩》第壹冊，遠流出版公司，2004年，頁 205～208。

〔註 118〕齊體物整組八景詩收於施懿琳等編，《全臺詩》第壹冊，遠流出版公司，2004年，頁 193～195。

〔註 119〕陸廣霖整組八景詩收於施懿琳等編，《全臺詩》第貳冊，遠流出版公司，2004年，頁 234～235。

曉日〉；齊體物〈安平晚渡〉、〈沙崑漁火〉、〈東溟曉日〉、〈澄臺觀海〉都屬之。以高拱乾〈沙崑漁火〉爲例，詩中說「海岸沙如雪，漁燈夜若星。依稀明月浦，隱躍白蘋汀。鮫室寒猶織，龍宮照欲醒。得魚烹醉後，何處曉峰青」可見於大陸或臺灣任一個漁村，除了扣緊「漁火」外，對於「沙崑」並未有任何著墨之處，齊體物〈沙崑漁火〉「渺渺煙波外，漁燈出遠沙。如何天海畔，亦自有人家。落影常駭鱷，當門不聚鴉。望中疏更密，知是屋參差」、林慶旺〈安平晚渡〉〔註 120〕「渡海與江并，春光薄暮清。藩宮離黍憾，王國普天平。月色三更遠，漁歌四野橫。行人多少許，幾棹惠風迎」也是相同的書寫模式。看了遊宦文人這樣的寫法，我們不禁有所懷疑，明明是「臺灣八景」，但「臺灣」在那裡？至於較爲特殊的「地名」，方在詩作中稍有提及，以便「點題」的，如高拱乾〈鹿耳春潮〉「海門雄鹿耳，春色共潮來」、齊體物〈鹿耳春潮〉「鹿耳雄天塹，寒潮拍拍來」、王善宗〈安平晚渡〉〔註 121〕「滄海安平水不波，扁舟處處起漁歌」、〈鹿耳春潮〉「鹿耳門中碧海流，潺湲滾滾幾時休」都是，但數量和前者相比，則少了許多。

4. 詩作中的王道教化意味濃厚

最具代表性的是張琮〈臺灣八詠〉〔註 122〕，這一組七言律詩中，張琮一再提及王道教化及於臺灣，如〈安平晚渡〉「同遊海外雍熙世，冰蘗休忘帝力辛」；〈沙崑漁火〉「幕府無勞巡羽騎，貢球久已奉王庭」；〈鹿耳春潮〉「聞道錢鏐能射卻，慚無半策展臺疆」；〈澄臺觀海〉「微軀薄宦重洋隔，欲叩君恩仗吸呼」，張琮來臺之時，臺灣剛納入清朝版圖不久，一再強調帝力辛、叩君恩，恐怕就不是眞實情況的反映，而只是爲討執政者歡心的用詞罷了。

施懿琳說「臺灣八景的標註，涉及來臺吏員在海外異域的權力運作，也呈顯了他們對臺灣地理環境的想像和認知……清初來臺的遊宦者，便以此狹隘的範圍來進行其所認知的臺灣書寫。不僅心中的臺灣地圖是殘缺不完整的，清吏們對這些景致的書寫，或抽象地描摹，或帶有濃厚的宣教意味，大多非純粹賞玩風景之作。遊宦文人常常會把內地的風景，甚至傳統詩文中，

〔註 120〕林慶旺整組八景詩收於施懿琳等編，《全臺詩》第壹冊，遠流出版公司，2004 年，頁 214～215。

〔註 121〕王善宗整組八景詩收於施懿琳等編，《全臺詩》第壹冊，遠流出版公司，2004 年，頁 189～190。

〔註 122〕張琮整組八景詩收於施懿琳等編，《全臺詩》第壹冊，遠流出版公司，2004 年，頁 380～382。

印象比較深刻且具有畫境的作品，拿來比附臺地風光。」〔註 123〕的確點出遊宦文人在八景詩書寫的一貫態度與想法。

由於八景詩已經成爲一種文人「集體創作」的體裁，因此文人是否親臨其地？是否忠實呈現？抑或只是憑空想像？單純應和酬唱？也多少左右我們品評這些詩作的優劣，同樣是康熙來臺文人，同樣寫「安平晚渡」，高拱乾說安平是「風微浪不生」，王善宗說「滄海安平水不波」，婁廣也說「乘風一葉輕」〔註 124〕；齊體物卻說「浪撼魚龍宅，盂懸上下天」；張宏〔註 125〕也說「激盪飛流白似銀」，同樣的景點卻是二種截然相異的景觀，而每一位敘寫「安平晚渡」的文人，幾乎都扣緊「晚」字而來，但卻少見「渡」的景觀，用詞上不是「漁樵」、「漁火」、「漁歌」，就是「漁人」，幾乎是漁家景致，和「沙崑漁火」的「漁燈」、「漁火」、「漁人」等用詞並無差別。但是所謂「安平晚渡」係指「安平鎮渡：自安平鎮至大井頭相去十里，風順，則時刻可到；風逆，則半日難登。大井頭水淺，用牛車載人下船；鎮之澳頭淺處，則易小舟登岸。」〔註 126〕是指「擺渡」的景致，因此當焦點全放在「漁村」上時，反而讓人不易分別「安平晚渡」及「沙崑漁火」間的差異。不過值得一提的是，從康熙到乾隆間遊宦文人對於「安平晚渡」的記載，除點出其作爲漁村的功能外，也同時點出其武備上的重要地位。乾隆年間余文儀的《續修臺灣府志》提到「安平」有水師駐紮：

> 安平水師協標中、左、右三營：副將一員（駐劄安平鎮汛）……守備一員（輪防內海鹿耳門汛）、千總二員（內一員分防內海安平鎮汛……）、把總四員（內一員分防內海安平鎮汛……），步戰、守兵八百五十名（內地按班撥戍。以四十名，隨防安平鎮；以八十五名，分防內海安平鎮汛……）。戰船一十八隻（內海安平鎮汛七隻，鹿耳門汛三隻……。〔註 127〕

〔註 123〕參考施懿琳，《從沈光文到賴和——臺灣古典文學的發展與特色》，第三篇《清領時期臺灣文學的發展與特色》，春暉出版社，2000 年 6 月，頁 86～87。

〔註 124〕婁廣整組八景詩收於施懿琳等編，《全臺詩》第壹冊，遠流出版公司，2004 年，頁 365～366。

〔註 125〕張宏整組八景詩收於收於施懿琳等編，《全臺詩》第壹冊，遠流出版公司，2004 年，頁 372～374。

〔註 126〕高拱乾，《臺灣府志》，卷二〈規制志〉「鳳山縣」，臺灣銀行經濟研究室，臺灣文獻叢刊第 65 種，康熙三十五年，頁 43。

〔註 127〕余文儀，《續修臺灣府志》，卷九〈武備一〉「營制」，臺灣銀行經濟研究室，

因此，康熙時的張宏在詩中提到「城頭吹角音偏異，還聽猿啼酸更辛」；乾隆年間的莊年〔註128〕「笳聲互動日沈西」、褚祿〔註129〕「晚風無事動悲笳」、朱仕玠〔註130〕「剛聽畫角咽初更」等，也都在詩文中提到「笳聲」或「角聲」，主要還是和安平的武備駐守有關，至於當時的本土文人王璋〔註131〕又是如何描寫呢？他寫〈安平晚渡〉說「問津當重鎮，薄暮泛長空」、〈雞籠積雪〉說「雪壓重關險，江天儼一新」都在強調這些景致的戰略地位，〈東溟曉日〉甚至還有張琮的影子：「謾說煙波遠，恩暉島上懸」，其餘諸詩雖然不脫遊宦文人的書寫模式，但是王璋畢竟是本土文人，對於臺灣八景還是有著較爲深刻的認知，陳佳妏認爲王璋「由於作者在詩句的空間上更加貼近鹿耳門的海濤，使得讀者產生了『作者曾置身於彼處』的錯覺，而這個位置使得作者的情感顯得較爲真摯，而非爲某種意識型態服務」〔註132〕是不錯的，他的書寫不若清初遊宦文人的隔閡，是因爲他的「在場」，但如果和稍後的章甫相比，恐怕還是有些差異，章甫的〈安平晚渡〉〔註133〕說「江干多是老漁翁，欸乃聲聲晚渡東」、〈沙鯤漁火〉是「無數漁舟連海岸，幾家煙火出江間」，和其他遊宦文人相比，我們可以發現，章甫開始注意到「人」在八景中的位置，原本「晚渡」及「漁火」都是屬於人文景觀，但是所有遊宦文人卻都忽視這一點，如果不是因爲在地以及關注，章甫恐怕也看不出「老」漁翁，至於〈斐亭聽濤〉還特意註明斐亭所在，「瀛島官亭繞翠濃（亭在學道署內），憑欄聽得怒濤衝」，這些筆法都遠較之前的文人更加注意「標誌」屬於臺地的特點。

（二）本土文人的「區域性八景」書寫

施懿琳在解釋〈清代遊宦與在地詩人作品中的臺灣意象〉，曾簡略地從八

臺灣文獻叢刊第121種，乾隆三十九年，頁370～373。

〔註128〕莊年整組八景詩收於施懿琳等編，《全臺詩》第貳冊，遠流出版公司，2004年，頁215～217。

〔註129〕褚祿八景詩收於施懿琳等編，《全臺詩》第貳冊，遠流出版公司，2004年，頁184～185。

〔註130〕朱仕玠整組八景詩收於施懿琳等編，《全臺詩》第貳冊，遠流出版公司，2004年，頁417～419。

〔註131〕王璋整組八景詩收於施懿琳等編，《全臺詩》第壹冊，遠流出版公司，2004年，頁209～211。

〔註132〕參考陳佳妏，〈滾滾波濤聲不息，斐然有緒煥文章——論清代臺灣八景詩中的自然景觀書寫〉，臺灣生態文化研討會會議論文。

〔註133〕章甫整組八景詩收於施懿琳等編，《全臺詩》第參冊，遠流出版公司，2004年，頁363～365。

景詩的角度，區分遊宦文人與本土文人的書寫角度：「臺灣本土士子就比較少用參雜著內地經驗，以及過去書面所認知的，想像中的詩境帶入作品裡……爲特殊風物標註八景的作法，起始於遊宦人士，延用此命名進一步深化並具體描述的，則大部分是熟諳這個環境的本地文人。此外，本地文人還進一步就自己所居住的環境，因襲此方式加以更細緻的落實。」〔註134〕對於本土文人的書寫模式來看，不管是「少用參雜著內地經驗，以及過去所認知的，想像中的詩境帶入作品裡」，或是「延用此命名進一步深化並具體描述」都很能說明本土文人在八景書寫上迥異於遊宦文人的特色。

筆者認爲，本土文人對於八景詩作的描述上，採取與遊宦文人「對立」的作法，試圖建構自己的書寫「模式」，以便與遊宦文人作出區隔。簡言之，遊宦文人的「忽視」，就是本土文人的「重視」。相較於遊宦文人將臺灣八景「擬中國化」，本土文人的八景書寫，有的雖然無法擺脫這樣的模式，但仍具有自己的特色：

1. 嘗試以臺灣歷史取代中國歷史，以取回歷史的敘述權

黃驤雲是最具代表性的，〈定寨望洋（昔彰化縣八景之一）〉〔註135〕詩前小序，詳述了這個地方的歷史變遷：「定寨定軍山上磚寨也，定軍山即八卦山，雍正間巡道倪象愷平大甲西社番林武力之亂，乃建亭山上，名山曰定軍。嘉慶十六年邑令楊桂森倡建縣城，又於定軍山上造磚寨曰定寨，登臨一望，大海飛帆在目」全以臺地發生的歷史事件爲敘述主軸，詩云「此地當年舊戰場，我來拾簇弔斜陽。城邊飲馬紅毛井，港外飛潮黑水洋。一自雲屯盤鐵甕，遙連天塹固金湯。書生文弱關兵計，賢尹經綸説姓楊」；〈龍井觀泉〉的序文說「昔彰化縣八景之一，龍目井在邑治北十七里，其泉湧起數尺，如噴玉花，山下田數百畝，皆資此田灌溉，色清味甘，里人多汲焉，旁有兩石，狀若龍目，故名」，也是這個地方的「歷史」陳述，詩句也扣緊「龍目井」的地名而來，「洗我兩眶詩眼淨，沁人全付熱腸無。分他一勺龍應許，龍目雙睛定識吾」，而陳維英〔註136〕的整組八景詩中，〈劍潭夜光〉的「寶劍何年擲水中」，及〈戍

〔註134〕參考施懿琳，《從沈光文到賴和——臺灣古典文學的發展與特色》，第三篇《清領時期臺灣文學的發展與特色》，春暉出版社，2000年6月，頁88～89。

〔註135〕黃驤雲整組八景詩收於施懿琳等編，《全臺詩》第肆冊，遠流出版公司，2004年，頁317～319。

〔註136〕陳維英整組八景詩收於施懿琳等編，《全臺詩》第伍冊，遠流出版公司，2004年，頁161～163。

臺夕陽〉「地借牛皮不計年，荷蘭征址剩荒煙」都將臺地歷史上拉至荷蘭時期，同樣寫淡北八景，黃敬〔註 137〕的〈劍潭射光〉中「瞥見寒潭夜夜光，應疑寶劍此中藏」二句說的是劍潭的由來，而〈戍臺夕陽〉說的則是荷蘭時期的歷史，「紅夷失勢棄孤臺，戍卒奔逃不復回……試問英雄當日事，令人對景自徘徊」，也是對於臺灣八景歷史書寫的回歸，這種開始在詩中帶入臺地歷史，而不專寫中國歷史的手法，可以說是一種書寫模式的轉變。

2. 對於八景與臺地生活的聯結關係更為緊密

我們可以清楚看到詩中的生活感、時間感及臺民生活。陳玉衡的「彰化八景」〔註 138〕爲代表，除了幾乎每一首都扣緊地名書寫外，每一首詩中也一一呈現出臺人與詩人自己的生活狀態，〈定寨望洋〉「門户而今開鹿港，依稀爭看估人船」、〈虎巖聽竹〉「惟有山僧饒雅趣，伴君洒落絕塵埃」、〈珠潭浮嶼〉「爲問採驪瀛島客，此珍掌上得來無」、〈清水春光〉「色界聞香僧入定，泉聲到竈客思茶。一杯松乳消塵慮，寄語來人路莫差」、〈碧山曙色〉「老僧不解留眞趣，敲動晨鐘催曙還」、〈豐亭坐月〉「一署清風官似水，三更濯魄玉成壺。衣沾桂露涼如許，夢到瓊樓近有無。我欲持杯重問訊，冰心彼此究何殊」；曾作霖〈定寨望洋〉「紅夷海市鬧斜陽」、〈虎巖聽竹〉「老衲憐渠風韻好，常教作笛效龍吟」；〈清水春光〉「策杖尋春鎮日忙」、「贈客何曾逢驛使，問津應許到漁郎」、〈豐亭坐月〉「多烹苦茗清詩思」。

黃驤雲〈定寨望洋〉「此地當年舊戰場，我來拾簇弔斜陽」、〈虎巖聽竹〉「玉版參禪參未了，瓶笙入耳索僧茶」、〈珠潭浮嶼〉「笑爾番民忘帝力，浮田自種免輸租」、〈清水春光〉「竹響又喧歸浣女，桃開慣引捕魚人」、〈鹿港飛帆〉「太平人唱太平歌，滿港春聲欸乃多」、〈碧山曙色〉「我來扶杖入煙翠，口嚼飛霞如酒濃」。

這些本土文人所記載的人文活動，有的是當地經濟活動，像估人船、紅夷海市、歸浣女、捕魚人；有的是宗教活動，尤以僧人爲主；有的則是詩人自身生活體現，如散步、品茗、到佛寺參謁等等，當八景書寫不再只是單純寫景時，它的內容與思想也就愈發深化，開始具備屬於臺地的在地特色。

〔註 137〕黃敬整組八景詩收於施懿琳等編，《全臺詩》第肆冊，遠流出版公司，2004 年，頁 116～118。

〔註 138〕陳玉衡整組八景詩收於施懿琳等編，《全臺詩》第肆冊，遠流出版公司，2004 年，頁 286～288。

3. 更能凸顯臺地地名、地理環境的特色

明明身處臺地，但陳維英的〈淡北八景〉卻帶著「內地」色彩，〈淡江吼濤〉中以錢塘江比淡江，〈蘆洲泛月〉以蘆州比赤壁，〈峰寺灘音〉言及嚴子陵事，以大陸著名景致爲淡水八景「加分」，以便增加其可看度，但〈屯山積雪〉以屯山比玉山，「遠望芙蓉無限白，教人錯認玉山浮」則是迥異於〈淡江吼濤〉、〈蘆洲泛月〉的書寫角度，開始將八景書寫落實回臺灣地理〔註139〕。

而不同於遊宦文人的是，黃敬幾乎每一首詩都緊扣八景地名書寫，這樣的書寫方式普遍見於本土文人，相對於清初遊宦文人對於臺地地名的有意忽視，本土文人在詩作中逐一點題，在在都提醒讀者這些地方的「存在」，〈淡江吼濤〉說「那知淡北吼江濤」、〈蘆洲泛月〉是「淡北關前一小洲，荻蘆搖曳泛中流」、〈坌嶺吐霧〉則云「坌嶺爲何高插天，朝朝吐霧與相連」、而〈屯山積雪〉說「四面雲峰列座間，寒來獨異見屯山」，至於非屬八景組詩，但跟八景有關的〈偶咏屯山積雪〉也是「四圍磊落列峰巒，惟有屯山帶雪寒」；黃驤雲也是如此，除卻上文的〈定寨望洋（昔彰化縣八景之一）〉、〈龍井觀泉〉之外，〈虎巖聽竹〉說「虎巖最勝虎邱差，巖勝邱緣竹勝花」、〈清水春光〉「仙巖清水傳名字，果有香泉白似銀」、〈碧山曙色〉中「碧山碧色重復重，九十九尖峰間峰」，也都一一點題，說明地名的所在。曾作霖〔註140〕〈定寨望洋〉說「定軍寨倚鎮亭旁，放眼遙看碧水洋」、〈虎巖聽竹〉「虎山巖寺窅而深，半是香花半竹林」、〈珠潭浮嶼〉「蓬萊可許乘風到，艋舺知爲舉火還」、〈鹿港飛帆〉「鹿港沿溪大小舟，潮來葉葉趁潮流」、〈碧山曙色〉「碧山山寺半崖懸，九九峰尖刺眼前」、〈龍井觀泉〉「龍目泉井淺又清，井邊雙石肖龍睛」、〈豐亭坐月〉「關心惟有年豐樂，擬向姮娥祝降康」；李祺生〔註141〕的「噶瑪蘭廳八景詩」僅餘二首〈沙喃秋水〉、〈龜山朝日〉也是如此，茲不再一一條列。

〔註139〕屬於地方性的「全淡八景」，是同治七年（1868）淡水同治陳培桂聘晉江楊雪滄來臺，纂修《淡水廳志》整理而成。時淡水南北各有八景，且多牽強湊成者，楊浚乃重訂之，綜爲「全淡八景」，各繫以詩。全淡八景，名列如下：指峰凌霄、滬口飛輪、香山觀海、劍潭幻影、雞嶼晴雪、隙溪吐墨、鳳崎晚霞、關渡劃流，迂谷先生所詠，係淡北八景，抄本作「臺北八景」。

〔註140〕曾作霖整組八景詩收於施懿琳等編，《全臺詩》第肆冊，遠流出版公司，2004年，頁65～67。

〔註141〕李祺生整組八景詩收於施懿琳等編，《全臺詩》第伍冊，遠流出版公司，2004年，頁109～110。

呂成家〔註 142〕〈澎湖八景〉一詩等於是整組組詩的「引言」，也是最具特色的一首，因爲所有八景詩寫作，不管是遊宦或本土文人，都沒有這種總綱式的詩作置於前，事實上，除卻這一首外，呂成家的八景詩和多數本土文人一樣，也是逐一點題，逐一寫景，「天臺勝景足凝眸，奎壁聯輝接斗牛。霧起香爐迷古渡，霞飛西嶼燦芳洲。龍門浪湧蛟宮幻，虎井淵澄蜃室浮。夜靜案山漁火近，更聞太武白雲謳」〔註 143〕。

畢恆達在《空間就是權力》一書的〈導讀〉中提到：

> 一株老樹、一口井、一面牆都承載個人與集體生活的記憶，它延續地方的歷史感，增加環境的自明性，也可以形塑社區的凝聚力。迪化街、三峽老街等地如何延續它的生命力，除了政治經濟勢力的角逐外，也關乎集體記憶的詮釋權。……日常生活中空間的命名，也向我們顯示了空間的權力關係。〔註 144〕

除了八景詩之外，本土文人作品中數量龐大的遊歷寫景之作，也凸顯出他們對於臺灣「在地性」的思考，卻仍是圍繞著「地名」與「地理環境」而來。

在所有本土文人中，李望洋〔註 145〕的「噶瑪蘭八景」書寫最具特色，〈石港春帆〉不只寫景，還點出石港特有的經濟景觀，「萬山屏障竹圍城，攲枕時聞海浪聲。報道春帆歸石港，人人爭看弄潮旌（貨船入口）」，而〈龜山朝日〉中「龜蒙（山）聳翠鎖中流，萬頃煙波濯素秋。天爲我蘭開半面，好觀海日滾金毬」，李逢時不說「天爲我清」、「天爲我臺」，而是點出「天爲我蘭開半面」，最具故鄉本位的思考。

最後要談談施瓊芳，他的〈題臺灣府志八景圖〉〔註 146〕組詩，雖僅存四首，但都和施瓊芳生長的「臺南」有關，只是從其描寫來看，「鹿耳春潮」及「安平晚渡」的景致，至瓊芳時已不復見〔註 147〕，他的「八景詩」描寫，

〔註 142〕呂成家整組八景詩收於施懿琳等編，《全臺詩》第肆冊，遠流出版公司，2004 年，頁 87～89。

〔註 143〕收於施懿琳等編，《全臺詩》第肆冊，遠流出版公司，2004 年，頁 90。

〔註 144〕參考畢恆達，《空間就是權力》，心靈工坊，2001 年 6 月，頁 5。

〔註 145〕李望洋整組八景詩收於收於施懿琳等編，《全臺詩》第玖冊，臺南：國立臺灣文學館，2008 年，頁 173～175。

〔註 146〕收於施懿琳等編，《全臺詩》第伍冊，遠流出版公司，2004 年，頁 371。

〔註 147〕依姚瑩《東槎紀略．籌建鹿耳門砲臺》所載，道光三年七月，因臺地大風雨之故，造成鹿耳門海沙驟長，成爲陸地。見姚瑩，《東槎紀略》，大通書局，頁 30～31。「安平晚渡」也在鹿耳門淤積之後不復存在。

並非「即地」之作，僅為「想像」之語，這是因為四首詩作全是「題圖」之作的緣故。也因此，當余育婷在《施瓊芳詩歌研究》一文中，認為施瓊芳「吐吞日月吼奔雷」這句對鹿耳門濤聲的描寫符合連橫「驚濤坋湧，厥聲迴薄，遠近相聞」的情況不謀而合，並逐一詳談這四首詩時〔註 148〕，恐怕就顯得牽強，在臺南土生土長的施瓊芳，描寫和家鄉有關的八景時，為什麼不將「鹿耳春潮」及「安平晚渡」的「現況」忠實呈現？反而採取「視而不見」的態度？甚至用「想像」的筆法去「誤導」後來的讀者？而身處臺南地區的施瓊芳，對於八景的寫作，何以不是「親履」其地？這是很奇特的現象。

（三）李逢時的「雞籠八景」詩

同治五年到八年間，李逢時有雞籠之遊，並且寫下八景之作，值得注意的是，李逢時的八景與廳志所寫的八景，在名稱及選景上都有所不同。「雞籠八景」與「塹南八景」、「淡北內八景」、「淡北外八景」的選定時間無法確定，但這四組卻同時記載在同治十年陳培桂修的《淡水廳志》中，其中記載地理位置者，僅有「鱟嶼」、「社寮島」及「杙峰」而已；至於其他五景的地理位置，方志並未多作說明。此外，方志中雖有「雞籠八景」之名，但卻無詩作流傳。這透露出什麼訊息呢？

首先，李逢時作「雞籠八景」〔註 149〕的時間是在同治五年到八年間，較陳培桂《淡水廳志》出版為早，因此單就「雞籠八景」的命名而言，李逢時可能早於陳培桂，如果此點成立，則李逢時在臺灣八景詩的命名上，就佔有一席之地了，因為這是唯一一位參與「聚落型八景」命名的「本土文人」。

再者，我們比較《淡水廳志》和李逢時所列的八景，「景點相同但名稱略異」的有「鱟嶼凝煙」、「海門澄清」、「奎山聚雨」、「仙洞聽潮」四景。其中「鱟嶼」與「鱟穴」相同，因為李逢時在序文說「在雞籠澳內兩島對峙，其狀如鱟，嘗有寒煙點綴，蔚然可觀」，跟方志記載「鱟嶼」是「在雞籠港中，兩峰對峙，宛如雌雄」〔註 150〕相合，詩云「欲借秋風擊怒濤，鱟帆齊舉海門

〔註 148〕余育婷，《施瓊芳詩歌研究》，東吳大學中文研究所碩士論文，2005 年 6 月，頁 51。

〔註 149〕收於施懿琳等編，《全臺詩》第玖冊，臺南：國立臺灣文學館，2008 年，頁 85～86。

〔註 150〕見陳培桂，《淡水廳志》，卷十二〈物產〉，臺灣銀行經濟研究室，臺灣文獻叢刊第 172 種，同治九年，頁 340。

高。相依未肯銜波去，只爲寒煙著意牢」。而「海門」又名「八尺門」，見《基隆市志》記載「海門即和平島與正濱里間之水道，俗稱八尺門」，李逢時說「千載黃河一旦清，未聞海底見沙明。誰知八尺門前水，錯認滄浪賦濯纓」；「奎山」與「雞山」當是音近之轉，《基隆市志》也作雞山，與李逢時同，詩云「艋川東望一山尊，鳥路微茫蜃氣昏。不道曉風吹雨過，眾峰羅列盡兒孫」。

至於「景點相同但景觀相異」的爲「社寮曉日」及「社寮漁火」，《淡水廳志》說「雞籠港口，周圍數里，漁者居之，每雞鳴見晨光」〔註 151〕，應該是這樣的理由，所以以「曉日」爲景觀，但李逢時在〈社寮漁火〉的詩小序卻說明的更清楚：「社寮，地名，在澳門東畔，居人以漁爲業，魚燈蟹火縱橫水上，蓋夜景之絕妙者」，詩句也說「無限漁燈風亂搖，雞籠夜夜是元宵。臨流我欲投竿去，一棹輕舟出社寮」，這種情形就像「臺灣府八景」的「沙鯤漁火」，舊「彰化縣八景」的「海豐漁火」、「鼓山八景」的「旗濱漁火」、「澎湖廳八景」的「岸山漁火」一樣，有漁港的地方，多會有「漁火」的景觀，李逢時必然是實際看過這樣的景致，才會作這樣的景觀取捨。

「所選景觀完全不同者」，可以確定的爲「毬嶺市雲」及「燭嶼夜光」，《淡水廳志》及後來的《基隆市志》都以「毬嶺市（匝）雲」爲八景之一，而「毬嶺」即「獅毬嶺」；但李逢時卻以「燭嶼夜光」爲八景，詩前小序說「即燭臺嶼，石筍亭立，大圍高丈」，詩云「海作膏油天作籠，光芒萬丈扇長風。遙知達旦輝煌處，眩目魚龍一照中」。這表示李逢時在選取八景時，是很有自己主觀意見，及自己的美學觀點的。

「不能確定是否爲同一景點」的有二處，「杙峰聳翠」與「三爪聳翠」不知是否爲同一處？《淡水廳志》說「杙峰」即「雞籠杙，在雞籠港外，尖而秀，色常蒼翠。峰下魚能逐火，漁者舉火網之」〔註 152〕，李逢時〈三爪聳翠〉的詩則說「重疊芙蓉作畫屏，一林春筍立亭亭。留人最是溪邊道，欲去回看半角青」，如果它的外形是像「一林春筍立亭亭」的話，似乎與廳志所說「尖而秀」略爲近似；至於「峰頂觀瀑」及「人堆戰浪」是否爲同一景點？李逢時〈人堆戰浪〉詩云「不是長驅草木兵，直疑江上陣初成。嶙峋甲胄秋風起，

〔註 151〕見陳培桂，《淡水廳志》，卷十二〈物產〉，臺灣銀行經濟研究室，臺灣文獻叢刊第 172 種，同治九年，頁 340。

〔註 152〕同前註。

盡日濤聲作戰聲」，李逢時的「人堆戰浪」應該是象瀑布之形，而「盡日濤聲作戰聲」應該就是寫瀑布之聲了。這二個景點因爲所知資料極少，因此只能暫先臆測，待來日有其他文獻出土時，可以予以改正。

茲將方志及李逢時所選及所命名，依相近者排列如下，以供對照：

雞籠八景	鱟嶼凝煙	社寮曉日	海門澄清	杙峰聳翠	奎山聚雨	毬嶺市雲	峰頂觀瀑	仙洞聽潮
李逢時所選	鱟穴凝煙	社寮漁火	八尺澄清	三爪聳翠	雞山積雨	燭嶼夜光	人堆戰浪	仙洞鳴泉
基隆市志〔註153〕	鱟嶼凝煙	社寮曉日	海門澄清	杙峰聳翠	雞山驟雨	獅嶺匝雲	魴頂瀑布	仙洞聽濤
	基隆港內原有兩處外形類似鱟魚的島嶼	和平島	海門即和平島與正濱里間之水道，俗稱八尺門	基隆外海，名基隆島	雞　山	獅毬嶺	南榮路隧道口	距海近處一覆形如鐘的石洞

這段期間的李逢時還有一首八景之作是〈澄臺觀濤〉〔註154〕，臺灣府八景名爲「澄臺觀海」，觀濤與觀海的意思相近，但李逢時選擇命名「觀濤」，是將景觀重點由大海縮小到「濤聲」上，由此也可以看出詩人獨特的美學觀，詩云：「蜃雲吹散雨初晴，赤嵌孤懸海外城。怪底大聲來水上，暮濤終古作雷鳴」，就像他在選取「雞籠八景」一樣，他似乎是有意要爭奪這些「既定」的命名權與選景權，讓八景更具有「代表性」，正因爲他是本土文人，所以才能更貼近本土與在地，李逢時在八景詩的書寫上，眞是值得好好記上一筆，給予肯定的。

筆者以爲，遊宦文人的八景詩書寫，是其認知臺灣地物的一種文字表述，在初到陌生的臺灣時，能夠快速而方便地融入臺地生活，莫過於從最具代表性的地方著手！而本地文人對於八景詩的書寫態度，也的確如施懿琳所說，是「本土文人嘗試擺脫官方觀點，發出屬於自己的聲音，隱約有一種以『邊陲』對抗『中心』的思維在。」〔註155〕

〔註153〕朱仲西、陳正祥編，《基隆市志》，〈文物篇〉，臺北：成文出版社，1983年3月，頁4015～4017。

〔註154〕收於施懿琳等編，《全臺詩》第玖冊，臺南：國立臺灣文學館，2008年，頁91。

〔註155〕參考施懿琳，《從沈光文到賴和——臺灣古典文學的發展與特色》，第三篇《清領時期臺灣文學的發展與特色》，春暉出版社，2000年6月，頁90。

二、本土文人的臺灣旅行詩

除了八景詩寫作之外，本土文人開始「走出故鄉」，要從他們的臺灣旅行詩談起，這些大量的行旅之作，究竟在本土文人的生命中佔有什麼樣的地位？它們除了是詩人個人的生命記錄外？詩人又是用什麼樣的眼光看待這個他們生長的土地？他們的臺地行旅之作寫出了什麼？隱藏了什麼？「爲什麼」會有這些旅行？他們是否能從遊臺的經驗中去發掘出眞正代表臺灣的特色？本土文人對於臺地這個「空間」，又是抱持什麼樣的看法？

整體來看，鄭用鑑並沒有遊臺之作，曹敬僅一首，李望洋的《西行吟草》，因爲是記錄西部爲官之作，所以數量不多，只有在歸臺之後的少數幾首作品，其餘文人的遊臺作品，分述如下：

（一）鄭用錫

鄭用錫的行旅詩作數量非常少，且遊臺地點主要都集中在北臺，《北郭園詩鈔》中言及行旅的詩作有四首，但親身履之的只有二首。〈迂谷先生移居獅子岩齋額棲野巢聞其山川秀麗別具洞天而楹帖所題尤見雅人深致余久別淡山未嘗一到而企慕之餘未知何日得伸履約兼敘渴懷也賦此奉寄〉〔註 156〕提到用錫耳聞陳維英居住的獅子岩「山川秀麗別具洞天，而楹帖所題尤見雅人深致」，因此一直想去拜訪陳維英，而先作詩贈之，至於〈兩次欲上淡江往尋迂谷以消愁悶一爲訛傳所誤一爲風雨所阻因成不果感而賦此〉則提到二次打算北上探訪陳維英，但一次因爲誤傳，一次被風雨阻隔，以致不能成行。後來總算如願，用錫的〈抵淡遊西野巢得訪迂谷先生辱邀佳饌信宿一宵兼覽山居之勝翌早仍乘小舟旋同歸來感述寄此道謝〉〔註 157〕一詩即是記載與陳維英碰面的經過：

> 久慕幽棲物外閒，今朝何幸得追攀。牙籤架上書千卷，錦纜門前水一灣。底事遷廬嫌近市，甘心拄笏喜看山。知君胸早饒邱壑，一任白雲自往還。
>
> 山中風味本清眞，何事盤餐侈美陳。北海開樽敦雅誼，西窗剪燭話前因。衣冠悃愊人希古，絃誦薰陶俗返淳。甚欲稍留窮陟覽，江湖

〔註 156〕收於施懿琳等編，《全臺詩》第陸冊，臺南：國立臺灣文學館，2008 年，頁 61，註 157。

〔註 157〕同前註，頁 63，註 171、173、175。

催速赴歸津。

「久慕」二字道盡了之前想來卻不得來的心境，用錫以「牙籤萬軸」形容屋內景觀，以「錦纜」形容門前流水，食物是「山中風味本清眞」，衣著是「悃愊人希古」，居家附近的風俗是「俗返淳」，這樣的居住環境之佳，無怪乎陳維英甘心「拄笏看山」，詩人在此用王徽之的典故，主要在形容維英的倜儻不羈、閒情雅致。用錫從之前的耳聞到今日的親見，顯然獅子巖附近的景致應該沒有讓他失望，如果不是「江湖催速赴歸津」的話，他應該是「甚欲稍留窮陟覽」的。他的〈遊雞籠紀勝〉〔註158〕應該也在這一次的行程之中：

> 已償婚嫁又何求，勝阜差當五嶽遊。地號雞籠初印爪，山名獅嶺暢昂頭（獅球嶺最高，到此一眺，諸景全收）。茫茫波浪無邊湧，一一舳艫到處收。別有孤峰空際挺，遙從海嶼砥中流（土人名爲「雞籠杙」）。

用錫所挑的「獅球嶺」及「雞籠杙」二個景點，正是雞籠的代表，這二個地方同時也是「雞籠八景」之一，可以看出他對這塊地方並不陌生。

（二）陳維英

陳維英在道光二十五年時，有過一次從淡水到府城的旅程，這次旅程應該是維英任福建閩縣教諭，準備由府城西渡才因而成行：〈由尖山之霄里〉、〈次西螺聽雨不寢〉、〈鹽水港途中〉、〈往郡旅況〉、〈和友人在郡城遇妓女偶感〉、〈旅況〉、〈清明旅館〉、〈郡城踏青〉、〈坐風亭話月（爲次五峰主人閒來韻）〉諸首，都在記錄這一次的旅程。

但詩人從尖山到霄里的路途上顯然並不順利，因爲「地盡青山不識名」，以致於「糊塗煙裡辨途程」，在山裡迷路，加上「可憐日午無村店，始識飢來太苦情」，必然是吃了不少苦頭，所以才會在詩作中說出「眼前多旅況」（〈次西螺聽雨不寢〉）〔註159〕、「旅況蕭條事事非」（〈往郡旅況〉）〔註160〕。維英這次的旅途中，很少看到他的欣喜愉悅，反倒是愁思深重，思鄉情切，〈旅況〉〔註161〕說「相逢盡是他鄉客，始信陽關少故人」、〈郡城踏青〉〔註162〕也說

〔註158〕收於施懿琳等編，《全臺詩》第陸冊，臺南：國立臺灣文學館，2008 年，頁 64，註 176。

〔註159〕收於施懿琳等編，《全臺詩》第伍冊，遠流出版公司，2004 年，頁 175。

〔註160〕同前註，頁 175～176。

〔註161〕同前註，頁 176。

〔註162〕同前註，頁 177。

「旅客那堪逢節令，況當節令是清明」，身在異鄉不得歸已是難過，如果再碰上節日，就更加難熬了，他的〈清明旅館〉〔註 163〕也是表達相同心情，「踏春時節獨淒清，最不情人也動情。無酒無花無箇事，吟詩韻出斷腸聲」，這樣的心情下看到的景物，自然也就蒙上淒涼的色彩，〈往郡旅況〉說「回首白雲迷故里，舉頭明月照空幃。鳳山野闊天涯近，虎尾溪寒人跡稀」，這眞是本土文人遊臺之作的特例，從詩中透顯出來的訊息，我們大概可以猜測，詩人此次出遊應該是「被動」成份居多，據其〈楊太夫人行述〉所記，「甲辰春，維英將需次省垣。先考戒之曰『錢易敗行，官尤甚。官之榮辱分貪廉，不分大小。而其爲好官，以而父爲好官父，不爾，吾不爾子也。』是夏省垣水溢，米貴，維英輸錢買穀，少資平糶之舉……先考聞之，喜曰：『此庶不入而父矣！』」〔註 164〕謝志賜以此段文字認爲陳維英「之赴省垣謀官職，當係其父遜言的安排」〔註 165〕是可以成立的，維英的這段旅途中，〈和友人在郡城遇妓女偶感〉〔註 166〕是很有意思的一段記錄：

> 著意尋春亦見春，無端春色逐風塵。雖然千里來奇遇，漫道三生有夙因。入眼祇應空入夢，相逢何處更相親。等閒了卻風流債，撒手歸時莫認眞。

可以看出詩人對露水姻緣的看法，尤其是末二句「等閒了卻風流債，撒手歸時莫認眞」，可知他是很有理智在看待這樣的男女關係的。

（三）李逢時

李逢時在咸豐九年到十年間，應該有過一次府城之行，筆者以爲，這趟旅程應該是李逢時準備渡海西試所走的路線：他是由宜蘭北上，經頭圍、北關、三貂、暖暖、錫口、中壢、府城，然後從府城渡海到福州西試。他了錫口時，就開始有遊子歸鄉之意了，〈錫口作〉〔註 167〕說「旅夢蘭江幻，鄉音淡水殊」，離開故鄉之後，開始注意到故鄉與其他地方口音的不同，〈中壢道中〉

〔註 163〕收於施懿琳等編，《全臺詩》第伍冊，遠流出版公司，2004 年，頁 176～177。

〔註 164〕收於陳浩然、陳培璥《登瀛文瀾渡臺始祖族譜》，長房前 4～6 頁，1953 年冬月。

〔註 165〕見謝志賜，《道咸同時期淡水廳文人及其詩作研究——以鄭用錫、陳維英、林占梅爲對象》，國立師範大學國文研究所碩士論文，1995 年 6 月，頁 83。

〔註 166〕收於施懿琳等編，《全臺詩》第伍冊，遠流出版公司，2004 年，頁 176。

〔註 167〕收於施懿琳等編，《全臺詩》第玖冊，臺南：國立臺灣文學館，2008 年，頁 36。

〔註168〕說「客路漫漫策蹇騾」，思鄉之情就更濃了些，「粵人齊唱采茶歌」是風土人情式的描述，這種藉由物產及風土民情的特殊性去記錄城鎮的方式，也見於他的〈題郡城舊館〉、〈竹枝詞四首郡寓作〉及〈郡寓雜作〉中，這部分可參見第六章第一節，綠珊瑚幾乎是李逢時對於府城的既定印象。他的〈己未之春作〉〔註169〕說「少時好遊藝，奔走府州縣。風塵多業冤，辛苦眞嘗遍。歧路悲蹭蹬，客遊亦云倦。衡廬暫休息，搜篋讀殘卷。吟詠聊自娛，舉業廢烹鍊」，可見在這次府城行之前，李逢時應該已經去過許多地方，只可惜目前所見《泰階詩稿》並不完整，無法見到其早期作品。

咸豐十年間，李逢時曾有過西部之行，經由〈別郡城〉、訪陳汝梅（〈路經礦溪次茄苳社陳同年汝梅家〉）〔註170〕、〈龜崙道中〉〔註171〕，也到過李起的虎山齋（〈七夕留題李第五起虎山齋〉），一直到十年年末還作有〈圍爐二十韻〉，顯然他此時仍在臺灣。〈別郡城〉〔註172〕說「別郡城，別郡城，五月榴花照眼明。前亦有別情，後亦有別情，此別如何百感生。故人要我往，恨那車兒不暫停，家人要我歸，恨那車兒不快行」以民歌式的輕快語調寫出自己往也不得，歸也不得的兩難心境，之所以恨那車兒「不暫停」、「不快行」，都是緣於一個「情」字，可知李逢時此次的旅行是充滿愉悅的。而作於咸豐十一年的〈發蘭陽〉〔註173〕、〈由中壢至鳳山崎望竹塹城〉〔註174〕、〈西螺對雨作〉〔註175〕則應是他自閩返臺後所作，〈發蘭陽〉〔註176〕說：「破曉發蘭陽，日晡投草嶺。無心作遠游，忽入雲林境」可見其行程的快速，因爲是「學院一緘書，親朋輒邀請」，而且「嵌城多故人，久別各引領」，所以這趟旅途即使「路險修且長」、「跋涉殊艱辛」，他仍然「再遊亦欣幸」，他在府城可能居留過一段不算短的時間。由於這次「西行」的旅途耗時極久，因此李逢時在府城的二首題壁之作，才會充滿思鄉之情。放榜後回臺，應該是在雞籠登岸，

〔註168〕收於施懿琳等編，《全臺詩》第玖冊，臺南：國立臺灣文學館，2008 年，頁36。
〔註169〕同前註，頁33。
〔註170〕同前註，頁45。
〔註171〕同前註。
〔註172〕同前註，頁43。
〔註173〕同前註，頁52。
〔註174〕同前註，頁54。
〔註175〕同前註。
〔註176〕同前註，頁52。

所走路線和陳肇興極爲相似，〈夜入雞籠用前韻〉〔註 177〕就是他返臺之後所上岸的港口：「一席西風跨海還，天披水面欲無山。雞籠澳口知何處，只照漁燈轉過灣」，時間在咸豐十一年。

同治九年時李逢時有過臺灣西南部之遊，〈安平即景〉、〈大溪坪即事〉及〈茅港尾客舍〉均作於此，從〈安平即景〉來看，可知李逢時又有一次府城之行，在這次旅程中，值得注意的是〈大溪坪即事〉一詩：「一溪帶山險，嚴冬避患宜。石泉當警枕，茅舍固藩籬。猛虎傷苛政，哀鴻感濟時。苦心孤詣日，行跡畏人知」，這就不是單純的記遊之作了，尤其「猛虎傷苛政，哀鴻感濟時」隱含有詩人的悲憫，〈茅港尾客舍〉則說「長知離亭餞別筵，江花驛柳逐香鞭。藍投巷曲車聲轉，甘蔗園多野色連。牛背夕陽遊子況，馬蹄芳草暮春天。相逢半是遠來客，北路初程此息肩」，這一次出遊之後李逢時就回到宜蘭，同治十年時，李逢時應該還有一次西渡赴閩的打算，不過我們並不清楚他的赴閩是否爲了參加科舉？只知他又從宜蘭出發，經〈北關道〉準備到臺灣西部渡海，〈擬度榕城〉、〈兩度貂嶺〉都是此時之作，其中〈擬度榕城〉一詩所寫應是想像之詞，既是「擬」，是打算前往而非眞的前往，所以李逢時應該沒有西渡，詩云：「萬頃洪濤一葉舟，大風無隔海雲流。臺山數點橫波上，鷁首回看已福州」。

（四）黃敬

黃敬曾有過和美、芝東之行，時間應是在道光九年（1829）左右，並與許先生進行唱和；辛卯年有〈步高梅園書齋元韻〉、〈步陳晴川書齋元韻〉；壬辰年也有作〈步高梅園書齋元韻〉、〈步陳晴川書齋元韻〉、〈壬辰閏九月芝東諸〔註 178〕先生詠庭菊步其元韻〉，之所以能夠確定黃敬之行是道光九年而非光緒十八年（1892），主要原因是「壬辰」年又同時碰到「閏九月」的時間，只有道光十二年（1832）年而已，依此前推，則「己丑」當是道光九年無疑。這一次的旅行中，黃敬似乎歸心似箭，所以無心賞玩風景，〈遊和美將歸遇雨（己丑年）〉〔註 179〕「本擬歸期在此朝，那堪風雨落瀟瀟。孤舟未得行方便，又阻江頭兩信潮」及〈江頭訪舟（己丑年在和美作）〉〔註 180〕「歸心已急意難

〔註 177〕收於施懿琳等編，《全臺詩》第玖冊，臺南：國立臺灣文學館，2008 年，頁 57。

〔註 178〕按：「諸」字當爲「許」字之誤。

〔註 179〕收於施懿琳等編，《全臺詩》第肆冊，遠流出版公司，2004 年，頁 130。

〔註 180〕同前註，頁 130。

留，欲向長江問水流。船去船來波浪際，如何不見故園舟」都是這樣的心情，甚至到芝東訪友不遇，黃敬也沒空多等，只能留題一絕，表明自己的到來，〈尋友不遇留題一絕（己丑年在芝東作）〉〔註 181〕說「只因歸思茫茫急，不復與君話別情」，而〈東鄰吹笛（己丑年在芝東步許先生元韻）〉〔註 182〕應該也是作於此時。

黃敬的〈春山〉、〈搭渡船〉、〈過關渡港〉應是屬於同一系列之作，地點都在關渡附近，但因未繫年，故不確定作於何時，〈春山〉〔註 183〕一詩提到關山、關津的景致優美，是飲酒踏青的好去處，「春光昨夜到關山，頓覺山頭開笑顏」、「綠波春泛過關津，泛過關津水色春」，而「便覺船如天上去，一聲欸乃過關津」也點出關津附帶的「渡口」功能，所以遊完關山之後，便是要前往關津渡口，〈搭渡船〉〔註 184〕說「紛紛細雨落崇朝，欲往關津路甚遙。借問扁舟何處有，牧童遙指在新橋」，從關山上可以望見的關津，一旦要動身前往，卻路途甚遙，〈過關渡港〉〔註 185〕說「一望青山近，微濛不見家。只因歸思急，那怕浪淘沙」，應該是從外地欲回關渡時所作，詩人的歸家心切，早已經沖淡搭船時的恐懼。

（五）赴考、旅行與避難——陳肇興的遊歷動線

陳肇興集中的行旅之作雖然不少，但我們實際分析之後會發現，除了二次因為科舉而赴臺南之外，他的遊歷及避難地點幾乎不脫中部一帶，多集中在現在的彰化、臺中及南投，最北不會超過苗栗，最南也不超過高雄。

1. 兩度赴臺南的科舉之行

陳肇興的遊臺南之作，二次都是他的「科舉之路」，第一次是咸豐三年南下府城參加科考，並考取秀才，〈登赤嵌城〉、〈法華寺〉、〈五妃祠〉、〈寧靖王墓〉、〈赤嵌懷古歌〉都是這時候的作品，〈羅山聞警間道斗六門入水沙連途中口占〉〔註 186〕一詩作於自府城返回途中，因聽聞諸羅地區遭逢亂事，故繞路而行，詩云「半生山水有奇緣，避亂猶過萬嶺巔。一箭路穿牛觸口，千盤

〔註 181〕收於施懿琳等編，《全臺詩》第肆冊，遠流出版公司，2004 年，頁 130。
〔註 182〕同前註，頁 130。
〔註 183〕同前註，頁 119～120。
〔註 184〕同前註，頁 128。
〔註 185〕同前註，頁 128。
〔註 186〕收於施懿琳等編，《全臺詩》第玖冊，臺南：國立臺灣文學館，2008 年，頁 205。

身入水沙連。每從石磴登群峭，忽訝籃輿欲上天。萬樹松楠相映綠，午風吹出翠微邊。」沿途又經過〈牛相觸〉、〈同安嶺〉、〈烏日渡〉、〈賴氏莊〉等地；第二次到府城，是爲了渡海參加福建八月舉辦的鄉試，〈赤嵌竹枝詞〉、〈春日重遊法華寺〉都是此時之作。陳肇興的科舉之路，很明顯的可以看出動線的推移，由北而南一路前進。二次的府城之遊，都集中在古蹟的遊覽。也因爲都是遊覽古蹟，因此詩作就不是單純寫景之作了，必然也連接著古蹟的人文與歷史發展立言，〈登赤嵌城〉〔註 187〕說「此日萬家登版籍，當年三度據梟雄」是就歷史來說，而「帆影遠浮雙鹿耳，潮聲遙控七鯤身。包羅山海誇雄鎮，鎖鑰東南據要津。卻喜時清無暴客，重關雖設不防人」就是從地理環境及戰略地位來論述了。〈法華寺〉〔註 188〕前身爲李茂春的夢蝶園，陳肇興自是熟悉這一段典故，所以才會說「遺老昔曾稱菩薩，名園今已屬頭陀。夢中蝴蝶迷人慣，世外鶯花奉佛多」，他的第二次府城之行，又經過一次這裡，〈春日重遊法華寺〉〔註 189〕即是這一次的作品，末句提到「誰識當年夢蝶園」，有著景物變遷，人事全非的感嘆。至於〈五妃祠〉〔註 190〕及〈寧靖王墓〉〔註 191〕則重在書寫明鄭歷史，〈赤嵌懷古歌〉〔註 192〕主要也在書寫鄭成功事，「回手招君君有辭，兒今身已屬隆武。五羊城頭啼杜鵑，千艘萬騎來銅山。英雄誓不臣二主，事成不成唯憑天」寫其不事二主，「出師意氣吞金陵，一戰孤軍失南渡。從此將軍識天意，轉身卻慕田橫義。百艦驅來鹿耳門，一朝奪取牛皮地。紅毛樓上草雞鳴，彼蒼藉手開東瀛」則是寫成功渡臺攻荷一事，「我來赤嵌訪古蹟，舞殿歌臺長禾麥。聖主當陽魑魅消，頻年不見揮兵革」。

2. 第一次避難之行

陳肇興第一次從臺南準備回鄉時，因爲聽聞諸羅地區遭逢亂事繞路而行，沿途所經過〈牛相觸〉（斗六附近）、〈同安嶺〉、〈烏日渡〉、〈賴氏莊〉等地，可以算是第一次「避難」之行，這一次因爲家鄉不受亂事牽連，他自己

〔註 187〕收於施懿琳等編，《全臺詩》第玖冊，臺南：國立臺灣文學館，2008 年，頁 202。

〔註 188〕同前註，頁 203。

〔註 189〕同前註，頁 239。

〔註 190〕同前註，頁 203。

〔註 191〕同前註，頁 204。

〔註 192〕同前註。

生命沒有受到威脅，而且又正在回鄉的路上，所以在詩中頗能表現遊玩閒適的樂趣，也很著力在景物描摹，〈牛相觸〉〔註 193〕說「岸花隨路轉，嶺樹拂雲高」、〈同安嶺〉〔註 194〕「崔巍山勢似蟠龍，天塹居然要路衝。上嶺三千三石磴，插天九十九炎峰」、〈烏日渡〉〔註 195〕「浪急日光碎，雲飛天勢移。茫茫迷蔗圃，淼淼失蘆陂」，可以看出詩人很安於沿途所見美景，也不見其有任何倉惶驚懼之情，到了〈賴氏莊〉〔註 196〕的生活就更愜意了，「聞亂拋城市，遷家就友生」是來到此處的「動機」，來了之後才領會這裡的極佳山水景致，「數間茅屋老，十里稻畦清。處處花依壁，家家竹作城」、「結宅臨流水，開門見遠山」、「御山紅日大，出岫白雲忙」，不只景美，連動物也都很享受這裡的生活：「鳥銜雲外路，魚樂水中天」、「啅雀棲簷瓦，歸牛浴野塘」，至於人呢？可以和「隔籬有野叟，呼飲夕陽邊」，然後「酒後偏工睡，人前欲息爭」，吃的是「金瓜供客饌，銀鯽入廚羹」，過的是「竹下挑燈飲，花前出畫看」、「摘果穿花徑，隨流到稻阡」的安然生活，無怪乎陳肇興在詩中時時用「閒步看秋耕」、「隨意宿花莊」、「禮數一時刪」的字眼，可以想見他在這邊的生活是相當愉快的。

3. 第二次避難之行

在戴潮春事件發生時，陳肇興舉家逃離，這一次就眞的是逃難及避難了，和第一次避難不同的是，因爲他在這事件中深受其害，所以詩中常常顯出鬱悶不平，初避居牛牯嶺時，陳肇興的心情是處在矛盾之中的，〈山居漫興〉及〈消夏雜詩〉剛好是二組對立的組詩，〈山居漫興〉〔註 197〕雖然也偶有「養茸麋鹿馴，分子鯉魚肥。習字妻磨墨，熏香婢拂衣」的悠閒，景物上也是「竹迸松根茁，蘭穿樹腹開」、「莿花巢白鳥，蔗葉飼黃牛」，但詩人卻是「憂來頻命酒，勉強學忘機」，爲什麼要「勉強學忘機」？因爲「忽報孤城陷」、「世亂乾坤窄」、「時事閱兵戈」，所以詩中呈現出「悲歌聊度日」的無奈，也因爲「不敢怨清貧」，所以詩人只好用拿筆的手改拿鋤頭，操持農事，「分秧遲閏夏，種豆急新晴。地瘦宜瓜植，田磽帶石耕。誰知抱甕者，原是一書生」，但在這

〔註 193〕收於施懿琳等編，《全臺詩》第玖冊，臺南：國立臺灣文學館，2008 年，頁 205。

〔註 194〕同前註。

〔註 195〕同前註，頁 206。

〔註 196〕同前註，頁 206。

〔註 197〕同前註，頁 272～273。

裡避居一段時間（「避迹山中已半年」）後，詩人已經慢慢適應，於是之前的忿忿不平已經有所沖淡，整組〈消夏雜詩〉〔註 198〕就呈現出閒適自得的山居生活了，陳肇興在這裡垂釣（「小坐垂綸意自寬」）、飲酒（「一甌苦茗三升酒，消受文人日又昏」）、散步（「楓林日暮晚風涼，散步誰知抱恨長」），有時也會「偶攜鴉嘴鋤雲去，劚得千年老茯苓」、「萬竿竹下披襟坐，自有清風不用錢」、「綠陰滿地日亭午，自枕松根企腳眠」，這種心境就像當初待在賴氏莊一樣，但是陳肇興並不是就此忘記家國變故，「烽火兼旬信息沉，故園回首棘森森。幾回欲覓來人問，相對無言淚滿襟」，比起之後時時牽掛亂事發展的記錄來看，這時候因為生活還算安定，所以就比例來看還不算多，甚至也因為相當安定，所以「兒童未解逢離亂，強折生梢學舞戈」，看在來此避難的大人眼裡，真是諷刺又無奈。

〈自許厝寮避賊至集集內山次少陵北征韻〉〔註 199〕則是又一次的避難路線，而且這次是進入真正的深山之中，「我遁於內山，潛伏野番室。深林暗無光，白晝不見日。破屋兩三間，茅茨雜蓬蓽。閉戶深藏匿，逢人未敢出。涕泣望烽烟，皇皇如有失」，在集集內山所看的的是「側身萬峰巔，秋風吹瑟瑟。但見陣雲飛，川原日流血。人煙半蕭條，鬼火互明滅。行行集集山，夙稱生番窟。濁水噴其中，日夜浪潑潏。路盤蒼穹高，石迸厚地裂」，逃難過程中，陳肇興眼中不見清新優美的山色，而是鮮血、鬼火相互交雜的景象，令人怵目驚心。在經歷過〈祭旗後一日六保背約縱匪反噬燬陷義庄無數獨山頂一帶尚守前盟予一家四散幾遭闔門之禍在重圍中瀝血成詠〉〔註 200〕後的陳肇興，幾乎沒有快樂的旅行之作，相較於避居牛牯嶺時〈消夏雜詩〉的愉悅，這時的〈山中遣悶〉〔註 201〕就真是鬱悶至極，有對親人的掛念：「干戈兒女大，風雨弟兄親。夜黑蛇同睡，時衰鬼亂嗔」、「一家懸虎口，百折走羊腸」、「母老兒兼幼，兄狂弟又愚」，也有想報國卻不得報的遺憾，「報國心猶壯」、「養客千金盡，防身一劍無」、「有人謀棄甲，獨我賦無衣」，這種「萬事與心違」的心境，難怪需要「遣悶」，即便是〈南投喜晤邱石莊〉〔註 202〕，還是不脫「狼

〔註 198〕收於施懿琳等編，《全臺詩》第玖冊，臺南：國立臺灣文學館，2008 年，頁 274。

〔註 199〕同前註，頁 281。

〔註 200〕同前註，頁 296。

〔註 201〕同前註，頁 296～297。

〔註 202〕同前註，頁 301。

奔豕突遍鄉閭，幾度思君淚滿裾。兩載離鄉分手後，萬金酬士破家初。身非食肉工謀國，志不圖功少上書。今日相逢倍惆悵，頭鬚白盡爲軍儲」的沉重，〈自水沙連由鯉魚尾穿山至斗六門〉〔註 203〕的記錄也是一樣，逃難時看到的景物是「落日沙連渡，秋風斗六門。誰知遺毒螯，群盜尚蜂屯」，心中掛念的是「軍眞天上降，賊自穴中迴……何時擒首惡，躍馬拂雲來」。

林翠鳳在《陳肇興及其《陶村詩稿》研究》中引用陳哲三〈「水沙連」及其相關問題之研究〉的結論後指出：

> 《陶村詩稿》中有〈羅山聞警間道斗六門入水沙連途中口占〉、〈大坪頂〉、〈水沙連記遊〉、〈自水沙連由鯉魚尾穿山至斗六門〉四題之詩，其中所提及之「水沙連」指的「都是今天的竹山」，據此而論，陳肇興此次行軍的路線，當是：
>
> 水沙連——竹山——鯉魚尾（今南投縣竹山鎮西南方鯉魚里）——穿山——斗六門（今雲林縣斗六市）。
>
> 此一路線與同治元年〈羅山聞警間道斗六門入水沙連途中口占〉所呈現的路線相似，當年爲避亂而行走的山徑路線，據其詩文所示當是：
>
> 斗六門（今斗六市）——牛觸口（即觸口山）——水沙連（今竹山）。
>
> 此兩條路線起點與終點恰爲相反，乃一來一往之路徑……〔註 204〕

這樣的分析是極爲正確的。

4. 旅遊之行

陳肇興在咸豐元年（壬子，1851）的〈曉行山中即目〉一詩，記載其遊歷的地點在南埰，爲彰化南方之山名，而〈待人坑〉是彰化近郊之山名，原爲亂葬崗，現爲公共墓地，至於〈自大墩歸五張犁書館遇雨口占〉，路線則是從今臺中市中區回到臺中縣烏日鄉。

咸豐四年（甲寅，1854）則在彰化、臺中一帶，而以臺中爲主，〈清明同友人遊八卦山〉、〈初往肚山之竹坑莊〉、〈肚山道中即景〉都是此時的作品，

〔註 203〕收於施懿琳等編，《全臺詩》第玖冊，臺南：國立臺灣文學館，2008 年，頁 305。

〔註 204〕見林翠鳳，《陳肇興及其《陶村詩稿》研究》，臺中：弘祥出版社，1999 年，頁 100。

這段時間中以〈遊龍目井感賦百韻〉〔註 205〕一詩最具代表性，詩中呈現出道光二十四年的「陳結案」及咸豐三年十二月間的「東螺堡械鬥」，藉由與老叟的一番對談，點出龍目井的今昔之別，從以前的「伊昔稱樂土，俯仰皆有資。所賴賢父母，寬猛政並施。夜眠少閉户，年凶不啼饑。堂堂楊明公，版築相地宜。城建三十載，黎庶無猜疑。漳泉若家室，出入相怡怡。雞黍羅盤錯，醇醪滿缶卮。臘蜡常酬酢，秋冬有餽遺。爾時雙龍目，夾井大如箕。泠泠噴其下，清冽甘如飴。前面栽修竹，後面植芳籬。十步一華屋，五步一茅籬。禽鳥鳴春夏，花果色參差。種種好光景，顧盼解人頤。嗣後太平日，文武多恬熙」到如今的「起視故閭里，曖曖見竿旗。涼月照荒野，白骨何纍纍。今春干戈息，花草無芳蕤。歸來見空壁，膏血猶淋漓。房屋既蕩盡，竹木無條枝。冽彼山下泉，沙淤塞流澌。荷鍤一爲鑿，涓滴始漣洏」，這是多麼鮮明的差異？尤其是當老叟說出「君今睹灰燼，愼勿古人嗤。古人原不詐，先生來則遲」時，不只是詩人「嗚咽淚雙垂」，就連讀此詩者也要跟著一灑同情之淚了，詩人藉由這一篇文章「寄語采風者，陳之賢有司」，提出五方雜處、吏治待改，漳泉分類械鬥的誤人誤己，「五方錯雜處，王化所難治。太守自廉潔，縣令自仁慈。哀哀爾漳泉，災害實自貽。東家持戈鋋，西家列矛鉈。爾燬我田屋，我奪爾膏脂。均之一自殺，相去不毫氂」，最終目的自然是要「我願爾父兄，子弟戒循規。更願爾鄉黨，仁義相切偲」，進一步「苟能推心腹，四海皆塤篪。百歲永無患，福祿天爾綏」，因此雖是記遊之作，但詩中所昭示的思想卻是深刻而富有警訊的。

咸豐六年（丙辰）陳肇興有虎山巖之行，咸豐七年（丁巳）時由西螺取道，經由諸羅到達茅港尾，茅港尾是今天的臺南縣下營鄉。咸豐九年又到過豐原，〈葫蘆墩〉〔註 206〕一詩就不是純粹寫景記行之作了：

> 市鎮邱墟後，重來獨愴神。一花開破屋，五里半流民。俗悍官依盜，
> 村荒鬼弄人。耕桑資令尹，救敝在還淳。

咸豐十年到過清水，曾〈登洪家天玉樓望火炎山諸峰〉〔註 207〕，也到過鰲栖觀音院、清水巖、濁水溪及水沙連一帶，陳肇興一再將水沙連比擬爲桃花源，

〔註 205〕收於施懿琳等編，《全臺詩》第玖冊，臺南：國立臺灣文學館，2008 年，頁 210～213。

〔註 206〕同前註，頁 250。

〔註 207〕同前註，頁 251。

〈大坪頂〉〔註 208〕說「耕鑿數百家，茅舍亦修整。有如桃花源，雞犬得仙境。又若榴花洞，烟霞饒佳景」，〈水沙連紀遊〉〔註 209〕之三也說「舊說珠潭嶼（珠潭嶼，日月潭），煙霞別有天。燒山開鹿社，浮筏種禾田。欲往嗟無伴，重遊訂後年。桃源在何處，目極萬峰巔」，並將大坪頂和福建的「榴花洞」相比，這必然是和陳肇興赴福州應考，曾至榴花洞一遊的經驗有關，其中值得注意的是〈南路鷹〉〔註 210〕一詩，南路鷹即是灰面鵟鷹，《臺灣通史》有記載：「每年清明有鷹成群，自南而北，至大甲溪畔鐵占山聚哭極哀，彰人稱爲南路鷹」，會稱之「南路鷹」，必然是彰化一帶居民才會如此稱呼，詩云「海外無鴻到，鷹飛春已殘。中原人不識，認作雁行看」和《通史》的記載互爲表裡，對於彰化地區的物產特色，作了中肯且忠實的記錄。

（六）林占梅

對於林占梅的遊蹤，謝志賜在《道咸同時期淡水廳文人及其詩文研究——以鄭用錫、陳維英、林占梅爲對象》中曾經作過整理：

> 先生出遊，足跡幾乎遍及淡水廳各地，而以北淡之觀音山西（棲）雲巖寺，劍潭劍潭寺兩大名剎附近及雙溪、內湖一帶爲最常遊憩之所。由此東及於今南港、汐止，以至基隆，西至關渡、八里，北達金山、石門，東南抵深坑、石碇、新店、坪林，西南爲往返之途，桃園、中壢爲官道，大溪、竹東爲副線。蓋先生家田產多在新莊、艋舺一帶，新莊蓋有別業，先生巡視之餘，以別業爲基地，得以遨遊淡北名勝。〔註 211〕

這樣的整理大抵是不錯的，尤其是「北淡之觀音山西（棲）雲巖寺，劍潭劍潭寺」二地，幾乎是林占梅生活中最爲重要的二個地標，薛建蓉在《清代臺灣本土士紳的角色扮演與在地意識研究：以竹塹文人鄭用錫與林占梅爲探討對象》大抵因循這樣的結論，但是，薛建蓉的分析中有一些是有問題的，在分析「劍潭」相關詩作時，作者一方面說「劍潭寺是臺北府附淡水境內信仰回教的寺廟」，一方面卻又以林占梅的〈諸同友人重遊劍潭寺〉說「在寺妙理

〔註 208〕收於施懿琳等編，《全臺詩》第玖冊，臺南：國立臺灣文學館，2008 年，頁 253。

〔註 209〕同前註，頁 256。

〔註 210〕同前註，頁 252。

〔註 211〕謝志賜，《道咸同時期淡水廳文人及其詩文研究——以鄭用錫、陳維英、林占梅爲對象》，國立臺灣師範大學國文研究所碩士論文，1995 年 6 月，頁 188。

（按：應爲廟裡）藉著禮佛法聽鐘鳴，洗滌林占梅內心煩悶的思慮。」〔註212〕回教寺廟中豈有聽見佛法之理？連橫在《臺灣通史》卷二十二〈宗教志〉的「回教」也說「回教之傳，臺灣絕少。其信奉者僅爲外省之人，故臺灣尚無之清眞寺也。」〔註213〕作者可能將連橫放置於此頁的「臺灣廟宇表」中的寺廟，均誤爲回教寺廟，這一點是需要先更正的。

〈韶石山峰歌〉〔註214〕說「我生有癖專好遊，怪石奇峰悦我眸。僻陋每傷居海嶠，足跡何能遍九州」，就是因爲「我生有癖專好遊」，所以占梅時常外出遊歷，除卻因公而不得不受限制的旅程外，占梅的行跡幾乎遍佈北臺，他所遊歷的地點及路線，目前可知的整理如下：

少時自辛亥（咸豐元年）共到過劍潭寺（〈遊劍潭寺〉、〈諸同友人重遊劍潭寺〉、〈偕友人遊劍潭寺西巖晚泊〉、〈劍潭晚步憩莊家書屋〉）、新莊（〈新莊道中口號〉、〈新莊別館月夜〉）、水竹山庄（〈避暑水竹山庄〉）、雙溪（〈雙溪曉行〉）、芝蘭（〈宿芝蘭莊〉、〈月夜同楊雨峰芝蘭訪友〉、〈芝蘭莊夜歸〉）、關渡（〈關渡舟行即事〉）、棲雲頂（〈重遊棲雲頂即景作畫並題〉）、霄裡（〈衝寒由小徑入霄裡〉、〈霄裡庄曉發〉）、隙溪村（〈過隙溪村〉、〈過隙溪莊〉）、北郭園（〈題鄭芷亭儀部用錫北郭園〉、〈再遊北郭園戲柬鄭蔭堂如松孝廉〉）、土地坑（〈遊土地坑〉）、大坪莊（〈宿大坪莊夜半風雨驟至走筆率記〉、〈宿大坪莊〉）、樹杞林（〈遇雨宿樹杞林〉）、七星墩（〈七星墩山村午後散步〉）、獅頭崖（〈薄暮獅頭崖望官渡疊前年韻〉）、棲雲巖（〈秋日遊棲雲巖作即景畫贈許蔭庭鴻書明經並題〉）、青藤峽（〈雨後過青藤峽口〉）、八里坌（〈八里坌港冒雨返棹〉）、中瀝（〈過中瀝馬上口號〉）、扈尾山莊（〈獨宿扈尾山莊夢亡室感作〉）、圓山莊（〈秋雨夜宿圓山莊〉）、楊梅村（〈衝寒過楊梅村遇雨〉）。

咸豐二年到過新莊、白石村、芝蘭莊竹林石室、雙溪、滴泉巖、棲雲巖、金瓜寮山莊、香山（〈雨後醉歸香山道中憩野人家〉、〈薄暮香山道中〉）、曲水巖、青潭岩、清水巖、西山別墅、九芎林莊、二坪、鹹水港、隙溪莊、

〔註212〕見薛建蓉，《清代臺灣本土士紳的角色扮演與在地意識研究：以竹塹文人鄭用錫與林占梅爲探討對象》，成功大學臺灣文學研究所碩士論文，2005年7月，頁125。

〔註213〕連橫，《臺灣通史》，卷二十二〈宗教志〉，「回教」，臺灣銀行經濟研究室，1962年，頁583。

〔註214〕收於施懿琳等編，《全臺詩》第捌冊，臺南：國立臺灣文學館，2008年，頁165。

桃仔園。此時「潛園無重要的建築物，此年園林的工程以齋庭的鋪石爲主。」〔註215〕

咸豐三年有鳳山崎、樹杞林邨、雙峰莊、雙溪莊、內湖莊（〈過內湖莊〉、〈內湖僧舍小憩〉、〈過內湖小邨憩望〉）、清潭、南港茶嚴、鹹水港、嵌頂莊。此年因有林恭事件，因此林占梅馬不停蹄參加平亂安輯。

咸豐四年去過內灣、香山（〈阻雨香山港市樓漫興〉、〈登香山港市樓晚歸〉、〈香山海堤晚歸〉）、鄭氏小莊、官渡港、后壠、烏眉崎、隙溪飲草亭、谷口、金門溪、內灣巖及海門。

咸豐五年到鳳鼻嵌頂。林占梅在此年少至外地遊歷，大概跟潛園在此時大興土木有關，「林占梅在此年築亭臺，詩中可見琴嘯亭、嘯望臺（崇臺、平臺）、陶愛草廬等建築。」〔註216〕

咸豐六年到龜崙嶺觀音菴、內湖莊（〈內湖莊偶成〉、〈內湖夜泊〉）、雙溪（〈雙溪山登眺〉、〈自雙溪石閣晚歸〉、〈自雙溪石〉、〈重入雙溪〉）、劍潭（〈題劍潭村家書屋〉、〈雨後泊劍潭作〉、〈秋夜宿劍潭寺〉）、鳳山崎、自芝蘭歸新莊。

咸豐七年是牛欄坑、芝蘭（〈自芝蘭晚歸新莊〉、〈由芝蘭山過金包裡〉）、新莊、雙溪（〈雙溪即景〉、〈雙溪口號〉）、棲雲巖（〈小泊溪岸偕友人夜過棲雲僧舍茶話〉、〈栖雲崖晚眺〉、〈偕戴山人宿棲雲巖〉）、觀音山、艋舺溪、官渡（〈官渡舟夜〉、〈官渡舟行〉）、青潭、內湖祖師巖、霄裡、新埔、金門溪、杞林。今年，「潛園主人忙構屋，築園池與購花。此年所出現新的建築物有宜宜樓、拄笏樓、辨琴書屋等。除構屋、築池之硬體建築外，此年潛園主人還留意到美化園林之花圃。」〔註217〕

咸豐八年到金包裡（〈雨後行金包裡道中〉、〈入金包裡莊憩佃人家〉）、大坪林（〈宿大坪林祖師菴〉、〈平林莊過孫嶅民處士園作贈〉）、新庄、八六堵、大屯山、七星墩、棲雲岩（〈偕友登棲雲岩留宿〉、〈偕友登棲雲岩留宿迴疊前韻〉、〈棲雲寺即事〉）、芝蘭（〈芝蘭莊〉、〈出雙溪再上芝蘭圓山項寺中小憩〉）、雙溪（〈雨後同內子觀雙溪石澗泉烹茶即景口號〉、〈夜宿雙溪同友人乘涼〉）、內湖、鳳山崎、蘆洲、橫坑深山、祖師岩、青潭山、金門溪、香石山

〔註215〕參考徐慧鈺，《林占梅園林生活之研究》，政治大學中國文學系博士論文，2003年7月，頁63。

〔註216〕同前註。

〔註217〕同前註，頁64。

房。「潛園主要之新建構有梅鄔、梅花書屋、碎錦亭、東廊藏書、東籬、香石山房等。」〔註218〕

咸豐九年沒有特定地名之遊，但是常至山居。此年也並無重要的築園活動。

咸豐十年去過北莊友人家，也到過〈韶石山峰〉、〈南勢山〉。此年「是林占梅大興土木之一年，於其詩集中出現之新建構有青草湖別業、西城別業、池西別墅、聽春樓，雨向小樓、桂花杏子邨等。是年春，林占梅因先世藏書處虹貫月樓睥褫富繁，日子多致殘蝕，重新修葺之。此外，築園工程逐漸往西拓展，甚至已超出潛園原有之範圍，而至池西、城西、青草湖等地，興築池西別墅、西城別業、青草湖孤山別業等新建構，而其中所謂城西別業與青草湖孤山別業，由詩之內容觀之，可能是同一建築群。」〔註219〕

咸豐十一年及同治元年亦無特定地名之遊。「出現於詩集的新建築物僅有臨池樓。」〔註220〕

同治二年去過內湖（〈內湖道中〉、〈游內湖莊雨後偶成〉、〈內湖莊登眺口號〉、〈自內湖歸道中題壁〉）、獅頭崖、陴角莊、新莊山腳（〈薄暮過新莊山腳〉、〈雨後移船泊新莊港〉）、劍潭（〈偕友人劍潭品茶〉、〈自雙溪歸復泛劍潭〉、〈劍潭晚泛〉）、南港。

同治三年又是林占梅出遊的高峰期，金山、環碧寺、淡文山、大坪庄、頭分庄、大姑嵌觀音亭、艋川（〈初晴艋溪小泊〉、〈艋川登眺〉、〈艋川書嘆〉）、青潭、劍潭（〈劍潭偶成〉、〈晚過劍潭寺留題二首〉）、觀音山、棲雲寺、雙溪醴泉窟、內湖山、西雲巖、石閣林泉、北勢湖莊、雞籠（〈自南港到雞籠道中口號〉、〈晚泊嶺南明朝擬過雞籠〉、〈泛舟雞籠〉）、林山人居處（〈題林山人草堂〉、〈過北勢內湖再訪林山人題壁〉、〈再題林山人齋壁〉）、暖暖（〈由南港入暖暖莊口號〉、〈暖暖山莊夜步〉）金包裡（〈金包裡橫岡遠眺〉、〈金包裡旅舍午霽偶成〉、〈金包裡夢覺口號〉、〈由金包裡過石門〉）、石門（〈雨後石門道中〉、〈由石門過圭柔山道中口號〉、〈石門道中遇雨輿中悶臥口占〉）、竹山、阿裡、圭柔山、大屯山（〈大屯頂登眺〉、〈重登大屯山墓望〉）三角湧山庄、新庄別業。「同治元年至二年，林占梅忙於領兵南下平戴潮春之亂，故

〔註218〕參考徐慧鈺，《林占梅園林生活之研究》，政治大學中國文學系博士論文，2003年7月，頁65。

〔註219〕同前註，頁65～66。

〔註220〕同前註，頁66。

園林之事無暇顧及，無新建構。於同治三年林占梅方有餘力從事園林之事，其建築物主要建構於城西。……而同治三年以後，則林占梅詩文中不見潛園有任何建構。」〔註221〕

同治四年則只到觀音山，〈往觀音山祭掃小憩佃人家〉、〈二月二十四日遊登棲雲巖觀音山諸勝〉。

同治五年曾〈入鯉魚潭番社清丈田甲〉，詩人對於原住民的形容是「儘日似勞薪，籃輿俯仰頻。社丁立鴃舌，田甲冊魚鱗。面目渾疑鬼，情形不類人。除將妻子外，饜飫最相親」，另有〈自內灣莊晚歸田舍〉、〈自南港內山晚歸莊舍〉。

同治六年曾到靈泉禪寺，並有題壁之作。

這些遊歷過的地點中，有幾個地名是常出現在占梅詩作中的，這些地名之所以頻繁出現，有著不同的理由：

1. 主動遊歷的旅程

（1）劍潭

關於劍潭及劍潭寺，《淡水廳志》說「劍潭：在廳治北一百三十里，深數十丈，澄澈可鑑。潮長則南畔東流，而北畔西；退則南畔西流而北畔東。每黑夜或風雨時，輒有紅光燭天。相傳底有荷蘭古劍，故氣上騰也。或云樹名茄冬，高聳障天，大可數抱，峙於潭岸，荷蘭人插劍於樹，生皮合劍在其內，因名。」〔註222〕

至於劍潭寺在《淡水廳志》的記載為：「**劍潭寺：即《府志》云觀音亭。在劍潭山麓**。乾隆三十八年吳廷誥等捐建。寺有碑記述：僧華榮至此，有紅蛇當路，以筊卜之，得建塔地。大士復示夢有八舟，自滬之籠可募金，果驗。寺遂成。道光二十四年泉郊紳商重修。」〔註223〕連橫，《臺灣通史》的「臺灣廟宇表」說「劍潭寺：在芝蘭一堡劍潭之畔。」〔註224〕他的《臺灣史跡志》也

〔註221〕參考徐慧鈺，《林占梅園林生活之研究》，政治大學中國文學系博士論文，2003年7月，頁66。

〔註222〕陳培桂，《淡水廳志》，卷十三〈考三古蹟考〉，「古蹟」，臺灣銀行經濟研究室，臺灣文獻叢刊第172種，同治九年，頁341～342。

〔註223〕陳培桂，《淡水廳志》，卷十三〈考三古蹟考〉，「寺觀（附）」，臺灣銀行經濟研究室，臺灣文獻叢刊第172種，同治九年，頁344。

〔註224〕連橫，《臺灣通史》，卷二十二〈宗教志〉，「回教」，臺灣銀行經濟研究室，1962年，頁592。

說「劍潭在臺北城外，水清而秀。相傳荷人插劍於潭邊之大樹，故名。或曰：延平郡王投劍於此，風雨晦明，尚騰奇氣，故有『劍潭夜光』之景。**二說均屬荒談。荷人插劍，得之傳聞，延平亦未至臺北，故知其出於附會也。唯潭邊有山曰圓山，石老林深，境絕清閟，春朝月夜，策杖遨遊，誠足以蕩滌塵襟而拓開詩界也。**」〔註225〕而「劍潭夜光」同時也是「臺灣八景」之一。

占梅對於劍潭一地的偏愛，反應在他的大量書寫中，整部《潛園琴餘草》裡，光是以劍潭爲詩題的就不止十首，但薛建蓉在其論文中只提及一首，接著將焦點帶到陳維英與查元鼎的相關詩作上，其實非常突兀。劍潭在臺北府，林占梅平日所居住地是竹塹，何以一位竹塹文人會對北臺劍潭與棲雲巖如此偏愛？他自己在〈自雙溪歸復泛劍潭〉〔註226〕說「我愛澄潭好烟景，尋幽幾度欲移家」，林占梅筆下的劍潭是「野草緣堦綠，巖松破壁生」（〈遊劍潭寺〉）〔註227〕、「水上輕煙浮釣艇，溪干叢竹護漁家。空潭倒浸青山影，怪石翻沖白浪花」、「石徑風來松子脫，花陰晝靜鳥聲唬。放光水族驚投劍，聞筈池龜出伺齋」（〈同諸友人重遊劍潭寺〉）〔註228〕如此優美的景致，難怪詩人一直念念不忘，對占梅而言，劍潭的任何時候都風光俱佳，「嵐光夕更佳」（〈劍潭晚步憩莊家書屋〉）〔註229〕是晚上、「共對雨餘好風景，澄潭如鏡泛輕槎」（〈劍潭晚泛〉）〔註230〕是雨後的晚上、「我愛繫船當夏夜，清鐘縈榻月浮波」（〈劍潭偶成〉）〔註231〕是夏夜。

事實上，林占梅在劍潭一地有幾項經常性活動：最主要的是到劍潭寺一遊，〈遊劍潭寺〉〔註232〕、〈同諸友人重遊劍潭寺〉、〈秋夜宿劍潭寺〉〔註233〕；再者因爲劍潭附近有「劍潭渡」，因此占梅也常在此晚泊、搭船，〈偕友人遊劍

〔註225〕連横，《雅堂文集》卷三筆記《臺灣史跡志》「劍潭」，臺灣銀行經濟研究室，1987年，頁212～213。

〔註226〕收於施懿琳等編，《全臺詩》第捌冊，臺南：國立臺灣文學館，2008年，頁228。

〔註227〕收於施懿琳等編，《全臺詩》第柒冊，臺南：國立臺灣文學館，2008年，頁3。

〔註228〕同前註，頁19。

〔註229〕同前註，頁65。

〔註230〕收於施懿琳等編，《全臺詩》第捌冊，臺南：國立臺灣文學館，2008年，頁229～230。

〔註231〕同前註，頁254。

〔註232〕收於施懿琳等編，《全臺詩》第柒冊，臺南：國立臺灣文學館，2008年，頁3。

〔註233〕收於施懿琳等編，《全臺詩》第捌冊，臺南：國立臺灣文學館，2008年，頁54。

潭寺西巖晚泊〉〔註234〕、〈劍潭晚泛〉、〈雨後泊劍潭作〉〔註235〕、〈自雙溪歸復泛劍潭〉，除此之外，品茗也是占梅與友人的活動之一，「停琴品罷支公茗，又鼓談經廿一章」（〈秋夜宿劍潭寺〉）、「披襟赤足苔磯上，坐對滄浪共品茶」（〈偕友人劍潭品茶〉）〔註236〕而占梅在劍潭的住宿地點除劍潭寺外，還有莊家書屋了，〈劍潭晚步憩莊家書屋〉、至於〈劍潭偶成〉、〈偕友人劍潭品茶〉、若就占梅到劍潭的時間點來看，除了早年與友人常到劍潭一遊外，至少從咸豐元年開始，要到咸豐六年才有劍潭之遊，再來就是同治二三年的密集前往了。

（2）雙溪

薛建蓉在《清代臺灣本土士紳的角色扮演與在地意識研究：以竹塹文人鄭用錫與林占梅為探討對象》中引用了《臺灣輿圖》〈宜蘭縣圖〉的記載，提出雙溪位於「海口之著者，曰三貂溪，又名下雙溪，為淡、蘭交界之所。」〔註237〕這一點同樣是有問題的，因為這邊的雙溪，係指「三貂溪，又名下雙溪」，是位於「淡、蘭交界之所」，就地理位置來看，位於竹塹的林占梅將別業置於淡蘭交界，未免太遠了些，《新竹縣采訪冊》卷一「竹南堡川」條提到「有苗栗縣中港南堡一水自暗潭阬東南分來注之，名內雙溪；又紆徐盤繞西北行三里至內大坪，又二里至龜山前，又一里至大挑坪口，有九塊寮阬一水自東北方十餘里來注之，名外雙溪。」〔註238〕唐贊袞在《臺陽見聞錄》的「雙溪」條就說「臺北有上雙溪、下雙溪，水雲環抱，上下相接。」〔註239〕可知「雙溪」不只分上下，也分內外，林占梅設置別業的雙溪，應該是指位於竹塹境內「隙子溪」流域的雙溪，《新竹縣采訪冊》卷一的「隙子溪」條提到「隙子溪在縣西三里。……，**有南方一水自三叉崠發源，經大分林、三條阬、六塊寮、庚子寮十里來匯合，名雙溪**。」〔註240〕

占梅早年曾到過雙溪，作有〈雙溪曉行〉，之後咸豐二、三年都去過，而

〔註234〕收於施懿琳等編，《全臺詩》第柒冊，臺南：國立臺灣文學館，2008年，頁65。

〔註235〕收於施懿琳等編，《全臺詩》第捌冊，臺南：國立臺灣文學館，2008年，頁52。

〔註236〕同前註，頁227。

〔註237〕《臺灣輿圖》，〈宜蘭縣圖〉，臺灣銀行經濟研究室，光緒五年，頁42。

〔註238〕陳朝龍，《新竹縣采訪冊》，卷一〈山川〉「竹南堡川」，臺灣銀行經濟研究室，臺灣文獻叢刊第145種，光緒十九年，頁44～45。

〔註239〕唐贊袞，《臺陽見聞錄》，卷下「山水」，「雙溪」，臺灣銀行經濟研究室，1958年，頁120。

〔註240〕陳朝龍，《新竹縣采訪冊》，卷一〈山川〉「竹塹堡川」，臺灣銀行經濟研究室，臺灣文獻叢刊第145種，光緒十九年，頁43。

以咸豐六到八年最為頻繁，咸豐六年有〈雙溪山登眺〉、〈自雙溪石閣晚歸〉、〈自雙溪石〉、〈重入雙溪〉等詩、咸豐七年作〈雙溪即景〉及〈雙溪口號〉，而咸豐八年則有〈出雙溪再上芝蘭圓山項寺中小憩〉、〈雨後同內子觀雙溪石澗泉烹茶即景口號〉、〈夜宿雙溪同友人乘涼〉跟雙溪有關，同治二、三年也各有一次雙溪之行。占梅到雙溪，有時是路過，有時是到附近的雙溪莊，或是醴泉窟、石竅泉等著名景點。在林占梅的記錄中，咸豐六至八年，以及同治二三年，是占梅遊臺的顛峰時期，詩人將雙溪比擬為桃花源，就是來自於雙溪景物的優美，尤其是石竅泉附近，因為桃花盛開，所以〈雙溪觀石竅泉晚歸燈下作示同遊諸友〉〔註 241〕說「此間量分武陵通，仙源有路眞無窮」、「君不見桃花流水杳然去，別有天地非人間」；〈雙溪即景〉〔註 242〕也說「待得兩隄桃盡放，雙溪即是武陵溪」，眞如置身仙境中了。

他來到雙溪，有時是跟著友人，也曾經跟妻子一同前來〈雨後同內子觀雙溪石澗泉烹茶即景口號〉〔註 243〕，而且不是晚歸就是晚宿、曉行，詩人寫雙溪，有時寫其溪水之清、亂石之多，「雙溪水清清無涯，雙溪石秀多杈枒」（〈雙溪觀石竅泉晚歸燈下作示同遊諸友〉）、「深坑巢亂石」（〈雙溪曉行〉）〔註 244〕，有時強調溪樹，有時則寫流泉「峭壁每生懸澗樹，層巒難阻出山泉」（〈自雙溪石閣晚歸〉）〔註 245〕、「溪樹連空遠，山雲積澗平」（〈自雙溪石閣晚歸〉）〔註 246〕、「綠葉陰森萬木齊。一徑飛泉懸峭壁」（〈雙溪口號〉）〔註 247〕，所有悠閒空間的質素都一一具備，無怪乎詩人會一遊再遊，而不見倦怠。

（3）芝蘭

《福建通志臺灣府》說「淡水廳（山高崖峭，徑荒林鬱，瘴氣蔽空，綠水縈洄）。港門從北而入，西南而出，兩山對峙。南有八里坌、南嵌、龜崙之

〔註 241〕收於施懿琳等編，《全臺詩》第柒冊，臺南：國立臺灣文學館，2008 年，頁 86。

〔註 242〕收於施懿琳等編，《全臺詩》第捌冊，臺南：國立臺灣文學館，2008 年，頁 42。

〔註 243〕同前註，頁 86。

〔註 244〕收於施懿琳等編，《全臺詩》第柒冊，臺南：國立臺灣文學館，2008 年，頁 18。

〔註 245〕同前註，頁 320。

〔註 246〕同前註，頁 330。

〔註 247〕收於施懿琳等編，《全臺詩》第捌冊，臺南：國立臺灣文學館，2008 年，頁 51。

環繞，北有大屯、圭柔、金包裏之護衛，中央關渡門，形如獅象以守。及其分流開派，則南通興直、海山，北通八仙埔。芳舍翁、八芝蘭。」〔註248〕《臺灣通史》則記載，「淡水縣轄九堡：大佳臘堡、芝蘭一堡、芝蘭二堡、芝蘭三堡、八里坌堡、擺接堡、興直堡、文山堡、桃澗堡。」〔註249〕即今士林。原平埔族語爲「八芝蘭」，位於關渡北邊出口處，距淡水廳約百二十五里。

占梅早年常到芝蘭（〈宿芝蘭莊〉、〈月夜同楊雨峰芝蘭訪友〉、〈芝蘭莊夜歸〉），之後咸豐二年到過芝蘭莊竹林石室，再來就要到咸豐六年了，這一次是從芝蘭歸新莊，咸豐七年有〈自芝蘭晚歸新莊〉、〈由芝蘭山過金包裡〉，至於八年則是〈芝蘭莊〉、〈出雙溪再上芝蘭圓山項寺中小憩〉，同樣集中在咸豐六到八年間，占梅遊臺的巔峰期，詩人常到芝蘭，應該跟「幽居何必廣，即此是仙鄉」（〈宿芝蘭莊〉）〔註250〕有關，其餘諸詩則多是旅途沿途所見的描述。其中比較特別的是〈遊芝蘭莊竹林石室諸勝〉〔註251〕，「夜泛劍潭水，晚過芝蘭岡。郊原多景色，巖壑任翱翔」將芝蘭附近的景致作了簡單描述，詩人在登山攬勝時，因爲「平生愧未勤閱歷，躋勝無方力已疲」而吃盡苦頭，等到行至最高點，才發覺自己「我居城郭如帷幔，那得名山長在玩。登此始知大地寬，不覺望洋自嗟嘆」，這一次的出遊他是極爲滿意的，除了得以大飽眼福之外，山珍野菜的美味，也讓他念念不忘，「搜奇自謂前人過，平生眼福飽十分。歸來拂石坐箕踞，園韭胡麻健脾胃。堪嗤肉食何曾知，下箸十千求兼味」詩人最後以「歡然一飽向黑甜，明朝復擬尋幽去」作結，打算再去尋幽訪勝，如果不是因爲此次旅程的愉悅，也不會開啓詩人遊玩的契機。

（4）香山

香山在今新竹市境內，《新竹縣采訪冊》說「香山，在縣西十里。其山自茄冬湖山東方來，形頗平坦，直如屏障；延袤七、八里，高五、六丈。諸山羅列，俯臨大海；每當潮回之候，濁浪排空、驚濤瀉地。登高而望，汪洋萬頃，雪捲銀翻，別開世界；爲《廳志》八景之一。山下有香山塘莊，民居五

〔註248〕劉良壁，《重修福建通志臺灣府》，卷八十五「淡水廳」，臺灣銀行經濟研究室，臺灣文獻叢刊第74種，乾隆七年，頁344。

〔註249〕連橫，《臺灣通史》，卷五〈疆域志〉「坊里」，臺灣銀行經濟研究室，頁129。

〔註250〕收於施懿琳等編，《全臺詩》第柒冊，臺南：國立臺灣文學館，2008年，頁20。

〔註251〕同前註，頁85～86。

十餘户。又有頂寮街，民居六十餘户；下寮街，民居八十餘户：皆爲南北往來官路之衝。」〔註 252〕，這裡的八景當指「香山觀海」，又《新竹文獻會通訊》〈香山採訪錄〉「香山昔爲竹塹社番棲住之地，故初來漢人稱之爲番山。後漢人漸多，番人漸少，便覺得地名不雅，而共議改番字爲香字。」〔註 253〕《淡水廳志》中的「塹南八景」有「香山夕照」〔註 254〕。

占梅在咸豐二年到過香山，〈雨後醉歸香山道中憩野人家〉〔註 255〕、〈薄暮香山道中〉〔註 256〕等詩都充滿旅遊的愉悅之情。但咸豐四年的香山之遊就沒有之前的愉快了，〈阻雨香山港市樓漫興〉〔註 257〕說「黑雲翻雨倒天瓢，獨上層樓感寂寥。遠樹蒼蒼沙岸闊，孤帆隱隱海門遙。射潮雨勢錢王弩，入市風聲伍子簫。熱血一腔何處灑，酒杯在手劍橫腰」、〈登香山港市樓晚歸〉〔註 258〕、〈香山海堤晚歸〉〔註 259〕、〈香山口防堵作〉〔註 260〕，再來就是同治二年的〈師出香山途中作〉〔註 261〕了。其中咸豐四年〈香山口防堵作〉及同治二年的〈師出香山途中作〉因爲跟平亂有關，所以詩中充滿了報國心切的情緒，和單純的遊玩行旅之作，在心態上有著很大的差異。

（5）青草湖

青草湖原爲牛軛湖，水源來自客雅溪。客雅溪原名隙仔溪，日據時代改名客雅溪。位於新竹市東郊。

青草湖應該是林占梅繼室陳夫人墳墓的所在地，咸豐三年的〈曉過青草湖村〉〔註 262〕還看不出祭掃的行動，不過占梅對於青草湖的描述卻是「溪沙

〔註 252〕陳朝龍，《新竹縣采訪冊》，卷一〈山川〉「竹塹堡山」，臺灣銀行經濟研究室，臺灣文獻叢刊第 145 種，光緒十九年，頁 25。

〔註 253〕收於林占梅，《潛園琴餘草》，徐慧鈺編，新竹市立文化中心，1994 年 6 月，頁 73。

〔註 254〕見《淡水廳志》，南投：臺灣省文獻會出版，1998 年，頁 40。

〔註 255〕收於施懿琳等編，《全臺詩》第柒冊，臺南：國立臺灣文學館，2008 年，頁 92。

〔註 256〕同前註，頁 103。

〔註 257〕同前註，頁 174。

〔註 258〕同前註，頁 222。

〔註 259〕同前註，頁 240。

〔註 260〕同前註，頁 252。

〔註 261〕收於施懿琳等編，《全臺詩》第捌冊，臺南：國立臺灣文學館，2008 年，頁 233。

〔註 262〕收於施懿琳等編，《全臺詩》第柒冊，臺南：國立臺灣文學館，2008 年，頁 125。

漠漠路迢迢，曉色蒼涼入望遙。行李一肩人影冷，綠楊十里馬蹄驕。早潮疑雨喧前渡，長板凝霜接斷橋。幾縷炊煙林際裊，遙知深處有園寮」，一連用了「蒼涼」、「冷」、「凝霜」等字眼，去營造出寂寥的感受，同治元年〈青草湖晚歸〉〔註 263〕的景致就略佳：「曖曖環村樹，依依出谷煙。好山皆蘊藉，流水亦周旋。鳥散長空盡，花開夾徑妍。嶺巔回首望，夕照下平川」，同樣寫青草湖，卻讓讀者有著不同的感受，很有可能是因爲作者心情不同，所看的景物也不同，另一種可能則是，經過咸豐三年到同治元年的時間變遷，當時的確已由荒涼轉變成溫暖的景致了。

咸豐十年〈過青草湖有感〉〔註 264〕有「祭掃罷歸時，沾襟淚連滑」的詩句，這是因爲繼室陳夫人於咸豐九年病逝而葬於此地。因爲外在景物的「凋零曾幾時，萬綠何來突」，所以使得詩人「對此觸我懷，低頭頻咄咄。傷我同心人，一朝遽頹蹶。華扁難回春，千秋感存沒」，同治二年〈初晴祭掃青草湖有感歸成四律以寫哀哀（仍用長恨歌斷句作起，有序）〉〔註 265〕一詩交待了葬於此處的對象，詩前小序說「嗟逝水兮無邊，挽流光兮莫往，紅顏命薄，倩女魂離。蛾眉日暝，難開繡嶺之雲，螺髻煙迷，空釣珠江之月。院落霜寒，已失桃花映面，樓頭風約，奚追柳絮前身，比翼情深，連枝分淺。三生石上，已分鈿盒之緣，連理枝頭，曾設玉簫之誓。傷哉不已，恨也何如？即今淒迷灌莽，零落山邱，慼慼終天，孜孜永夕。騎省歸來，不盡哀蟬之賦，秦嘉悼故，無非別鵠之篇。卿誠謫女，僕本恨人。愁緒纏綿，每寄詞於芸簡，憂懷悱惻，常托句於霜毫。爰吟零露四章，以當臨風一哭」，可見占梅與這一位陳夫人鶼鰈情深，詩句中化用了蘇東坡〈江城子〉、白居易〈長恨歌〉等詩句，都是用來描寫對亡妻的懷念之情：

> 一別音容兩渺茫，不歸西土定仙鄉。生前枉綰同志結，死後難尋入夢香。石塚寒蛩迷亂草，墓門啼鴂苦衰楊。歸來笑語人何在，寂寞燈前意轉傷。
>
> 秋雨梧桐葉落時，淒涼枕簟最縈思。雕欄月上追攜手，寶鏡塵生憶畫眉。作賦江淹常寫恨，多情宋玉爲興悲。只今淒寂粧樓下，深院

〔註 263〕收於施懿琳等編，《全臺詩》第捌冊，臺南：國立臺灣文學館，2008 年，頁 207。

〔註 264〕同前註，頁 154。

〔註 265〕同前註，頁 215～216。

無人屬阿誰。

臨別殷勤重寄詞，一番叮囑一番悲。玉簫誓切多生願，金屋緣慳隔世癡。三疊琴心妻即友，兩行珠淚母傷兒（亡兒祖望爲所鍾愛）。不堪追憶前時事，對酒看花痛不支。

在地願爲連理枝，孜孜私語鬼神知。死而有識應留憾，病到無名倍可悲。傷逝惠連留短句，悼亡潘岳費新詞。數年別淚知多少，和墨頻吟薤露詩。

同治三年〈青草湖祭掃口號〉〔註266〕也是相同的心緒，從占梅不間斷的至青草湖祭掃來看，他對亡妻念念不忘的深情，藉由這樣的行旅動線，已經昭然可見了。占梅還另有〈過陴角莊（亡室陳夫人外家住處）〉〔註267〕，也是同樣紀念陳夫人之作。

（6）金包裡

占梅到金包裡之遊集中在咸豐七年之後，《諸羅縣志》記有「由大雞籠而西爲**金包裏山**（內有**金包裏社**，往大雞籠路在山之麓，沿路巨石巉巖錯置，澗水縱橫其下），山背有旗干石（二石對峙如旗干，故名），砥柱乎煙波，又西爲小雞籠鼻頭山；山之右有石，中空如門，爲石門。」〔註268〕而《臺灣通志》記載「淡水至基隆有東西兩路，西由八里坌渡礮城，循外北投、雞柔、大遯、小雞籠、**金包裏諸山**之麓。」〔註269〕

咸豐七年〈由芝蘭山過金包裡〉、咸豐八年到金包裡，有〈雨後行金包裡道中〉、〈入金包裡莊憩佃人家〉諸詩，同治三年則有〈金包裡橫岡遠眺〉、〈金包裡旅舍午齋偶成〉、〈金包裡夢覺口號〉、〈由金包裡過石門〉的作品。

這些作品多數是記錄沿途風景之作，其中〈金包裡夢覺口號〉〔註270〕「孤村深夜覺，輾轉思無涯。撼枕濤聲壯，穿櫺月影斜。勞形因作客，不寢

〔註266〕收於施懿琳等編，《全臺詩》第捌冊，臺南：國立臺灣文學館，2008年，頁246。

〔註267〕同前註，頁217。

〔註268〕周鍾瑄，《諸羅縣志》，卷一《封域志》〈山川・山〉，臺灣銀行經濟研究室，臺灣文獻叢刊第141種，康熙五十五年，頁7。

〔註269〕蔣師轍，《臺灣通志》〈疆域・形勢〉，臺灣銀行經濟研究室，臺灣文獻叢刊第130種，光緒二十一年，頁23。

〔註270〕收於施懿琳等編，《全臺詩》第捌冊，臺南：國立臺灣文學館，2008年，頁264。

每思家。況值中秋後，林風似曉笳」是占梅少數幾首思家之作，占梅很少在他的行旅詩作中表達這樣的情緒，多半都是喜好遊歷、享受遊歷的；在他心情愉悅下所寫的作品，常常都著重外在景物描述，而很少兼及內心，這首詩也因爲有了詩人的情感，而達到情景交融的境界。〈由金包裡過石門〉〔註 271〕「崱嶪嶕嶢百怪呈，危途嶄絕倍心驚。馬從密篠穿雲出，人向懸崖附葛行。匝地揚沙風料峭，漫天飛雨浪砰訇。搖鞭陡立峰巒上，俯首群山似閱兵」則寫出沿途怪奇的美景。占梅到金包裡，多半是路過，很少久待，但金包裡沿途奇石之美，在《諸羅縣志》中也有記載「沿路巨石巉巖錯置，澗水縱橫其下」。

2. 因公奉命的旅程

咸豐三年（1853）林恭事變，占梅協辦全臺團練，這一次前往香山、斗案棚莊、新社、紅毛港等地；因爲公務在身，且亂事又起，他的這次行旅心情是沉重的，反應在景物描寫上，自然也是灰暗不已，〈香山暮歸〉〔註 272〕說「暮色黯沙灣，匆匆策騎還。風腥知近海，日暗欲啣山。倦鳥投林急，浮鷗拍浪閒」、〈往各莊安輯馬上口號〉〔註 273〕看到的是「荒郊日落鵰啼樹，野竈宵深鼠瞰燈」，〈夜宿斗案棚莊〉〔註 274〕更是恐怖，「狺狺吠犬驚人起，啞啞啼烏繞樹重。堠卒頻敲窮巷柝，山魈亂撞破樓鐘。霜圍老屋寒風吼，月暗空林宿霧濃。如此荒涼眞鬼景，幾回按劍拭青鋒」，〈晚行山中徑中〉〔註 275〕「樹上怪禽聲類鬼，道旁孤堠立疑墳」、〈亂後經紅毛港有感〉〔註 276〕「山徑陰森極，寒威迫敝裘。摧林風亂吼，礙石水橫流」、「榛莿多塞路，桑柘不成村」，心境投射到景物描寫上，我們可以看出詩人在這段路上不是輕鬆自在的，也絲毫不見悠然的情緒。

咸豐四年（1854），曾南下府城協辦團練，去程經過苑裡村、房裡村、西螺驛、羅山、茅港尾莊、麻豆、府城等地。

〔註 271〕收於施懿琳等編，《全臺詩》第捌冊，臺南：國立臺灣文學館，2008 年，頁 264。

〔註 272〕收於施懿琳等編，《全臺詩》第柒冊，臺南：國立臺灣文學館，2008 年，頁 138。

〔註 273〕同前註，頁 139。

〔註 274〕同前註。

〔註 275〕同前註。

〔註 276〕同前註，頁 140。

占梅這一次協辦團練的旅程同樣並不是非常愉快的，尤其是前去府城的路途中，氣候極爲炎熱，占梅幾次提到「冒暑」的字眼，(〈奉命辦理團練冒暑赴郡感作〉、〈冒暑過房裡村〉、〈赴郡苦熱得雨偶作〉)，如果不是因爲「豺虎紛當道」，詩人又何必「盛夏何煩統甲兵」？除了酷暑之外，他在沿路看到破敗的鄉村景象，彷彿已成鬼域，更讓詩人心情難以喜悅，〈宿苑裡村〉〔註 277〕說「狼籍殘骸痛未收，荒涼滿目起悲愁。迷人旱魃巢墟墓，拜月妖狐頂髑髏。黝黝荒林晴亦暝，蕭蕭衰草夏如秋。夜深隔岸燐光閃，知是魂從曠野遊」、〈過茅港尾莊〉〔註 278〕也是：「腥血吹風撲面涼，蕭條何處覓村莊。千堆白骨皆新塚，十里平沙是戰場。落日昏黃聞鬼哭，啼禽嗚咽斷人腸。當年此地人居密，轉眼荒涼倍可傷」二個村落幾乎已經廢村；而其他地方也沒有太好，〈薄暮次羅山野望〉〔註 279〕「血腥戰骨爭饑犬，雨打荒營沒亂蓬」、〈暮次麻豆道中〉〔註 280〕「田園荒廢賸空村。林煙慘淡疑烽火，磧草糢糊認血痕」。

詩人思鄉的情緒在進入府城之後愈見頻繁，初至時〈赤嵌城野望〉〔註 281〕說「登城閒眺望，觸目起離愁。荒草迷行徑，斜陽黯戍樓。壯心磨盾鼻。歸思指刀頭。滄海茫無際，誰乘破浪舟」，即使住了一段時間，〈旅感〉〔註 282〕還是提到「故山千里遠，回首白雲遮。自惹羈留苦，尤增落拓嗟。多愁難強飯，小病更思家。最是消魂處，城頭奏暮笳」，〈旅舍雨夜〉〔註 283〕也說「此地曾棲息，重來憶舊遊。挑燈回旅夢，聽雨觸鄉愁。情欲聞雞舞，身悲似燕留。蕭郎孤寂甚，枕簟冷於秋」，占梅之所以在住了一段時間之後又萌生歸意，應當跟他遭到詆毀有關，〈書感〉〔註 284〕「自知坦蕩性難除，肆口雌黃任毀譽。心似桔槔頻輾轉，名非鶖策待吹噓。煩勞事業鯑升竹，辜負勳名鶴在車。況道不同謀寡合，家園念切賦歸歟」，離家日久而思鄉已是難熬，再碰到道不同者的詆毀，思鄉的心情也就愈加強烈。

〔註 277〕收於施懿琳等編，《全臺詩》第柒冊，臺南：國立臺灣文學館，2008 年，頁 189。
〔註 278〕同前註，頁 191。
〔註 279〕同前註，頁 190。
〔註 280〕同前註，頁 191。
〔註 281〕同前註，頁 196。
〔註 282〕同前註，頁 203。
〔註 283〕同前註，頁 204。
〔註 284〕同前註，頁 203。

詩人居留府城的期間，到過不少名勝古蹟，〈開元寺弔古歌〉〔註 285〕對於鄭家是負面評價的，詩人用「踞東瀛」、「據窮島」、「倔強比田橫」、「定是天心厭禍亂，故蹇其年致太平」形容鄭成功、形容鄭經「事豪奢」、監國藩臣「直兒戲」、到了克塽是「主君懦弱賊臣尊」，認爲當時臺地百姓對於清軍是「日望王師振覆盆。果然聖祖動矜憫，王濬船從海上屯。梅花一陣收澎島（時靖海侯施琅麾下總兵吳英，見敵勢雖勁而戰艦無幾，隨獻五梅花陣，以五敵一，以多制少之法，遂破澎湖，克塽喪膽矣）」，詩人以鄭氏王朝的腐敗和清政府的德政作對比，並在詩末提出「勸君莫妄窺神器，一局棋終已爛柯」，主要目的都是在警告那些聚眾滋事、帶頭叛變的爲亂者，不要作無謂的幻想。此外，〈過謝氏廢園〉、〈過鄭東平王墓〉、〈題五妃墓〉都是懷古之作；〈雨後遊竹溪寺題壁〉、〈嵌城東園小住〉、〈過東村偶成〉、〈東城看花〉、〈雨後寓齋漫興〉、〈遊潄石山人幽園題壁即贈〉則是占梅暫居府城時所作，因爲不再奔波勞累，生活較爲安定，而且府城受到戰亂波及的地方較少（〈過郡城北口號〉）〔註 286〕，所以詩人比較有閒情逸致記錄生活，也比較能呈現悠閒的一面，也能跟府城文人一同參與雅集，〈郡垣諸韻士雅集寓齋竟日吟詠即席賦贈〉〔註 287〕就是記載這一次活動。

回程時經羅山、大仙巖、水火穴（關仔嶺）、清水巖、大甲、后壟、中港回到竹塹，相較於去程時的匆忙沉重，詩人在回程時就比較有閒情逸致到名勝區遊覽了，〈羅山道中口號〉「晚風清暑氣，客路繞愁腸」原本還是歸心似箭的，但因回程沿途風景甚佳，激發詩人賞遊興致，於是就邊走邊玩，〈遊大仙巖復題寺壁〉、〈重晤丁鳴皋道人於大仙寺作詩贈之〉、〈山岩古寺題壁〉、〈觀水火穴紀事〉、〈觀瀑布泉〉、〈遊清水岩〉、〈宿清水巖題壁〉、〈山寺〉、〈曉行〉、〈旅次大甲夜醒口號〉、〈後壠道中小憩佃屋〉、〈後壠道中曉發作〉、〈中港待渡〉、〈中港海瀕繞行遇雨〉、〈鹽水港歸途〉都是這一次動線中所經之地，〈郊村晚歸〉〔註 288〕「十里度郊阡，匆匆欲暮天。林深山徑遠，澗斷野橋連。高閣明殘照，遙村隱夕煙。黃昏歸思迫，回騎不須鞭」所透顯出的思歸之情。

〔註 285〕收於施懿琳等編，《全臺詩》第柒冊，臺南：國立臺灣文學館，2008 年，頁 196～198。

〔註 286〕同前註，頁 196。

〔註 287〕同前註，頁 203。

〔註 288〕同前註，頁 213。

咸豐四年（1854），爲克復艇匪黃位之亂，於是有〈因公自後壠歸行高崖上感懷口號〉〔註 289〕「遙遙天水渺茫間，長嘯登臨意覺閒。世事無常如白浪，交情不改只青山。烽煙日熾頻聞警，原野秋清獨往還。每嘆濤斜軍誤舉，匡時無術反投艱」、〈香山口防堵作〉〔註 290〕「警報紛傳亂未平，戒嚴此地設防兵。鯨鯢跋扈狂翻浪，鵝鸛成軍密結營。一片旌旗搖月色，五更刁斗答濤聲。書生小試籌邊策，不負雄心是請纓」、「報國生平矢效忠，毛錐一擲便從戎。世無俞戚誰籌策，賊是孫盧易建功。壯志欲除蛟虎害，近災莫謂馬牛風。海門潮急欃槍閃，劍氣沖霄已化虹」二詩最爲相關，〈率練丁自中港還馬上口號〉〔註 291〕則是敘述團練的經歷：「沙平衰草沒，按轡路迢迢。地曠容盤馬，霜高好射鵰。弓聲風力勁，鞭影日光搖。小隊鳴刁斗，雄心壓海潮」。

同治二年爲掃平戴潮春事件，占梅曾率軍南下，沿著香山、山腳莊、葭投的路線抵達彰化，回程則由大甲取道回竹塹。〈南征八詠〉〔註 292〕的序文說「十月十八日，始親統一軍，直抵山腳莊紮營。二十六日開拔，三十日收復葭投等數十莊，移營大渡，乘雨夜冒險逼攻，隨克復彰城」，而〈師出香山途中作〉、〈營山腳莊夜望賊壘作〉、〈一戰獲勝進攻葭投村破之〉一直到抵彰破敵，進入彰化城後有〈旁晚登西城樓感述〉，回程時〈凱旋大甲道中作〉、〈回軍將入竹塹城作〉。

占梅的遊歷之作與因公奉命團練之作，恰恰呈現二種不同心境，他「主動」式的遊歷書寫，常常呈現閒適快樂的心境，能夠欣賞外在的美景，書寫外在的美景；但因公奉命團練就不是，每一次的團練與勦匪，雖然可以因公加賞，但也可以丟掉性命，在洽公的途中，詩人心境的沉重也一一反應在景物書寫上，因爲心情沉重，所以看到的景物是灰暗衰敗的，而灰暗衰敗的景物又會再度影響詩人的心情，形成惡性的循環，這二種「主動」出遊的快活，與「被動」因公出遊的苦悶，對於林占梅而言，是非常清楚的分別的。

〔註 289〕收於施懿琳等編，《全臺詩》第柒冊，臺南：國立臺灣文學館，2008 年，頁 246。

〔註 290〕同前註，頁 252。

〔註 291〕同前註，頁 263。

〔註 292〕收於施懿琳等編，《全臺詩》第捌冊，臺南：國立臺灣文學館，2008 年，頁 232。

第三節　遊歷空間與文學的結合——本土文人的題壁詩

相對於前二節偏向「動態」空間路線書寫，本節側重在「靜態」層面，但就「文學傳播」的角度而言，題壁詩又顯然是一種「動態」的交流方式。特殊的是，本土文人的題壁詩作，時間全部集中在道咸同時期，幾乎沒有例外，這又形成本土文人自己的書寫特色。

所謂的「題壁詩」，嚴紀華在其博士論文《唐人題壁詩之研究》中如是定義：

> 指題寫於牆壁的詩作：包括了天然的屏壁以及建物的牆壁。前者如山壁、巖屏、洞壁、崖壁等石壁；後者如分佈在寺廟、館驛、公署、私宅，和里巷間的粉牆、泥壁、門牆、窗楹、柱壁、橋壁等泥板磚壁。還有懸釘於壁上的詩板，詩帖及牌榜的題作，此些或係正式公開發表，或係小眾傳播的刻題以及書題的詩篇，均納入論述的範圍。〔註293〕

隨著題壁的載體地點不同，詩人的表現手法也會因人而異。題在不同場合的題壁詩，隨著觀看者的不同，詩人表達的隱晦度也會隨之改變。筆者以爲，詩人的題壁之作，其寫作的心理狀態，可以畢恆達對於「塗鴉」的創作心理作爲一個切入角度，畢恆達在〈看見塗鴉〉一文中，對「塗鴉」下了定義：

> 中文「塗鴉」這個詞的意義是多元的，可以指潦草隨意的書寫，也常被用來稱呼拙劣的書畫，它和英文的「graffiti」並不是一個全然對等的譯詞，但是也包含了它的意義。「Graffiti」一詞來自義大利文的「graffiare」，意思是刮「scratch」，泛指在公共牆面或任何公共物平面上的塗畫，也有人說是「在乾淨的牆上所寫的髒字」，或是「一個匿名的人手上拿了一枝筆。」〔註294〕

當然，題壁詩的藝術價值及作動機，與「塗鴉」之作並不全然相應，中國文人就常以「塗鴉」指稱自己的作品，由於這個詞語本身含有「自謙」的意味，因此筆者在此採取畢恆達的定義，而予以轉化。筆者所謂「塗鴨」，指的是「公開場合」的「寫作或繪畫」，依此定義，則「題壁詩」可符合這樣的創

〔註293〕參考嚴紀華，《唐人題壁詩之研究》，中國文化大學中文研究所博士論文，1994年6月，頁2～3。

〔註294〕參考畢恆達，《空間就是權力》，心靈工坊，2001年6月，頁78。

作形態。

畢恆達接著提出：

> 塗鴉是一種溝通的形式，它一方面是個人的，另一方面又躲開日常生活的社會限制，透露沒有受到禁制的思想，因此我們可以經由塗鴉同時看到個人思想以及他所處的社會狀態。〔註 295〕

相較於本章作者而言，塗鴉的作者多半是「主流社會認爲較沒有天分、沒有發言權、或握有較少經濟資的一群。」〔註 296〕看起來似乎並不相應，但是，擁有高地位、高生活水平的知識社群而言，他們的題壁之作，卻隨著載體場所的不同，在抒發內心情感的直接度上也有不同。然而，隨著題壁載體的愈趨隱密，詩人內心眞誠情感的表達是否也愈高？畢恆達在解釋「公共廁所」中的「塗鴉」時提到：

> 在一個隔絕匿名的空間裡，塗鴉者可以盡興宣洩自己的想法與情緒，於是愈受到社會控制，找不到正常公開表達管道的議題，愈容易在塗鴉裡出現。而政治與性其實就是許多社會共同的禁忌話題；此時，塗鴉代表了對權威的雙重挑戰，一方面突破禁忌的想法與語言的壓制，一方面破壞或挪用了公共的財產。〔註 297〕

事實上，「公共廁所」是一個既隱密，又「公開」的場所，它之所以「公開」，在於它的「公然」、「共有」、「不限定對象」的性格，而它的隱密，則來自於進入這一小方天地時，是孑然的，無人「共享」的，因爲「隱密」，所以可以暢所欲言，又因爲公開，所以可以成爲一條安全的「流通」管道，正如畢恆達所說「塗鴉不是一個人的喃喃自語，它是藉由挪用人潮聚集或高通過性的公共空間的方式，來發洩內心的情緒衝突或對於公共事務的看法。塗鴉者與讀者通常沒有機會見面，但是透過閱讀與想像，彷彿在進行眞正的對話。因此塗鴉經常引來塗鴉，創造出彷彿眾聲喧嘩的景象」〔註 298〕，題壁詩在相當程度上具有這樣的「功能」，首先，它同樣是「挪用人潮聚集或高通過性的公共空間的方式，來發洩內心的情緒衝突或對於公共事務的看法」，這是就「發表管道」言之。

除此之外，題壁詩作也是對創作者本身的考驗，嚴紀華在其博士論文《唐

〔註 295〕參考畢恆達，《空間就是權力》，心靈工坊，2001 年 6 月，頁 78。

〔註 296〕同前註，頁 78。

〔註 297〕同前註，頁 84。

〔註 298〕同前註，頁 89。

人題壁詩之研究》就提到：

> 詩作借題壁流傳，除了可以誘發創作之外，同時由於題壁特具的公開傳播的功能，因之作品的價值遂面臨讀者直接的品評，是而審美的標準在傳播的過程中樹立，連帶地，作品的存汰亦追隨以「優勝劣敗」的法則……展示在公開場所的題詩，隨時接受著讀者的批評。這時候，讀者擔負起一個賞評淘汰的功能……因此，佳作往往經由題壁的宣傳作用擴大了傳播的效果，而劣作卻也因題壁的比較作用而導致淘汰的命運。〔註299〕

前面的敘述中，筆者曾提出疑問，是否「隨著題壁載體的愈趨隱密，詩人內心眞誠情感的表達也愈高？」，按理，詩人在公開場合中的題壁，因爲看的人多，所以無法表現內心中眞正的批判想法；而家中題壁之作因爲觀看者少，所以能夠反應出詩人內心的思維才是。但是當我們一一分析本土文人的題壁詩作，卻發現不盡然如此，詩人並沒有因爲題壁載體所在的隱密，而敢於批判，題壁之作反而成爲詩人「自我推銷」的重要場所，藉由題壁這一公開發表管道，去告訴後來者，自己是多麼不慕榮利、嚮往悠閒；自己是如何品味生活……因此，這些題壁之作可能是有署名而非匿名之作，也因爲有署名，必須負擔「文責」，因此連帶降低批判性，題壁詩之於本土文人，除了自我推銷的功能外，也多少有「自我炫耀」的意味在，藉由家中庭園的題壁之作去指出自己庭園之美，但側面卻也同時讓讀者察知作者家境的闊綽與寬裕。

而本土文人對於題壁的態度，也不若大陸文人所面臨的考驗來得多，事實上，本土文人的題壁之作僅能符合「公開傳播」的功能，而作品並未同時面臨讀者品評，更遑論樹立審美標準。這跟題壁的地理環境有關，本土文人對於題壁場所的選擇有二種，一是偏向於私人交遊的「友人居處」及「自家」題壁之作，二是常題於佛寺道觀壁上，而佛寺道觀又多位於景致優美的山水之處。換言之，其他文人要能夠看到這些題壁詩作，其一是必須實地到過這些文人的家中或其友人居處，其二則是必須親履山水景點才有可能見到題壁之作，這並不是所有文人都能實地到訪交流的場合，所以這些題壁之作有其公開性，但又有其隱密性；雖然具有「公開傳播」的功能，但傳播對象又顯然是有特定的，除非是跟詩人本身相善者，否則應難以窺其貌。此外，

〔註299〕參考嚴紀華，《唐人題壁詩之研究》，中國文化大學中文研究所博士論文，1994年6月，頁91～92。

位於山水區的佛寺道觀題壁詩，可以被觀看的可能性應該比題於自家壁上或友人居處還高，像著名的劍潭景區，除陳維英及覺天民一行人外，林占梅也有詩作流傳，但是我們看不到他們彼此間的品評，而觀看者的知識水平也是值得考慮的，當時除了踏青文人之外，能夠親眼見到這些題壁之作的，就是樵夫與山農這些非知識階層的群眾，自然也無從評起，更不用說要藉由他們流傳。

再來就是題壁者的心態，嚴紀華提出題壁是「挪用人潮聚集或高通過性的公共空間的方式，來發洩內心的情緒衝突或對於公共事務的看法」，就大陸的題壁詩而言或許是如此，但就臺灣本土文人而言卻不盡然，因爲就「發洩內心的情緒衝突或對於公共事務的看法」二點來看，都不是本土文人的主要寫作目標，本土文人不管是公開場合的山水或佛寺題壁之作，抑或私人的居家或題友人居處之作，都好像戴著面具般，將自己隱身在安全又不至於招惹災禍的分際中，題壁詩之於本土文人，尤其是對於林占梅而言，變成一種自我文采炫耀式的「工具」，而非直言直諫的手段，如果要從題壁詩的「社會功能」來看本土文人的作品，我們會很遺憾的發現，幾乎看不到這樣的努力。

一、焦點不在山水的山水題壁之作

從題壁詩的歷史發展來看，文人的創作，大抵不出於「山水題壁」這樣的範圍，所表達的情感，有的是藉由外在景物的誘發所產生，這些主要見於「山水題壁之作」及「佛寺道觀題壁之作」，這二類的作品或有重疊，主要原因在於，禪寺所蓋之地，多爲山水秀麗之地的緣故。本土文人的山水題壁之作，總體數量並不多，直接點出地名的有李逢時的〈七夕留題李第五起虎山齋〉〔註300〕及林占梅〈遊滴泉巖歸飲佃家醉後題壁〉〔註301〕二首，李逢時寫道：

> 河橋織女會牽牛，花影横窗月上樓。蕭籟無聲人語寂，竹圍圍住四邊秋。

其中，「河橋織女會牽牛」扣緊題目的「七夕」，點明寫作時間，後三句是對

〔註300〕收於施懿琳等編，《全臺詩》第玖冊，臺南：國立臺灣文學館，2008年，頁45。

〔註301〕收於施懿琳等編，《全臺詩》第柒冊，臺南：國立臺灣文學館，2008年，頁87。

於「虎山齋」四周景物的描述，從視覺（花影橫窗、月色、竹圍）、聽覺（蕭籟無聲）及觸覺（秋意），去營造出身起處虎山齋的孤寂之感。然而，除了題目之外，我們無法從詩作內容明確看出這一景點的特色所在，這種書寫方式，可以見於任何有山有水、敘寫夜晚之作，實在很難凸顯該地景物特點，林占梅〈遊滴泉巖歸飲佃家醉後題壁〉也是如此：

幾家板屋自成村，喬木陰多綠葉繁。入市人歸兒候路，登山客至犬迎門。盤飧味厚供園韭，社酒香濃接瓦盆。醉後懵騰巖下石，卻疑身在謝公墩。

這是林占梅遊滴泉巖後，大醉於佃家的題壁之作，「入市人歸兒候路，登山客至犬迎門」很能看出當地人情濃厚淳樸的一面。

鄭用鑑〈題漁家壁〉及林占梅〈過山家題壁〉都是行旅途中經過漁家或山家所寫的即興之作，沒有特定地名，有的只是一番悠閒自得之情，〈題漁家壁〉〔註 302〕寫道：

賣酒罾魚止數家，卜鄰還在水之涯。扁舟定向桃源去，斜日紅開兩岸花。

林占梅〈過山家題壁〉〔註 303〕則說：

石窟巖阿好寄身，潺潺懸瀑絕紅塵。成蹊庭樹爲三友，繞屋山雲是四鄰。池有名流方著勝，心無俗慮易修眞。羨他抱犢樵蘇者，已肖羲皇以上人。

漁村附近是「斜日紅開兩岸花」，山家附近有石窟、瀑布、庭樹、山雲、名流，因爲外在環境的優雅，使置身其中的詩人，產生了「扁舟定向桃源去」、「羨他抱犢樵蘇者，已肖羲皇以上人」這樣的感覺。因此，當嚴紀華在其博士論文《唐人題壁詩之研究》提到：「作者爲自然風景所感動，騰挪意會而造詩境，企圖將清麗雋秀的自然景觀以永恆之藝術傳眞。而壁題的作法，正是一種立即顯像——以詩景對照實景，使景物在題寫的詩篇中保持了獨立自足。」〔註 304〕，我們可以發現，本土文人的山水題壁之作，其方式逸出了傳

〔註 302〕收於施懿琳等編，《全臺詩》第陸冊，臺南：國立臺灣文學館，2008 年，頁 259。

〔註 303〕收於施懿琳等編，《全臺詩》第捌冊，臺南：國立臺灣文學館，2008 年，頁 54。

〔註 304〕參考嚴紀華，《唐人題壁詩之研究》，中國文化大學中文研究所博士論文，1994 年 6 月，頁 82。

統寫作的模式，文人的筆觸重點在「人」而不只在「景」，山水題壁之作所展現的「閒適」，遠比「立即顯像」、「以詩景對照實景」來得要緊。

二、題壁的熱門場所——劍潭古寺

嚴紀華在其博士論文《唐人題壁詩之研究》提到：

> 題壁的活動實可視爲一文學傳播的活動。而題壁詩即爲一重要的傳播媒介，爲傳播者（作者）及受播者（讀者）所共享。因之，作品的題寫地點便和讀者的分佈大趨一致，哪裡人口密集，哪裡人潮流動快，哪裡對外有交通往來，便容易成爲題寫作品頻常出現的處所；舉如寺廟觀宇香火鼎盛，名勝古蹟爲游人雅士之所賞愛，亭驛公廨是軍將、仕宦、商旅往來必經之地，還有城市街頭，酒館歌院等提供商品交易，民生娛樂的鬧區也容易聚集人潮。〔註305〕

能夠符合「廟觀宇香火鼎盛，名勝古蹟爲游人雅士之所賞愛」這一類題壁地點的，要以劍潭最爲有名了。陳維英〈題劍潭古寺次區覺生韻〉〔註306〕一詩，就昭示了題壁詩的這樣的功能：廖毓文在《臺北文物》二卷四期此詩之前有一段小註：「咸豐十年（1860）臺灣初設海關，廣東區覺生，名天民，奉命來臺，與鎮道會商辦理。同治八年十二月八日與陳迂谷、張半崖、查少白、白良驥、潘永清、連日春、陳樹藍〔註307〕等二十餘人，遊於劍潭，作〈題劍潭古寺〉五律一首，迂谷等均有和韻。原詩附記於下：『一劍躍波去，寶光時上騰。雄心懷壯士，瘦影渡遊僧。龍化津無跡，螺旋水有稜。還看射牛斗，印月見秋澄。』」

> 無數生靈濟，蛟龍未許騰（此港萬艘必經之地）。潭心空印佛，山頂禿如僧（時值嚴冬木葉盡脱）。寺僻雲長鎖，碑荒石不稜。俗腸何日洗，洗法問圖澄。

區天民於同治八年至劍潭一遊時，曾於劍潭寺壁題五律一首，這首創作引來「陳迂谷、張半崖、查少白、白良驥、潘永清、連日春、陳樹藍」以及陳維英本人的和韻，依據曉綠抄本所錄，區天民還有〈區天民再題〉一詩，也是作於此時：「寂靜寒潭水，時看劍氣騰。談瀛嗤海客，證古問山僧。江定波無

〔註305〕參考嚴紀華，《唐人題壁詩之研究》，中國文化大學中文研究所博士論文，1994年6月，頁27。

〔註306〕收於施懿琳等編，《全臺詩》第伍冊，遠流出版公司，2004年，頁166。

〔註307〕按：原文作「陳樹監」，當爲「陳樹藍」之誤。

緲，雲深名沒稜。我忘名利久，心比鏡清澄。」〔註308〕

事實上，陳維英本人的〈題劍潭古寺次韻〉，不是只有《臺北文物》所載一首而已，就曉綠抄本所載，這是一組二十四首的長篇鉅製，楊添發認爲「關於二十四首詩的作者，僅知一首爲陳登元所作，其餘詩作不知作者何人。」〔註309〕如果對照連橫《臺灣詩乘》卷四，則有幾首詩的作者是可以查證的，第一首「寒潭誰擲劍，終古化龍騰。長憶凌霄客，而無咒缽僧。虹藏風弄影，光躍水生稜。空際盤旋舞，秋波分外澄」〔註310〕的作者是「查元鼎（少白）」，第二首「波流旋不定，神物昔飛騰。遺跡尋荒寺，禪心證野僧。藏形辭玉匣，餘氣露圭稜。明月空潭夜，寒光澈底澄」〔註311〕是「白良驥（少溪）」；第四首「自有名詩鎮，潛蛟罔敢騰。山青頭似佛，月白影隨僧。頑石偏通竅，恬波不起稜。斯遊非劍俠，一片道心澄」〔註312〕的作者是「張書紳（半崖）」，但賴子清《臺灣詩醇》及陳漢光《臺灣詩錄》卻題爲潘永清之作，就時間先後來看，恐當以連橫之說爲是。第十九首「化龍龍已去，龍去劍光騰。古跡談名士，空山剩老僧。迴瀾開寶鏡，斷石露圭稜。夜靜星辰落，江天一色澄。」賴子清《臺灣詩海》亦題爲張書紳之作。

第十八首「八景居其一（劍潭夜光爲淡北八景之一），詩人論沸騰。開心方見佛，無髮豈眞僧。竹榻經多蛀，苔碑字有稜。劍沉龍不見，空對碧波澄。」收於林欽賜《瀛洲詩集》，題爲陳維菁之作。

第二十三首「此日舟休刻，當年劍不騰。鐘聲停過客，笠影認歸僧。寶相胸成卍，金剛目有稜。千潭同一月，悟徹道心澄。」賴子清《臺灣詩醇》題爲陳樹藍之作，陳漢光《臺灣詩錄》亦從此說。

再對照國家圖書館陳維英民國抄本，則除第三首確定是維英之作外，第十六首「汎汎扁舟去，風恬浪不騰。蛇靈靈在佛（乾隆初，一僧自潮州奉大士至，現紅蛇得夢而成寺，迄今紅蛇出沒，未嘗傷人），猿瘦瘦於僧（寺蓄一猿）。劍氣波三折（水獨圓折），潭光月一稜（相傳荷蘭有劍墜，居民多見夜光燭天）。延津迴首處，心俱水與澄（延平府有化劍津，區君曾守延平，著廉

〔註308〕收於陳維英曉綠抄本。

〔註309〕見楊添發，《陳維英及其文學研究》，私立銘傳大學應用語文研究所中國文學組碩士論文，2006年2月，頁107。

〔註310〕見陳維英曉綠抄本。

〔註311〕同前註。

〔註312〕同前註。

聲)。」〔註313〕也是維英之作。因此二十四首詩作中，確定是維英之作的只有二首，確定是他人之作的有七首，如果再對照廖毓文詩前小註，則潘永清、連日春也應有作品才是，因此加起來一共是九首他人之作，至於其他十三首只能姑且存疑，不納入陳維英詩作作品討論。

題壁詩在這裡的作用，主要是文友交流酬唱以及聯絡感情式的同歡同樂，算是一種聯誼活動，也就是嚴紀華所說題壁詩的社會功能之一：「借由題壁詩以建立人際關係」〔註314〕。他們的題壁詩書寫，是「共時」的，是在同一時間由不同文人針對同一主題進行創作，這樣的創作方式並沒有先後關係，也不是歷時性的呈現，更沒有誰先誰後的因果關係呈顯，本來，「公開題寫成爲攄苦宣憤的一種最直接且非暴力的表答方式。通常，每一首諷諭詩的背後都潛藏著一種或數種問題，訴諸題壁這種公開的方式，一方面使得問題透明化，浮現在檯面上，導引相關者去注意之；一方面也使得這種問題繁複了，借由冰山一角的顯露，題壁使得諷諭詩宛若磁石一般，不但在社會中博得同情，并引結奧援；迫使主事者不得不去處理之（或改善之）。」〔註315〕但是我們前面也提到，本土文人的題壁詩作並沒有這樣的功能性，此外：

> 題壁的形式不僅提供了詩的傳播環境，同時也提供了詩的創作環境。其原因即是在題刻石壁的發表途徑開啓了雙向傳播的管道，而不是一種單向，上對下的傳播方式，也就是題壁詩在「與接觸的眼睛對話」，受播者（讀者）的反應是可以回收的，這樣有回饋的傳播迅速活潑了傳播情境，於是新的創作刺激隨之出現，有反應的受播者隨即複製了題壁的方式進行創作，導致題壁詩的創作與傳播行爲不斷地循環出現，而讀者與作者的角色可以變動互換，這使得詩人在觀摹中創作，在創作中觀摹。〔註316〕

題壁詩的閱讀者，很有可能同時也是創作者，在「作者⇔讀者」間互有對話的情形下，也能達到作品日益進步的作用，它是因爲「塗鴉者與讀者通常沒有機會見面，但是透過閱讀與想像，彷彿在進行眞正的對話。因此塗鴉

〔註313〕見陳維英曉綠抄本。

〔註314〕參考嚴紀華，《唐人題壁詩之研究》，中國文化大學中文研究所博士論文，1994年6月，頁302～307。

〔註315〕同前註，頁200。

〔註316〕同前註，頁288～289。

經常引來塗鴉，創造出彷彿眾聲喧嘩的景象」，就這一點在大陸地區的著名景點中，的確有許多這樣的狀況，但臺灣本土文人的作品中，卻很難看出是否有類似情形，同樣都是題在劍潭，陳維英跟後來的林占梅就沒有任何對話。

相形之下，林占梅就只是景物描摹而已，因爲是〈晚過劍潭寺留題二首〉〔註 317〕，所以爲了扣住「寺」字，就不可免俗的要提到「掃榻延居士，鳴鐘禮法王。禪關隨喜處，緩步上高岡」，除此之外，讀者也無法從詩文中看出屬於劍潭的在地特色，與陳維英的作品相比，林占梅的這一首題壁詩作，就顯得乏善可陳許多。

三、公告天下／歸隱的矛盾

排除「終南捷徑」的意圖，眞正的歸隱，應該是個人情志的選擇，但是本土詩人藉由題壁之作，卻將這樣的意圖「昭告天下」使眾人皆知，當然，這裡的「眾人」還是指特定人士，因爲居處四周的山農樵夫，不見得能夠理解這些題壁作的意思，所以必然得是友人的友人，或是詩人的友人，且是識字的知識份子，才有可能理解詩中所要展示的意思，此外，路過的讀書人，也在詩人所預設的對象中。簡言之，詩人所要公告的，是同爲知識份子的特定人士，因爲只有他們識得字，也才能了解歸隱之於讀書人的意義何在。

（一）為友宣傳

本土文人的「友人居處題壁之作」呈現出共同的描寫手法：由於題壁處是友人處所，因此詩文中都必然出現對友人的贊譽，其中又以「隱士」、「高士」的稱謂最多，李逢時〈題友人山齋〉〔註 318〕說「先生高臥竹林中，禾黍桑麻隱士風」、鄭用鑑〈題友人山居〉〔註 319〕說「高士閒門日日開」，林占梅詩題說〈小住楊山人棲隱處題壁六首〉〔註 320〕，也跟歸隱有關，他題鄭用錫

〔註 317〕收於施懿琳等編，《全臺詩》第捌冊，臺南：國立臺灣文學館，2008 年，頁 260。

〔註 318〕收於施懿琳等編，《全臺詩》第玖冊，臺南：國立臺灣文學館，2008 年，頁 36。

〔註 319〕收於施懿琳等編，《全臺詩》第陸冊，臺南：國立臺灣文學館，2008 年，頁 242。

〔註 320〕收於施懿琳等編，《全臺詩》第捌冊，臺南：國立臺灣文學館，2008 年，頁 258。

北郭園說「懸車藉此養閒身，大隱何須避市塵」(〈題鄭芷亭儀部用錫北郭園〉)〔註 321〕，本土文人這麼偏愛歸隱，甚至以「隱士」作爲稱讚對方的用詞，跟普遍存在於本土文人的「陶淵明情結」有關，這一點我們將在第八章進行詳述。

這裡要提到的是，題壁詩既然有著「公開」的功能，則它的存在對於被題的友人居處而言，是作者藉由詩作「告訴」友人，以及友人的友人，他對於友人的讚美，以及對於這個地方的看法。友人既然是「隱士」、「高士」，則他的品格必然高潔，居住地方必然優美，所以李逢時〈題友人山齋〉說「階草不除春雨綠，野花無限夕陽紅」是對於外在環境的描述，用「階前草綠」、「夕陽紅」的色彩對照，去凸顯友人山齋的優美景致；鄭用鑑〈題友人山居〉則明點「遠山如畫水如苔」；都是藉由這樣的贊譽，間接點出友人性格的高亮可風。

至於林占梅則很值得一談，他的〈遊漱石山人幽園題壁即贈〉〔註 322〕說「池前漱石映清陰，**蒼松**偃蓋渾難畫，白鶴登堂爲聽琴」，而〈小住楊山人棲隱處題壁六首〉「**長松**無數護吟樓，一派濤聲枕上幽」、「**籐床竹檻**手頻挐」、「成蹊**瘦竹**間**寒梅**」、「盤根**老桂**倚雲煙」；「何許鐘聲清似水，竟隨歸鶴入林來」，而〈題鄭芷亭儀部用錫北郭園〉「書帶君家原得種，更欣**蘭桂**繞階新」、「風來**竹塢**琴聲遠」、「清泉怪石繞迴廊，八角亭虛駕碧塘」。林占梅詩中所營造的友人居住環境，通常有「蒼松翠柏」、「竹檻」、「瘦竹」、「竹塢」、「寒梅」、「蘭桂」等植物環繞，這是很有空間象徵意涵的，因爲松竹梅等植物，原本就有高潔的意味，長期居住在這樣的環境中，潛移默化之下，也可以涵養主人的品行；而「蘭桂」是有香氣的，林占梅在這裡，其實是相對於中國傳統「服食」傳統，藉由「外在」環境對於人的影響，以達到讚美的目的。除了植物外，他也常用「白鶴」、「歸鶴」，這樣的居住環境中，水必然清，石必然怪，彷彿外在環境寫得愈清幽，居住者品行就愈佳一樣。而外在環境對於內在修爲有著提升作用，這一點也屢見於其他本土文人書寫上。

身處優美的環境中，屋主本身又是雅士，所以生活同樣充滿閒適自得的趣味，李逢時〈題友人山齋〉說「蓬門懶接宦遊客，社酒時邀田舍翁。隨意

〔註 321〕收於施懿琳等編，《全臺詩》第柒冊，臺南：國立臺灣文學館，2008 年，頁 53。

〔註 322〕同前註，頁 205。

看雲拖臘屐，倩人扶醉過橋東」，鄭用鑑〈題友人山居〉是「布鞋青鞋屢往來」；林占梅〈遊漱石山人幽園題壁即贈〉「鎮日幽齋事嘯吟」、「重疊圖書張鄴架，玲瓏秘閣肖雲林」林占梅〈小住楊山人樓隱處題壁六首〉「讀罷黃庭時未晚，橫琴再鼓碧天秋」、「脩然久坐雲根上，靜聽幽泉下澗鳴」、「坐愛午晴涼夢覺」、「焚香掃地閒中課，幾縷爐煙繞翠微」、「抱膝長吟興不違」、「品茶喜有自來泉」，散步、品茗、讀書、嘯吟、焚香、午睡……在這裡我們看不到城市的喧囂煩擾，只有一派的寧靜悠閒。誠如嚴紀華分析所說：

> 題壁的閒適詩歌所使用的語言與其創作意圖和內容步調一致，不像其他內容的詩類可能還包括不同的藝術技巧和不同的審美眼光；他是以簡潔練達，平易淺白的語言以及錯落有致，質樸無華的形式，表現出一種乾淨的清音。〔註 323〕

在語言的使用及意境的表達上，本土文人這一類的作品很能表達這樣的特色，只是這種特色不是見於嚴紀華所歸納的「山水題壁」之作，而是本土文人題「友人居處」之作，這就不得不說是本土文人題壁的一項特色了。

（二）為己宣傳

除了對於友人居處大力描摹稱讚之外，詩人對於自己居住的所在，則是強調對於園林生活的喜愛，他們不說自己是隱士，有的甚至明白表示對於追逐名利的厭惡之情，可以說是詩人眞性情的一種反應。

林占梅題自家樓閣的手法，跟題友人居處略有不同，他似乎不那麼強調自己居處附近應該有些什麼足以襯托品格高潔的植物，因此我們能夠從中看出他樓閣外面所植物栽種的多面性，儘管如此，還是是隱約可以看出占梅對於「桂杏」的偏愛：〈題池西別墅〉〔註 324〕之一說「繞屋都教栽**杏桂**，春光秋色要平分」、之二又說「最愛垂楊修竹外，涼棚開徧紫籐花」，〈題聽春樓〉〔註 325〕「簾前雨意催**紅杏**，門外煙痕護綠苔」，〈自題桂子杏花村〉〔註 326〕「**桂蕊**香合朝露重，**杏花**紅映夕陽低」，顯然占梅偏愛花香繚繞的環境，因爲桂花及杏花都是香氣濃厚的植物，所以〈題池西別墅〉之三說「閒吟常向花

〔註 323〕參考嚴紀華，《唐人題壁詩之研究》，中國文化大學中文研究所博士論文，1994 年 6 月，頁 171。

〔註 324〕收於施懿琳等編，《全臺詩》第捌冊，臺南：國立臺灣文學館，2008 年，頁 163。

〔註 325〕同前註，頁 173。

〔註 326〕同前註，頁 163。

間步，時有花香襲素襟」，特別強調花香襲襟，〈題梅花書屋壁間〉說「一院好風香絡繹」，占梅之所以能坐擁花香中，是因爲他說「我是玉京灌園叟，不留隙地盡栽花」（〈復題雨向小樓〉）的緣故，正是因爲這樣，所以「花中樓屋」（〈題池西別墅〉）的景致，每每見於占梅的現實空間中，而詩作就是其眞實生活的縮影。占梅題壁詩的另一項功能是介紹園中建築物的地理位置與可見景觀，從〈題聽春樓〉一詩就可得知該樓的景致是依水而築「小樓新築傍池隅」，且窗櫺大開，因此能夠看到「流水三分穿閘去，高峰一半入城來」的風景，而毋須親履其地。

他在乎園中的悠閒生活，但不強調必然要有隱士之名，這跟占梅徘徊於仕與隱之間的矛盾心情有關，關於這一點，我們將在第八章時詳述。占梅自題園中生活說，「作伴琴書趣味長」、「聳肩笑我詩頻詠」（〈題梅花書屋壁間〉）不然就是「最好玉壺招客賞，飛觴同與醉香醅」（〈題聽春樓〉），不是讀書就是飲酒，可以「抱膝聊堪避俗氛」（〈題池西別墅〉）對他而言是很滿意的生活方式，〈復題雨向小樓〉「仙人本愛樓居爽，過客應知市隱嘉」，就是這種「市隱」的想法，使得他雖然未曾眞的歸隱，卻很安於近似歸隱的生活模式。

相較於園中其他題壁之作，林占梅〈題亡室臥內東壁〉〔註 327〕就顯然可貴許多，這是因爲占梅題壁是爲懷人，所以除了描寫臥房現況，也點出對亡故之人的懷念：「人故幃空簞竟床，金猊長寂夜無香，多情惟有西斜月，猶自穿簾照曲房。」自從妻子過世之後，只見空幃竹簟，以金屬鑄成狻猊之形的香爐，卻吐不出香煙，這都是因爲「人故」的關係，整間房空空蕩蕩，冷冷清清，只有斜月依舊穿過簾子，照入密室中。占梅藉由「斜月」的「多情」寫自己的的「多情」，因爲原本占梅未到之時，只有斜月造訪，但如今因爲詩人的難以忘懷，再度屆臨亡妻臥房，所以壁上也就有了這首詩作，房間擺設也藉由詩作而予以留存，這正是詩人多情的表現，整首詩也就有了情景交融的韻味。

四、讀書不爲求功名——題書齋壁的省思

這是文人普遍的疑問，我們可以在文人的題書齋壁中看到這樣的思考與擺盪，鄭用鑑〈題書室〉〔註 328〕一詩是全然擺託求取功名的思維，盡情享受

〔註 327〕收於施懿琳等編，《全臺詩》第柒冊，臺南：國立臺灣文學館，2008 年，頁 50。

〔註 328〕收於施懿琳等編，《全臺詩》第陸冊，臺南：國立臺灣文學館，2008 年，頁

悠閒讀書的樂趣：「庭多春樹春陰深，寂寂虛窗惟鳥鳴。拂地焚香坐終日，心閒那有是非嬰。」用鑑強調的是「心閒」，自然跟追求功名的急切是相反思維，只有「心閒」才有可能「拂地焚香坐終日」，也才能聽見窗外的鳥鳴聲，可以看出他讀書不是爲求功名的態度，至於陳維英〈又題一首於洗心山房示秋黃姪姪借西雲寺之西偏以授徒因傍泉曰洗心山房余曾題兩楹貼之（一曰洗耳無一塵似隱非隱心頭有萬卷可行則行一曰洗垢直如僧受戒心齋合與佛同龕貼之）〉〔註329〕一詩又想要告訴姪子秋黃什麼呢？

> 避囂擇到翠微巔，借寺爲齋枕石泉。弟子經聽槐市畔，聖人戒受杏壇前。風清顏巷齋心佛，雪立程門閉日禪。聞木犀香無隱爾（時採山徑桂花甚香），淵源媿我一燈傳（姪出名門）。

陳維英的姪子在西雲寺之西偏設「洗心山房」授徒，他題於山房壁上，想要告訴姪子的，不是如何努力追求功名，而是「風清顏巷齋心佛，雪立程門閉日禪」，顏巷清風與程門立雪的人格典範，比起功名利祿更值得學習，陳維英這裡結合了儒釋思想，一方面說顏巷清風與程門立雪，一方面卻又說齋心佛與閉日禪，這是儒釋空間結合（洗心山房與西雲寺）之外，進一步在思想上作出聯結的例子。

鄭用鑑是不重功名重生活，陳維英是不重功名重人格，相形之下，林占梅的題書齋私塾壁作，就多少有著功利的意味了，他的重點多放在勉勵子弟上進：〈題塾示子弟輩〉〔註330〕說「書到熟時方有得，文知歉處始能工」，又說「十年勤苦總成功」，〈題學堂西壁示子姪輩〉〔註331〕則提出要愛惜光陰「勿教虛度等閒身」，以及用心學習：「心麄學業總難眞」；此外，我們能在占梅的題書齋壁中看出他對於學問的態度，〈題塾示子弟輩〉「平生趣味短檠中，染墨研硃意不窮」、「傳經不羨千金富」，又說「海外雖嗟圖史缺」，占梅的好學除了在平日生活中努力自我充實外，外在景致對他的觸發，也是促使其大量寫詩的誘因，〈題劍潭村家書屋〉〔註332〕說「眼前風景皆詩料，好句誰

251。

〔註329〕收於施懿琳等編，《全臺詩》第伍冊，遠流出版公司，2004年，頁170。

〔註330〕收於施懿琳等編，《全臺詩》第捌冊，臺南：國立臺灣文學館，2008年，頁132。

〔註331〕同前註，頁152。

〔註332〕收於施懿琳等編，《全臺詩》第柒冊，臺南：國立臺灣文學館，2008年，頁321。

能信手拈」，就是最好的例子。而占梅的〈諸子姪入塾題書齋南壁并奉正楊明浦先生〉是一首很重要的著作，因爲這首詩不單只是勗勉子弟的題壁之作而已，其中還有著詩人自身的詩作創作理念：在文學創作上，爲文要師法歐陽永叔，下筆希望有江淹般的才情，故云「作文師永叔，下筆羨江郎」，此外，尊師重道是需要長輩以身作則的，所以「入塾年親送」，這是對於師長的尊重，藉以教導子弟必須「尊師藉訓謨」，至於「機慧煩先導，專勤亦要途。破蒙三載矣，詩禮重庭趨」，和〈題學堂西壁示子姪輩〉的意思大抵相同，都是要子弟專勤爲上。

占梅另一首值得一提的書房題壁之作是〈題女塾東窗示少姬杜淑雅〉〔註 333〕：

> 精勤須解惜分陰，勿負東君冀望心。片石三生緣有定，高山一曲契知音。園林景勝能兼雅，閨閣才多樂共吟。學業成時年二九，西樓對月伴鳴琴。

能夠在家中自立「女塾」，可見占梅不是個受到傳統「女子無才便是德」桎梏的文人，這一首題於「女塾」壁上的詩，除了告訴杜淑雅要「精勤須解惜分陰，勿負東君冀望心」外，也自表心跡，告訴愛妻及其他女眷，他對妻子的心意是「片石三生緣有定，高山一曲契知音」，可見其琴瑟合鳴，而「閨閣才多樂共吟」顯然也是占梅相當嚮往的生活。

至於李逢時的〈癸亥書齋題壁〉〔註 334〕七絕四首用詞就更爲激烈，思想表達就很直接：

> 食力全憑此硯田，舌耕難得是豐年。求吾大欲吾何敢，八斗無從質一錢。
>
> 野性兒童不就羈，誰教長大讀三餘。多才僅可師村塾，風雨雞窗聽讀書。
>
> 生就牢騷一肚皮，麤酬心事了何時。呼朋醉月消杯酒，醉後惟題看竹詩。
>
> 酒盡床頭撫臥瓶，無錢買醉得常醒。休將詠檜譏坡老，怒罵文章出

〔註 333〕收於施懿琳等編，《全臺詩》第捌冊，臺南：國立臺灣文學館，2008 年，頁 293。

〔註 334〕收於施懿琳等編，《全臺詩》第玖冊，臺南：國立臺灣文學館，2008 年，頁 65。

性靈。

全詩所透顯出的「嘲諷」意味極爲濃厚，以硯田舌耕爲業，是不太可能豐衣足食的，才高八斗的才氣又如何？還不是典當不到一錢？對於教到冥頑不靈的孩童，詩人覺得無奈，教到「多才」者，詩人也不見得開心，因爲不管多有才能，也只能落到私塾先生的地位罷了。因爲懷才不遇、有志不得伸，所以只能日日買醉，但可悲的是，即使想遁入酒鄉逃避現實，卻因「無錢買醉得常醒」，末句說「休將詠檜雠坡老，怒罵文章出性靈」，如果從這首詩所要表達的主題來看，確是如此。

五、李逢時對府城的風土記述

多見於唐宋題壁詩作類型的「館驛府縣題壁之作」，卻很少出現在本土文人的作品中，目前所見僅有李逢時的二首作品，然而這二首作品所呈現的臺地特色物產，卻又幾乎不見於其他本土文人詩作描述，這是很奇怪的現象，他的〈題郡城舊館〉〔註335〕云：

長松樹下舊吟窩，又覓南窗對碧蘿。別館飛花春色暮，遙山落日客情多。**黃垂檨子薰風暖，綠到珊瑚細雨過。**七十二峰青不了，歸途何日入諸羅。

這首詩應該作於咸豐九年，是李逢時離開家鄉，從東部到西部府城準備搭船西渡赴試時所作，作於同治九年的〈經歷司別廨題壁〉〔註336〕說：

十載重遊赤嵌城，蒼涼廨舍過清明。**珊瑚綠帶薰風暖，檨子黃垂夏雨晴。天曉鵓鈴催短夢，夜深蛙鼓續殘更。**無聊獨自敧孤枕，別恨添來砧杵聲。

至於遊宦文人偏愛描寫的「檨子」及「綠珊瑚」等植物，幾乎不見本土文人以它們爲吟詠對象，但李逢時卻在二首府城題壁詩中言及，也同時見於他的〈郡寓雜作〉〔註337〕中，二首作品寫作時間正好相隔十年左右，李逢時相隔十年之後再遊府城，可能待的時間極長，但又無法歸鄉，因此萌生思鄉之意，「無聊獨自敧孤枕，別恨添來砧杵聲」，「七十二峰青不了，歸途何日入諸羅」則點出其歸鄉應是取道諸羅北上，因爲思鄉，所以看到南臺灣的代表植物時，

〔註335〕收於施懿琳等編，《全臺詩》第玖冊，臺南：國立臺灣文學館，2008 年，頁 37。

〔註336〕同前註，頁 96。

〔註337〕同前註，頁 37。

也就更加深這樣的情思。

六、我是退堂僧寂寞，只應兀坐到斜暉——用錫題壁詩的眞實性格

鄭用錫〈偶詠五古一則即書於草堂粉壁上可也〉〔註338〕是迥異於林占梅的題壁之作：這是題於「草堂粉壁」之作，而創作動機是「偶詠」，表示用錫是臨時有感而發所作，和占梅題於潛園各處名勝，時時表達悠閒之情的方式不同：

> 我欲遊名山，此地無峻嶺。衹斯一畝園，規畫亦井井。寄慕浣花居，壯懷心自耿。編籬藉篔簹，薙草辟鼃黽。不俟錢多埒，奚須金取礦。計日鼛鼓興，蕆事力何猛。茅屋三兩間，已足供遨騁。時或杖扶遊，勝於鳩祝哽。人生即百年，轉移在俄頃。馳逐名利場，令人齒笑冷。何如此幽棲。朝夕今以永，數笏雖無多，頗增名勝景。池塘春雨痕，花木夕陽影。爲語諸知交，肯來願有請。

草堂四周環境是「編籬藉篔簹，薙草辟鼃黽」、「池塘春雨痕，花木夕陽影」，有竹籬圍繞，而且雜草除盡，避免蛙蠅，花木扶疏，池塘春雨，一切看來清清爽爽，所以用錫才說「衹斯一畝園，規畫亦井井」，而且至少有兩三間茅屋，可以供詩人安然居住，這裡的生活是「時或杖扶遊，勝於鳩祝哽」，所以詩人才會有「人生即百年，轉移在俄頃。馳逐名利場，令人齒笑冷」的領悟，與其花費時間汲汲營營，遭人鄙視，不如安於這樣的生活，明白點出對於名利追逐的厭惡與不滿，用錫說「爲語諸知交，肯來願有請」，也是藉由這樣的題壁之之作，表達自己對功名祿的不屑一顧。如果跟他的〈偶詠五古一則即書於草堂粉壁上可也又七律一則〉〔註 339〕一詩參照，則更貼近他辭官返鄉時的心境：

> 茅檐無事掩柴扉，草長階前蘚自肥。掃葉時開元亮徑，灌園早息漢陰機。滿腔春意心常在，一穗書燈願不違。我是退堂僧寂寞，只應兀坐到斜暉。

他說「我是退堂僧寂寞」，其實正是回應「一穗書燈願不違」的「願」，這樣的生活是他主動選擇，而非被迫選取，所以才會說「掃葉時開元亮徑，灌園早息漢陰機」，用錫應該是身體力行這樣的生活態度的，所以林占梅才會在〈題

〔註338〕收於施懿琳等編，《全臺詩》第陸冊，臺南：國立臺灣文學館，2008 年，頁 10，註 24。

〔註339〕同前註，頁 71，註 210。

鄭芷亭儀部用錫北郭園〉說「松菊宛同陶令宅，詩書重見鄭公鄉」，這表示用錫周圍的朋友也知道他這樣的生活態度。

相形之下，陳維英的二首〈自題養蘭棚〉〔註340〕中，也是他生活的另一種展現，其七律重在寫蘭而非寫棚，而四言詩提到「竹以爲棚……闌干三片……小小結構，大大得宜……竹几石磴」，是對養蘭環境的描寫，人置身其中可以「臨數行字，作數句詩。飲數杯酒，下數子棋」，其實是維英生活的一種忠實呈現。

七、本土文人題壁數量之冠——林占梅

（一）出世與入世的不相契——佛寺道觀題壁之作

本土文人中，寺廟題壁最多的是林占梅，〈遊大仙岩復題寺壁〉〔註341〕、〈山岩古寺題壁〉〔註342〕、〈小憩龜崙嶺觀音菴題壁〉〔註343〕多偏重在寺觀外在景物的書寫，對於寺廟內以及僧人的著墨不多。但占梅的〈遊大仙岩復題寺壁〉提到「重來勝地酣憑眺，掃壁尋詩興更狂」卻在無意中提到題壁詩「公開傳播」的重要功能，占梅到大仙寺不只一次，且之前來時必然有題壁之作，所以詩題才會用「復」字，而詩文說「掃壁尋詩」，可見應有不少文人在大仙寺題壁才是，之所以會讓占梅在掃壁尋詩「興更狂」，筆者以爲，應該有人對其詩作有所回應，故而引發詩人的詩興，而作下此詩。只是可惜的是，我們沒有占梅第一次題壁的詩作可資探討，而占梅也未將他人應和之作抄錄，只能從這首詩作約略了解當時大仙寺題壁的盛況。

〈遊靈泉禪寺題壁〉及〈禪房題壁〉二詩，除了外在景致外，多少還有點佛教悟道的感受，〈遊靈泉禪寺題壁〉〔註344〕說：

> 靈泉繞澗瀉浪浪，匼匝峰巒護法王。梵宇時清禪定永，空山晝靜道心長。鐘魚列案知常課，花木盈階覺妙香。禮罷眞如隨喜徧，龍團一琖潤吟腸。

〔註340〕收於施懿琳等編，《全臺詩》第伍冊，遠流出版公司，2004年，頁186～187。

〔註341〕收於施懿琳等編，《全臺詩》第柒冊，臺南：國立臺灣文學館，2008年，頁206。

〔註342〕同前註，頁207。

〔註343〕同前註，頁319。

〔註344〕收於施懿琳等編，《全臺詩》第捌冊，臺南：國立臺灣文學館，2008年，頁314。

〈禪房題壁〉〔註 345〕之二說「寂歷諸天上，更添萬念刪。鐘聲清客枕，樹色老禪關。揮麈談三藏，燒丹嘆九還。何如僧性定，所見是眞閒」。

林占梅這一些寺廟題壁之作中常會出現「禪」字，也常以「鐘聲」營造聽覺感受，這些佛寺道觀所在多爲山頂清幽之所，對於僧侶道士而言，是「出世」修行的所在，而占梅到這些地方，目的不是爲出世，而只是暫時從俗世中遁逃，尋求身心的暫時平靜，但終究還是要回歸人世的，以一個入世者進入到出世的修行場所，總不可避免的會受到影響，只是影響終究不夠強烈，所以他的眾多寺觀題壁之作中，也只有少數幾首有著宗教性的體悟，但也僅止於體悟而已，如果說要藉由題壁詩作去宣揚他的宗教思想，這一點恐怕是很難看見的。

他的〈登青潭岩頂題壁〉〔註 346〕應該也是題寺壁之作，「共羡禪扃好，清幽似隔凡。鐘聲催落日」都是用來強調青潭巖頂的寺廟是何等「清幽」，除了耳聽鐘聲之外，眼中所見是「雲影指歸帆。暮色空林合，秋光遠渚銜」，因爲青潭巖高，所以能夠看到遠方歸帆，詩人藉由這樣的題壁去昭告世人，青潭岩是個多麼優美的地方；而占梅對於青潭岩是有所偏愛的，詩集中有不少提及此地的詩作，〈遊清潭內山〉〔註 347〕、〈入青潭口占〉〔註 348〕、〈青潭晚泊〉〔註 349〕及〈遊青潭山〉〔註 350〕諸作，都是描寫青（清）潭附近景致的作品，占梅對此處的偏愛，是因爲「地僻」（〈入青潭口占〉）的關係。因爲「地僻」，所以「山幽」（〈入青潭口占〉），加上「山形盤曲疑無路」（〈遊清潭內山〉）、「蘿薜低垂縱步難」（〈遊清潭內山〉）、「蒙茸蘿徑遠」（〈入青潭口占〉），所以人爲的喧囂就少，詩人自然可以從中獲得「逍遙意適然」（〈遊青潭山〉）的感受。

至於〈宿清水巖題壁〉〔註 351〕說「野寺雖蕭瑟，禪房結構精」，應該也

〔註 345〕收於施懿琳等編，《全臺詩》第捌冊，臺南：國立臺灣文學館，2008 年，頁 47。

〔註 346〕收於施懿琳等編，《全臺詩》第柒冊，臺南：國立臺灣文學館，2008 年，頁 109。

〔註 347〕同前註，頁 131。

〔註 348〕收於施懿琳等編，《全臺詩》第捌冊，臺南：國立臺灣文學館，2008 年，頁 253。

〔註 349〕同前註，頁 49。

〔註 350〕同前註，頁 109。

〔註 351〕收於施懿琳等編，《全臺詩》第柒冊，臺南：國立臺灣文學館，2008 年，頁

是屬於寺廟題壁之作，詩中點出清水巖的不易到達是因爲「地僻」的緣故，這跟清水岩位於險要地勢有關，誠如〈遊清水岩〉〔註352〕所說「絕壁攀蘿上，巖高一磴通」，而常期居於此處，會讓人產生「何時脫塵網，居此息勞生」的念頭，占梅與清水巖僧舍的僧人相交甚善，來到這裡除了可訪求名勝，還有人可以談禪，如果不是因爲談話投機，也不會「山僧留話晚，歸路月明中」(〈遊清水岩〉)，更不會夜宿清水巖了，占梅對於「地僻」的地理環境有所偏愛，因爲青潭也是同樣的地形，〈環碧寺題壁〉〔註353〕也說「庭幽無俗客，地僻有眞禪」。因爲地僻，所以人煙稀少，可以省卻與人相交的煩擾，但他的幾首跟清水巖僧舍有關的詩作，卻一反常態，不僅在詩中提及「遊人」，甚至還共同留宿，〈夜宿清水岩僧舍〉〔註354〕說「老衲知持偈，遊人亦裹糧。相逢緣共結，留宿趣尤長。飯罷同趺坐，蒲團睡味良」，占梅顯然很喜愛這樣的生活型態。不過，對於過度荒涼的山寺，占梅還是有憐惜之情的，〈山岩古寺題壁〉說「寺破僧如丐」，也說「滿目荒涼甚，詩成倍惘然」，顯然，在他的思維中，山寺還是要在地僻而不覺荒涼的景況最爲理想。

（二）題林山人的居家牆壁

林占梅的眾多題壁詩中，以題林山人的草堂的最特殊，因爲他似乎對林山人的住家有所偏愛，因此一題再題，時間全部集中在同治三年，因此是同一時期的作品。林占梅之所以偏好在此題壁，主要原因是因爲林山人的住家環境清幽優美：〈題林山人草堂〉〔註355〕云「蒼松翠柏盡成蹊，籬落週遭護碧棲。水底波搖潭鯉戲，山坳晝永竹雞啼」、〈再題林山人齋壁〉〔註356〕也說「石過鳴流樹壓崖，岡田級級似梯階。波紋淨印秋光好，山氣晴和日夕佳。十里煙霞遮古渡，一庭松菊繞幽齋」，〈過北勢內湖再訪林山人題壁〉〔註357〕則是

210。

〔註352〕收於施懿琳等編，《全臺詩》第柒冊，臺南：國立臺灣文學館，2008年，頁210。

〔註353〕收於施懿琳等編，《全臺詩》第捌冊，臺南：國立臺灣文學館，2008年，頁246。

〔註354〕收於施懿琳等編，《全臺詩》第柒冊，臺南：國立臺灣文學館，2008年，頁110。

〔註355〕收於施懿琳等編，《全臺詩》第捌冊，臺南：國立臺灣文學館，2008年，頁260。

〔註356〕同前註，頁261。

〔註357〕同前註，頁261。

「峰迴流水轉，徑曲小村偏。松竹門庭外，山池几席前」，每一首詩都花極大篇幅敘寫林山人草堂附近的景致，有「蒼松翠柏」、「一庭松菊」、「松竹」環繞，有山有水，有煙霞有梯田，在這樣的環境底下，生活步調是緩慢的，心情是靜謐的，不是「小樓坐眺時扶檻，曲徑行吟每杖藜」（〈題林山人草堂〉），就是「高吟蟬和韻，罷釣鷺同眠」（〈過北勢內湖再訪林山人題壁〉），這一位林山人究竟是何人？我們無法從有限資料中看出來，但林占梅與其甚爲相得，卻從這幾首題壁之中看得出來。

除了特定的「定點」題壁之外，占梅還喜歡在旅途中沿途題壁，〈自內湖歸道中題壁〉〔註358〕、〈雙溪莊題壁〉〔註359〕都是這一類的作品，而他的〈登西雲岩偶晤家琴樵鯉飛茂才題壁（時茂才設帳寺中茶話竟日）〉〔註360〕，則藉由題壁之作，告訴世人他與友人的不期而遇，以及二人相契相合的情誼，詩中並嵌入「占梅」二字，算是另一種形式的「署名」：

> 艤棹尋幽到上方，故人邂逅永公房。蟬聲時趁鐘聲遠，書味應兼道味長。四壁風騷留草字，一區水石占梅香。評茶坐話苔磯久，巖畔歸雲已夕陽。

本土文人的題壁之作，是從遊宦文人手中取得文學版圖的另一項證明，從清代臺灣二大創作社群來看題壁詩的寫作，遊宦文人的題壁詩寫作數量，遠不如本土文人。這也是本節之所以會以本土文人爲主要論述對象的原因。本土文人的題壁詩寫作，也可以看成是「在地化」的一項特徵，其大量出現於清代臺灣文學之中，主要有幾個原因：

1. 就「即景」之作而言，這些座落於鄉土地標中的景點，如果遊宦文人不是親履其地，很難在當地留下題壁作品，相較之下，在臺灣土生土長的本土文人，要到這些著名景區的機會就大了許多，也因此遊宦文人的臺地題壁數量遠低於本土文人。
2. 本地人民對於本土文人的認識，遠高於遊宦文人，就「成名」一點來看，本土文人於臺地的題壁成效，較遊宦文人爲高。因爲遊宦文人待

〔註358〕收於施懿琳等編，《全臺詩》第捌冊，臺南：國立臺灣文學館，2008年，頁231。

〔註359〕收於施懿琳等編，《全臺詩》第柒冊，臺南：國立臺灣文學館，2008年，頁129。

〔註360〕收於施懿琳等編，《全臺詩》第捌冊，臺南：國立臺灣文學館，2008年，頁255。

在臺灣的時間有限，除非有極好政績，獲得百姓愛戴，或是文名滿天下，時人及後人皆知，否則一旦離開臺灣，這些題壁之作將不被其他人認知，也就容易被遺忘，進而永遠湮沒。本土文人則不然，因爲他們在本地土生土長之故，因此多少會有後代傳世，藉由子孫的傳承，這些題壁之作流傳的可能性也就大增，如果這位作者還是地分鄉紳，知道的人也就更多，保存下來的可能性也就更大。

3. 部分地名的重複出現，可能和那些是文人聚集的場所有關，像劍潭寺就是一例，但是臺灣畢竟不像大陸，許多地點都有著悠久歷史文化，所以如果要從臺灣找出一個可以和西湖相提並論的題壁景點，是不太可能的，也因此，本土文人雖然掌握了題壁詩的書寫版圖，但是開闊性及承繼性卻不如大陸文人的大陸題壁詩作，這是可以預期的。

嚴紀華對於題壁作家的角色扮演，歸結出幾項特色：一、題壁詩人是作者，又是讀者。二、題壁詩人是作家又是書家。三、一般題壁詩人大多在自發的創作意圖下以主動的題寫態度發表作品。〔註361〕上述的這幾點中，除卻第二點因缺乏實物可供對照，故無法肯定之外，其餘二點的確也能套在臺灣本土文人的題壁書寫上。至於嚴紀華所歸納出的社會意義裡〔註362〕，卻有好幾點是不能相應於本土文人的，首先，在本土文人的題壁詩中，看不到「借由題壁詩作爲反映社會不平與民生疾苦的管道，而得到回應」，也不見「借由題壁詩以形成公眾輿論」，本土文人雖有許多寺廟題壁之作，但「借由題壁詩作爲宗教的宣揚」這一點上並不強烈，至於尋求「政治的聲援」就更低了。

整體而言，本土文人中，黃敬、曹敬、施瓊芳及李望洋均無題壁之作；鄭用錫的題壁之作，明白點出對於名利追逐的厭惡與不滿，表達自己對功名祿的不屑一顧。鄭用鑑的題壁之作則符合其一貫「沖淡」的生活態度與風格，詩中瀰漫著一股淡淡悠閒的韻味。陳維英的題壁之作中，自題養蘭棚的重點在花不在棚，他以花象徵自身人品高潔的意味，比歌詠養蘭棚所處位置的優美來得重要許多，至於他題贈姪子任教的洗心山房詩，則多少雜揉了儒釋思想，但也表現出讀書不是爲功名的取向。李逢時的題壁之作中，是少數言及

〔註361〕參考嚴紀華，《唐人題壁詩之研究》，中國文化大學中文研究所博士論文，1994年6月，頁261～264。

〔註362〕同前註，頁302～307。

臺地特有物產的本土文人，他藉由府城的題壁與特有物產的書寫，去表達思鄉心切的意念，而他的題書齋壁，則非常直接的反映出自己對於為學的看法與意見，可以說，李逢時的題壁之作，很能忠實反應他個人人格特質。值得一提的是，施瓊芳無在臺題壁之作，但他在大陸書寫的〈征東即事〉卻說「壁上題詩評巧拙，門前賣曲辨媸妍」，也許他不是沒有作品流傳，只是因為詩稿散佚太多，以致今不得見的緣故。

題壁之作最多的是林占梅，他幾乎已經到了無壁不題的地步，只要心有所感，而附近剛好有牆壁時，林占梅就會隨意揮灑，如果「借由題壁詩以得窺文士之生活風尚」〔註363〕這一點來看，很能在林占梅身上獲得印證，占梅的題壁詩作有著「自我推銷」與「自我炫耀」二種質素，這是他的題壁之作的寫作風格，但同時卻也是其格局無法開展的主要原因。

小結　漠視或重視？本土文人如何「再現」臺地空間？

本土文人對於臺地空間的書寫，是「漠視」的或是「重視」的？在本章的細部分析中，我們可以看出本土文人嘗試在空間的書寫上，去取得原本就應該屬於本土文人書寫及命名的權利，本土文人的「身在家園」，在書寫標誌他們重要生命歷程的庭園時有許多細緻的描述。庭園的所在位置、樓閣的分佈，在園中進行的種種活動，不只環環相扣，而且都是本土文人藉以認知臺灣這塊土地的線索，這是因為他們居住樓閣的所在都是「臺灣」，所以以這些生活空間作為定點，文人可以在空間之內進行交流與潛居，也可以走出空間，到其他地方進行活動式的遊覽旅行，進一步擴大對臺灣土地的認識。

本土文人並未參與八景的「命名」工作，也同樣沒有揀選八景的權利，這部分仍掌握在來臺遊宦的文人手上，儘管如此，本土文人的「參與書寫」，卻可視為另一種詮釋權的轉移。顯然，府級八景詩寫作社群以遊宦文人為主，而縣廳級八景詩寫作以本土文人為主要社群。隨著縣廳級八景的提出與書寫，本土文人比例的加重，可以看成是另一種「詮釋權」的參與，姑且不論這樣的轉移是文人「有意」或「無意」為之，本土文人從對八景的「接受命名」到「參與命名」，並進一步「參與書寫」的過程，我們可以看成是一種對

〔註363〕參考嚴紀華，《唐人題壁詩之研究》，中國文化大學中文研究所博士論文，1994年6月，頁302～307。

於本土的「認同」。此外，相較於全臺性的「臺灣八景」書寫，本土文人對於縣廳級八景的關注，其實是和其生活密切相關的，他們對於生長土地上的八景進行敘寫，比一般文人更能「親臨」這些地方，描寫的深度也遠較遊宦文人爲高。

本土文人對於臺地空間的「再現」，是先由自家生活空間開始，寫住家庭園，寫庭園所在的家鄉，寫家鄉所在的臺灣，最後寫到臺灣所在的清國。這種向外放射性的書寫順序，都先源於對這塊土地的重視。詩人藉由感官的視覺、聽覺與觸覺，帶領讀者進入他們營造出來的臺地空間，而空間又跟「地名」密不可分，「地名」是一個空間的標誌，有地名也就代表這空間的「存在」，隨著地名的轉變，可以看出詩人旅程中是如何移動？也可以看出詩人對那些地方有著什麼樣的偏愛與喜好。除此之外，本土文人的題壁詩寫作，也爲自己找到了另一個發表的版圖，這個版圖之中，遊宦文人的參與度並不高，相對於八景詩的命名與書寫，本土文人在更「在地」的題壁詩書寫上，反而更貼近這塊土地。

對於宜蘭的李逢時與李望洋而言，噶瑪蘭處於臺灣的「邊陲」地帶，等於是整個中國地理環境中「邊陲的邊陲」，它的開發時間極早，但文風普及卻不算晚，二位詩人對於家鄉的認同感，讓人驚豔與感動，他們的存在，爲清代中期的臺灣文學，留下了極爲璀璨的一頁。